Michael Wolffsohn

Keine Angst
vor Deutschland!

Aktualisierte Ausgabe

W0083247

Ullstein Sachbuch

Ullstein Sachbuch
Ullstein Buch Nr. 34929
im Verlag Ullstein GmbH,
Frankfurt/M – Berlin

Aktualisierte und
erweiterte Ausgabe
des ursprünglich im
Verlag Dr. Dietmar Straube
erschienenen Titels

Umschlagentwurf:
Hansbernd Lindemann
Unter Verwendung
einer Abbildung des Autors
Alle Rechte vorbehalten
Taschenbuchausgabe mit
freundlicher Genehmigung
des Verlags Dr. Dietmar Straube
GmbH, Erlangen – Bonn – Wien
© 1991 by Michael Wolffsohn
© dieser Ausgabe
by Verlag Ullstein GmbH,
Frankfurt/M – Berlin
Printed in Germany 1992
Gesamtherstellung:
Ebner Ulm
ISBN 3 548 34929 3

Juni 1992

Die Deutsche Bibliothek –
CIP-Einheitsaufnahme

Wolffsohn, Michael:
Keine Angst vor Deutschland! / Michael
Wolffsohn. – Aktualisierte und erw. Ausg. –
Frankfurt/M; Berlin: Ullstein, 1992
  (Ullstein Buch; Nr. 34929:
  Ullstein-Sachbuch)
  ISBN 3-548-34929-3
NE: GT

Inhalt

Vorwort zur Taschenbuchausgabe

»Es wird nach einem happy end
   im Film jewöhnlich abjeblendt
               . . . Na, un denn –?«
So Kurt Tucholsky in seinem ebenso realistischen wie zynischen Gedicht »Danach«.

Wie entwickelten sich die beiden Teile Deutschlands nach der Wiedervereinigung? Diese war ja einerseits Endpunkt, andererseits Neuanfang. Das Happy End als Neubeginn.

Der »Nationalrausch« war schon vor dem Tag der Deutschen Einheit ein Hirngespinst. Der modische Katzenjammer im Jahr eins des Neuen Deutschlands echt. Nicht nur die hohen Arbeitslosenzahlen in den neuen Bundesländern trugen hierzu bei. Die Arbeitslosenzahlen waren so hoch, weil die DDR-Wirtschaft den Tiefpunkt erreicht hatte. Sie waren aber niedriger, als Schwarzmaler vorhergesagt hatten. Drei bis vier Millionen würden es sein, hatten einige gedüstert. Es waren weniger als zwei Millionen, wenngleich es zu viele waren.

– 3. Oktober 1990: Tag der Deutschen Einheit.

– 2. Dezember 1990: Wahl zum ersten gesamtdeutschen Bundestag.

– Die Helden waren müde. Die Weihnachtszeit begann, auch das Koalitionsgeplänkel. Und dann

- das Erdbeben des Golfkrieges. Deutschland präsentierte sich als verwirrte und zugleich verwirrende Nation. Das 1990 für dieses Buch verfaßte Kapitel »Der Deutsche Michel als Softy« wurde 1991 beklemmend aktuell. Es deckte die Wurzeln der deutsch-amerikanisch-jüdisch-israelischen Verärgerungen und Verstimmungen auf.

Das vorliegende Buch ist die aktualisierte Erweiterung meines im Oktober 1990 erschienenen Buches. Immer noch heißt es KEINE ANGST VOR DEUTSCHLAND!

Immer noch keine Angst vor Deutschland? Immer noch keine Angst vor Deutschland! Trotz der Ausschreitungen gegen Ausländer oder Asylsuchende? Trotzdem! Nicht, weil es keinen Grund zur Sorge, Aufregung und Aufwallung gäbe. Sondern weil nicht nur Deutsche und Deutschland mit diesem Problem zu ringen haben. Auch Großbritannien, Frankreich, Spanien, Italien, viele westeuropäische, auch osteuropäische und südosteuropäische Völker sind offenbar nicht in der Lage, mit Minderheiten menschlich umzugehen. Wer zu Recht an

Hoyerswerda und andere Aktionen des Pöbels erinnert, dabei diejenigen, die mitmachen und wegschauen verdammt, muß auch an andere grauenhafte Bilder des Jahres 1991 denken: zum Beispiel an das Lynchen von Ungarn durch Rumänen, das wechselseitige Morden von Serben und Kroaten, die entsetzliche Behandlung von Albanern durch Italiener, die brutale Abschiebung von Marokkanern durch Spanier und, und, und. Dabei kann einem durchaus angst und bange werden. Aber bitte kein Germanozentrismus. Alle sitzen im gleichen Boot, von dem viele meinen, daß es voll wäre. Deshalb: Keine Angst vor Deutschland. Eher Sorge um *gesamteuropäische* Entwicklungen. Aber es sind eben keine spezifisch deutschen Probleme. Im aktualisierten Schlußkapitel sei dies ausführlicher skizziert.

Am wichtigsten schien mir eine aktualisierende Erweiterung: Entwicklungen im ersten Jahr der deutschen Einheit, vor allem der *Golfkrieg* (mit seiner deutsch-amerikanisch-jüdisch-israelischen Verflechtung) sowie die Problematik der *Fremdenfeindlichkeit* wurden berücksichtigt. Ebenso wie das ursprüngliche Buch wird auch die Erweiterung nicht nur auf Zustimmung stoßen. Sie wird manche aufregen und hoffentlich viele anregen – doch wenige langweilen.

Was wurde aktualisiert und erweitert? Es sind ab Kapitel XII alle folgenden Abschnitte. Sie bieten viel Spaß, Spannung, Aufregung, Anregung, Zustimmung, Ablehnung – je nach Standort des Lesers. Sowohl als auch. Damit rechne ich; darauf hoffe ich. Wer nämlich aller Welt gefällt, ist selten mehr als ein gefälliger Allerweltskerl. Er tut sich und seiner Mitwelt damit keinen Gefallen.

Vorwort

Wer hat Angst vor Deutschland? Wer hat Angst vor den Deutschen? Muß man vor Deutschland und den Deutschen Angst haben? Diese Fragen stellen sich seit der Deutschen Oktoberrevolution des Jahres 1989 viele Menschen im In- und Ausland. In diesem Buch sollen einzelne Essays, zeithistorisch-politische Fallstudien und Umfrage-Analysen einige Antworten geben. Jeder Abschnitt erörtert deutsche Themen, bildet aber eine in sich geschlossene Einheit.

Manchmal scheint es, als hätten die Deutschen am meisten Angst; sowohl vor Deutschland als auch vor den Deutschen, also vor sich selbst. Selbstzweifel dieser Art sind kein Makel. Im Gegenteil. Sie bezeugen historische Verantwortung, zumindest eine historische Verwandlung: Das alte Deutschland interessierte sich viel zu sehr für einen politisch-militärischen »Platz an der Sonne« und, schlimmer noch, für »Lebensraum« im Osten. Im neuen Deutschland suchen die Menschen mit Hilfe der Tourismusbranche ihr Plätzchen an der Sonne, im Süden. Dabei benötigen sie erfreulich wenig Lebensraum. Am jeweiligen Strand brauchen sie kaum mehr Platz als eine Ölsardine in der Dose. Einst opferten sie sich für das Kollektiv, heute wollen viele im Westen ihren individuellen Wohlstand durch kollektive Anstrengungen, wie zum Beispiel die Vereinigung, nicht gefährden. Die Westler wollen weiter Kiwis, die Ostler endlich Bananen essen. Beides ist verständlich und schon gar nicht verwerflich, denn jeder Mensch lebt nur einmal und möchte sein Leben genießen.

Heute wollen die Deutschen leben, damals waren sie zu sterben bereit. Es hat sich nicht gelohnt. Millionen Menschen mußten sterben, wurden brutal ermordet. Die neuen Deutschen haben diese Lektion gelernt. Darüber sollten wir bei aller Kritik an krämerhaften Zügen des deutschen Einigungsprozesses nicht unglücklich sein. Schlafe ich schlecht, so liegt es also nicht an Deutschland. Wenn ich an dieses Deutschland und diese Deutschen in der Nacht denke, bin ich nicht um den Schlaf gebracht.

Der Titel dieses Buches (dessen Anmerkungen allgemein Interessierte getrost überlesen können) ist Ergebnis der Studien sowie Feststellung und Aufforderung zugleich. Wer schreibt es? Das erste Kapitel soll diese Frage denen beantworten, die sich dafür interessieren. Die anderen mögen gleich mit dem zweiten Kapitel beginnen.

I. Ein deutschjüdischer Patriot: Politisch-Autobiographisches

»Ich liebe Frankreich.« Mit diesen Worten begann der berühmte französische Historiker Fernand Braudel sein 1986 erschienenes Buch über Frankreich. Welcher deutsche Historiker würde heute ein Deutschland-Buch mit einem ähnlichen Bekenntnis beginnen? Nein, auch ich tue es nicht.

Ich bin etwas, das es seit 1933 kaum noch gibt: ein in Israel (damals »Palästina«) 1947, *nach* der Katastrophe des Holocaust geborener, seit 1954 in Deutschland lebender deutschjüdischer Patriot. Ein bundes-deutschjüdischer Patriot, zu dessen deutschem Wir-Gefühl die DDR oder die ehemals deutschen Ostgebiete nicht gehören. So stellte ich mich im Frühjahr 1988 den Lesern meines Buches *Ewige Schuld? 40 Jahre deutsch-jüdisch-israelische Beziehungen* vor.[1]

Heute übe ich Selbstkritik: Zu meinem deutschen Wir-Gefühl zählt inzwischen auch die (noch) DDR. Hat auch bei mir die »Stunde der Opportunisten« (Rainer Zitelmann) geschlagen? Mitnichten. Die alte DDR war als SED-Staat eine Diktatur, und Diktaturen verabscheue ich.

Eine Nation ist eine »Kommunikationsgemeinschaft« (Karl W. Deutsch). Man freut oder ärgert sich über, agiert oder reagiert auf dieselben Personen und Probleme, Ereignisse und Erscheinungen, Handlungen und Wandlungen. Bewertet werden sie innerhalb derselben Nation beziehungsweise Kommunikationsgemeinschaft durchaus unterschiedlich, aber die Bezugspunkte und Orientierungsmarken sind identisch. Die DDR gehörte bis 1989 nicht zur Kommunikationsgemeinschaft der meisten Bundesdeutschen; auch nicht zu meiner. Umgekehrt kommunizierten die meisten DDR-Bürger mit der Bundesrepublik über die elektronischen Massenmedien. Die Richtung der Kommunikation war bis zum Herbst 1989 weitgehend einseitig. Von West nach Ost. Das hat sich erfreulicherweise verändert und viele Menschen in Deutschland geändert, auch mich. Mit Deutschtümelei hat dies nichts zu tun.

Ein deutschjüdischer Patriot ist im Grunde genommen ein wandelnder Anachronismus, und er gefällt weder den ganz Rechten noch den ganz Linken. Auch das schrieb ich 1988. *Ewige Schuld?* fand viel

Zustimmung und zahlreiche Leser. Innerhalb von neun Monaten erschienen drei große Auflagen. Trotzdem kam es, wie es kommen mußte: Die ganz Rechten und die ganz Linken fühlten sich wirklich getroffen; auch viele meiner deutschjüdischen Glaubensgenossen, der eine oder andere Israeli ebenfalls. Namhafte amerikanischjüdische Wissenschaftler und Repräsentanten zollten mir allerdings Beifall. Sie sind eben nicht nur selbstsicherer, sondern inzwischen auch häufig selbstkritischer als viele deutsche Juden, besonders deutsche Amtsjuden.

Der deutschjüdisch-israelischen Seite hätte ich die »Geschäftsgrundlage entzogen«. Grollend gestand mir dies ein deutschjüdischer Amtsträger. Ich hätte ohne jede Not, freiwillig, auf sozusagen biologisch erworbene Rechte verzichtet: auf das ererbte Märtyrertum, ohne selbst gelitten zu haben; auf die angeborene Heldenrolle des Lehrers Deutschen und Deutschland gegenüber. Mahner von Geburt und Mahner vom Dienst wollte ich aber nicht sein, nicht den »Völkermord zu meinem persönlichen Vorteil mißbrauchen und mich mit dem Leiden anderer ... schmücken«.[2] Daß ich Moral durch meine jüdische Geburt weder geerbt noch gepachtet hatte, gab ich ebenfalls zu verstehen. Kurzum: Ich hatte auf meine geburtsbedingten Vorteile, auf die Vorrechte des »Eingebildeten Juden« verzichtet (Alain Finkielkraut). Ich hatte mit »akademischer Präzision« (Henryk M. Broder) den nachgeborenen Deutschen erklärt, weshalb sie keine »ewige Schuld« fühlen müßten.

Das Leben ist eine Aufgabe. Eine schwere, vielleicht eine unlösbare. Für jeden Menschen, für Juden und Nichtjuden, Deutsche und Nichtdeutsche. Wenn ich weiß, wer ich bin und aus welcher Gemeinschaft ich komme und wie diese wurde, was sie ist, dann verfüge ich über einen inneren Kompaß. Doch dieser Kompaß ist kein Schild, der »mich deckt, wenn der Moment der Abrechnung über das ganze Leben naht« (Andrzej Szczypiorski). Das Menschsein ist noch wichtiger und schwerer als das Judesein oder Deutschsein. »Du bist die Aufgabe, kein Schüler weit und breit« (Franz Kafka). Anders gesagt und auf unser Thema übertragen: Es wäre vermessen, moralische Probleme an nationalen Kriterien messen zu wollen. Jeder hat seine eigene Antwort selbst zu verantworten. Luftakrobatik ohne Netz und doppelten Boden.

Die Nachkommen der Täter, ergänzte ich später, müßten keine *Um*kehr leisten. Ihre Aufgabe sei es vielmehr, mit den Nachfahren der Opfer *gemeinsam eine Wieder*kehr zu verhindern, die humane und und demokratische Gesellschaft der Bundesrepublik Deutschland auf- und auszubauen. Heute gilt diese Aufgabe für das wirklich neue Deutschland, das hoffentlich bald vereinigte Deutschland.

Verübelt wurde mir von Amtsträgern und oppositionellen, beson- ders von alternativen Juden folgende Feststellung: Der Holocaust ist heute wichtiger Stifter jüdischer Identität. Wo und weil Religion und die mehr als dreitausendjährige Geschichte nicht mehr Identität stiften und jüdische Gemeinschaft oder Bindung schaffen, fungiert der Holo- caust als wirkungsvoller Ersatz. Als jüdische Selbstamputation habe ich diesen Vorgang später bezeichnet. Amputation? Das Judentum stand traditionell auf zwei Beinen: auf dem Bein der Religion und dem Bein der langen Geschichte. Rund 70 Prozent der Juden sind areligiös. Dieses Bein ist entfernt worden. Wenn die mehr als dreitausend Jahre umfassende jüdische Geschichte auf zwölf (1933 bis 1945) oder sechs beziehungsweise vier (1939/41 bis 1945), wenngleich unsagbar schreckliche Jahre verkürzt wird, amputiert man das zweite Bein. Man amputiert es selbst.

Daß ich anhand zahlreicher Umfragedaten diese These belegen konnte, störte wenig. Frei nach dem Motto: Ich habe meine Meinung, belästige mich nicht durch Tatsachen. Zahlen könnten nichts bewei- sen, meinte eine besonders kluge Rezensentin. Auf die Hilfe eines is- raelischen Literaten griff sie ein anderes Mal zurück, auf Abraham B. Jehoschua. Dieser zählt wirklich zu den besten Schriftstellern Israels. Doch das Zitieren von tatsächlichen oder vermeintlichen Autoritäten verhindert oft das eigene Denken. Deshalb sollte ich nichts und nie- manden zitieren, werde aber wortbrüchig. Ich befinde mich mit meiner These in allerbester jüdisch-israelischer Gesellschaft: Der ebenso reli- gionskritische wie trotzdem höchst religiöse Religionswissenschaftler und Philosoph (auch Chemiker) Jeschajahu Leibowitz formuliert das jüdische Dilemma in seinem Buch *Gespräche über Gott und die Welt* (deutsche Ausgabe 1990) wesentlich schärfer: »Der einzige jüdische Inhalt, den viele jüdische Intellektuelle in ihrem Judentum finden, ist die Beschäftigung mit der Schoah.«

Nach dem 9. November 1989 geschah etwas Seltsames auf dem Weg zur deutschen Einheit: Gerade diejenigen Juden und Nichtjuden, die jahrelang die Bundesrepublik verschmäht und beschimpft hatten, entdeckten plötzlich ihre Liebe zu eben dieser Bundesrepublik Deutschland. Diese erschien ihnen plötzlich als liebenswertes Idyll.

Soviel zur jüdischen Kritik. Wer fühlte sich ebenfalls herausgefor- dert? Was verärgerte außerdem? Die einen verübelten mir die politische Geographie, die anderen den Patriotismus; je nach politischem Standort.

Mein in *Ewige Schuld?* ausgedrückter Verzicht auf die DDR und Ostgebiete traf die Rechte. Unerwartet, unverhofft, doch erhofft und erfreulich hat sich das Problem in bezug auf die DDR gelöst; keineswegs nur für Rechte. Zum eindeutigen Verzicht auf die Ostgebiete stehe ich nach wie vor, ohne Wenn und Aber. Die ganz Linken, besonders Grüne, verübelten mir außer dem Patriotismus auch die Kritik am oft so sinnentleerten Sühneritual. Sie lieben und inflationieren es, ohne zu merken, daß sie das Spiel der extremen Rechten treiben. Sie zeigen Entzugserscheinungen, verübeln es geradezu, wenn ein Jude sie oder, besser noch, ihre politischen Gegner nicht ständig als potentielle deutsche Bösewichte, als »Faschisten« und »Antisemiten« entlarvt. Um den (Gott und den Alliierten sei Dank) toten Nationalsozialismus einmal mehr besiegen zu können, brauchen sie den Juden, der vor der »rechten Gefahr« warnt. Das ist das *Widerstandsspiel der Nachgeborenen.*

Es ist kein Zufall, daß die heutigen Deutschen häufiger von »Widerstand« als von »Widerspruch« und »Opposition« sprechen, wenn sie Politik und Politiker kritisieren – was zum Kleinen Einmaleins der Demokratie gehört. Die Wortwahl soll signalisieren, daß sie heute auf der richtigen Seite, bei und zu den NS-Gegnern stehen und im »Dritten Reich« gestanden hätten. Die Gegnerschaft zum Nationalsozialismus begrüße ich, an der Selbstgewißheit zweifele ich und daß deutsche NS-Gegner nur bei der Linken zu finden gewesen wären oder heute sind, bestreite ich energisch.

Unfreiwillig wurde ich durch meine Studien über die bundesdeutsche Wiedergutmachung zum Legendenkiller. Die zeithistorische Legende besagt: Die Vereinigten Staaten von Amerika, auch Großbritannien und Frankreich wären an bundesdeutscher Wiedergutmachung Israel und den Diasporajuden gegenüber außerordentlich interessiert gewesen. Die drei Westmächte hätten von 1951 bis 1953 zugunsten der Israelis und diasporajüdischen Organisationen (»Claims Conference«) alle politischen Hebel in Bewegung gesetzt und diesbezüglichen Druck auf Bonn ausgeübt. Die Auswertung amerikanischer, israelischer, bundesdeutscher, britischer und französischer Dokumente führte mich zu einer gänzlich anderen Schlußfolgerung: Die USA, Großbritannien und Frankreich waren prinzipiell durchaus für die bundesdeutsche *Wiedergutmachung* an Israel und Diasporajuden. Politisch, pragmatisch, viel wichtiger aber war ihnen jedoch die bundesdeutsche *Wiederaufrüstung*. Daß Westdeutschland Wiederaufrüstung und Wiedergutmachung finanzieren könne, schlossen die Westmächte seinerzeit weitgehend aus. Weil ihnen die Wiederaufrüstung wichtiger war, übten sie in bezug auf die deutsche Wiedergutmachung keinen Druck aus. Besonders die USA fürchteten, daß letztlich sie die deutsche Wiedergutmachung aus amerikanischen Steuergeldern aufbringen müßten. Das wollten sie nicht.

Aber Bundeskanzler Konrad Adenauer wollte Wiedergutmachung leisten. Im September 1952 schloß er hierzu das Luxemburger Abkommen mit Israel und den diasporajüdischen Organisationen. Gegen massive partei- und kabinettsinterne Opposition (CSU und FDP) peitschte Adenauer im September 1952 diesen Vertrag durch die bundesdeutsche Ministerrunde. Nur mit Hilfe der SPD wurde das Luxemburger Abkommen im Bundestag gebilligt. Ebenso wie die Führung der CDU mußte die SPD-Spitze dabei erhebliche Vorbehalte der eigenen Wählerschaft überwinden. Umfragen zeigten damals nämlich, daß sowohl Unions- als auch SPD-Wähler, erst recht Anhänger der FDP und der übrigen Parteien gegen das Wiedergutmachungsabkommen waren. Ohne westlichen Druck und mit Druck auf die eigene Gefolgschaft wurde also dieses Vertragswerk von Adenauer und der SPD durchgesetzt.

Aus jahrelangen, intensiven Quellenstudien wurde diese These abgeleitet. Sie mißfiel nicht wenigen Deutschen und Israelis, Juden und Nichtjuden. Was nicht sein darf, das nicht sein kann ...

Was durfte nicht sein? Aus der Sicht der kritischen Israelis durfte nicht der Eindruck entstehen, daß der weltpolitische Stellenwert ihres Landes vergleichsweise niedrig war und – daraus abgeleitet – vielleicht heute wieder oder immer noch ist. Ich habe für diese Sorgen viel Verständnis, denn der jüdische Staat befindet sich in einer außenpolitischen Defensive. Ich hülfe ihm gerne. Aber ich kann deswegen nicht Forschungsergebnisse vorlegen, die den historischen Tatsachen widersprechen. »Wir (Juden) waren es schließlich, die Deutschland den Weg in die Völkerfamilie geebnet haben«, verkündete Heinz Galinski, der ranghöchste Vertreter des deutschen Judentums.[3] Ich verstehe, daß er von Amtes wegen das Gewicht seiner Organisation hervorheben muß. Auch hierin gleicht er zahllosen Verbandspolitikern. Interessenpolitische Erklärungen dürfen wir jedoch nicht mit zeithistorischen Urteilen gleichsetzen.

Was durfte aus der Sicht der guten Deutschen mit dem schlechten Gewissen nicht sein? Erstens, daß die bundesdeutsche Führung damals moralisch-geschichtspolitisch gar nicht so unpädagogisch und allein tagespolitisch dachte und handelte wie oft unterstellt. Zweitens, daß ausgerechnet Bundeskanzler Konrad Adenauer nicht nur aus (durchaus vorhandenen) pragmatischen Überlegungen, sondern vor allem aus prinzipiellen Erwägungen Wiedergutmachung an Israel und die Diasporajuden leisten wollte. Drittens fürchteten einige um das Ansehen der Westmächte. Auch für diese Sorge habe ich größtes Verständnis. Wieder kann ich nur auf den Unterschied zwischen dem subjektiv Erwünschten und dem objektiv Erwiesenen hinweisen, also zwischen dem persönlich Gewollten und dem historisch Gewußten. Daß aber dieses Wissen den Westen verdammt, vermag ich nicht einzusehen. Die Bedrohung durch den Kommunismus schien den westlichen Politikern in den fünfziger Jahren sehr real. Sie meinten tatsächlich, sich für das eine oder andere entscheiden zu müssen, für die bundesdeutsche Wiederbewaffnung oder Wiedergutmachung. Die Auseinandersetzung ist also keineswegs eine der üblichen akademischen Schlammschlachten im Elfenbeinturm der Wissenschaftler.

Innerhalb des Elfenbeinturmes trägt sie manchmal groteske Züge. Ein israelischer Kollege schickte mir einmal seinen Aufsatzentwurf zu. »Deutschland, Deutschland über alles . . .« sei der Text der bundesdeutschen Nationalhymne, hieß es dort unter anderem. Ich machte auf diesen kleinen Fehler aufmerksam. Als kleinlich und schlimm empfand er offenbar diese Verbesserung. Er bedankte sich auf seine Art: Weil ihm keine Argumente mehr gegen meine Thesen einfielen, streute er das Gerücht in die Welt, ich hätte die von mir benützten Quellen gefälscht. Wer sich für das Thema interessiert und nicht nur Glaubensbekenntnisse ablegen möchte, kann die deutschen, israelischen, amerikanischen, britischen und französischen Quellen aus mehr als dreißig Archiven auswerten, nachprüfen und sich sein eigenes Urteil bilden. Darauf vertraue ich.

Inzwischen haben meine Mitarbeiter und ich zahlreiche weitere Dokumente ausgewertet. Diese bestätigen und erhärten die bisherigen Ergebnisse. In wenigen Monaten veröffentlicht das Israelische Staatsarchiv die eigenen Schlüssel-Dokumente aus dem Jahre 1951, bald darauf die 1952 betreffenden Papiere. Sie dokumentieren einmal mehr, daß und wie sich die israelischen Politiker die Haare rauften, weil ihre US-Kollegen bei den Wiedergutmachungsverhandlungen nicht energischer halfen. Man muß also keine »Quellen fälschen« oder deutschjüdischer Patriot sein, um deutsch-jüdisch-israelische Geschichtslegenden zu zerstören.

Der deutschjüdische Patriot als Idiot

Als deutschjüdische Patrioten hätten sich auch nach 1933 viele, zu viele deutsche Juden gefühlt, mäkelte der Kritiker einer süddeutschen Zeitung nach einem meiner Fernsehkommentare. Bonner Demokratie und nationalsozialistische Terrorherrschaft setzte er damit gleich. Ich durfte dankenswerterweise aus seinem Tadel Zusätzliches ableiten: Wenn mein Verhalten dem der deutschen Juden nach 1933 gleicht, erwartet mich auch das gleiche Schicksal: Endstation Auschwitz. Jeder Kommentar erübrigt sich.

Noch etwas konnte ich ableiten: Ich wäre der »nützliche Idiot« (Lenin) der extrem antisemitischen deutschen Rechten. Mit Wilhelm Busch gesagt: nicht nur ein dummes, sondern das dümmste Kalb. Das Kalb, das sich seinen Metzger selber wählt.

Es versteht sich von selbst, daß ein deutschjüdischer Patriot als nützlicher Idiot der herrschenden deutschen Neonazis als Leiter des Zentrums für Antisemitismusforschung an der Technischen Universität Berlin nicht in Frage kam. Er hatte zwar ursprünglich eine Bewerbung gar nicht geplant, war jedoch hierzu nachdrücklich aufgefordert worden (wahrscheinlich auch von Rechtsextremisten). Nein, einen »deutschen Patrioten« könne und solle man nicht auf eine solche Stelle berufen, meinte die vernünftige Mehrheit der Kommission, die es mit der gebotenen und üblichen Vertraulichkeit ohnehin nicht sonderlich ernst nahm.

Der deutschjüdische Patriot als »Revisionist«

Selbst in den Leserbriefen des in New York erscheinenden *Aufbau* konnte man im Zusammenhang mit dieser Ausschreibung am 1. September 1989 eine Lobeshymne auf den nützlichen Idioten finden. Die weniger wohlmeinenden als wohlwissenden Ausführungen seien zitiert.

Die Konflikte um das Karmeliterkloster in Auschwitz, über die der »Aufbau« . . . ausführlich berichtete, haben bei den Juden in aller Welt erneut alte Wunden aufgerissen.

Leider haben sie hier in Deutschland nun auf einem Nebenschauplatz eine Fortsetzung erfahren, die für die künftige Auseinandersetzung mit der Vergangenheit in diesem Land nichts Gutes verheißt.

Ausgerechnet ein jüdischer Geschichtsprofessor hat die Proteste der Juden gegen das Kloster öffentlich in einer Weise verurteilt, die in jüdischen Gemeinden auf blankes Entsetzen gestoßen ist. Der Historiker, der an einer Universität der deutschen Bundeswehr lehrt, hat bereits früher durch die Forderung, alle jungen Juden ohne Unterschied zur deutschen Armee einzuziehen, und durch ein in weiten Passagen revisionistisch anmutendes Buch mit dem bezeichnenden Titel »Ewige Schuld?« in bestimmten Kreisen der deutschen Öffentlichkeit Entzücken hervorgerufen, bei seinen Glaubensgenossen aber Entrüstung geerntet.

Nun bezeichnet er jene Juden, die ihre Stimme zum Protest gegen das Kloster erhoben haben, kurzweg als »jüdische Eiferer« und versteigt sich zu dem wahrhaftig entsetzlichen Vorwurf, durch die Juden als die allein Schuldigen an diesen Konflikten (und nicht etwa das Kloster) würden die Toten von Auschwitz geschändet. Und ganz im Sinne landläufiger Ressentiments unterstellt er, daß hier von den Juden ein »Opfer-Monopol« beansprucht würde, während die Leiden der nichtjüdischen Opfer hinweggewischt werden sollten.

Es mag mehr oder weniger belanglos scheinen, ob solche Geschmacklosigkeiten in den Hallen einer Bundeswehr-Akademie mit Freuden aufgenommen werden oder nicht. Aber der Fall hat seine eigene Tragweite. Denn nach dem Willen gewisser Politiker, die bereits das Auftreten eines Ernst Nolte zu schätzen wußten, soll ausgerechnet dieser Mann in Kürze die Leitung des angesehenen Instituts für Antisemitismus-Forschung übernehmen.

In diesem Fall wäre der öffentliche Skandal schon programmiert. So sieht es heute in Deutschland aus: ein mit revisionistischen Positionen liebäugelnder Vorzeige-Jude kann hier allemal noch etwas werden, und mag der sämtliche Rest der jüdischen Bevölkerung noch so sehr jammern. Wichtiger ist, daß der Seelenfriede einer Nation, die weder von »ewiger Schuld« noch auch nur von Verantwortung

*noch sehr viel wissen will, auf diese Weise wunderbar gefördert wer-
den wird.*
Elian Rabin, Berlin

Wenige Wochen später veröffentlichte der *Aufbau* einen wirklich
wohlmeinenden und schmeichelhaften Leserbrief. Der Zeitung ist
nichts vorzuwerfen. Was aber stand in dem Artikel, der den wackeren
Mann aus Berlin so empörte, daß er stilistische Anleihen beim *Stürmer* aufnahm?

Ein Streit, der die Toten schändet

»Karmeliterinnen – verlaßt Auschwitz!« proklamierten die Transpa-
rente, auf denen 100 jüdische Studenten die Verlegung des Karmeliter-Klosters von dem Gelände des ehemaligen Vernichtungslagers
verlangten. Rund 200 Polen aus dem Dorf Auschwitz fanden sich
zum »Schutz« des Klosters ein und empfingen die Studenten feindselig. Doch im Vergleich zur letzten Demonstration vor wenigen Wochen verlief die Protestaktion friedlich.

»Polen verprügeln Juden in Auschwitz«, meldeten westliche Zeitungen Mitte Juli. Sieben jüdische Demonstranten aus New York
wurden auf dem Gelände des Karmeliter-Klosters von polnischen
Arbeitern mit Wasser begossen und verprügelt. Zwei Tage später zogen die jüdischen Demonstranten in die nahegelegene Innenstadt
Krakaus. Auf Transparenten forderten sie: »Laßt unsere Toten!
Entfernt das Kloster!« Polnische Passanten reagierten heftig: »Juden raus!« riefen sie – auf Deutsch.

Durch ihre Aktionen wollten die amerikanischen Juden darauf
aufmerksam machen, daß eine zwischen der katholischen Kirche
und jüdischen Organisationen im Jahr 1987 getroffene Vereinba-
rung nicht eingehalten wurde. Diese sah vor, daß die 15 Karmeliterinnen, die seit 1984 in einem alten Lagerhaus leben und beten, bis
Ende Februar dieses Jahres das jetzige Gebäude räumen und in ein
anderes, vom Lager etwas weiter entferntes, ziehen sollten.

Es stimmt, daß bei den jüngsten Protesten eher jüdische und polnische Extremisten aufeinandertrafen. Trotzdem wird hier die Spitze
eines Eisberges erkennbar: die traditionell gespannten, nicht selten
feindseligen Beziehungen zwischen Polen und Juden. Die jüdischen
Aktionen und polnischen Reaktionen zeigen, wie erregt man immer

noch und wieder auf beiden Seiten ist, auch bei gemäßigten Vertretern. Diese befürchten ein Anschwellen anti-jüdischer oder anti-katholischer Stimmungen weit über Polen hinaus und damit langfristige Schäden für den christlich-jüdischen Dialog.

Für die Polen ist Auschwitz ein Ort, an dem zunächst Polen und dann auch Juden vernichtet wurden. Für die Juden ist Auschwitz der Ort, an dem mehr als zwei Millionen Juden und auch Nicht-Juden ermordet wurden.

Das Verhalten der jüdischen Demonstranten und der polnischen Gegendemonstranten ist symptomatisch für vieles Schmerzliche und Schreckliche: Fünfzig Jahre nach dem Beginn des von Hitler provozierten Weltkrieges und nach dem millionenfachen Völkermord an Juden, Polen, Russen und anderen Völkern werden die Gräben zwischen den Opfern Hitlers größer, nicht kleiner. (Innerdeutschen Anschauungsunterricht erhielten wir am 19. Juli 1989 bei der Eröffnung der Berliner Dauerausstellung über den Widerstand gegen Hitler.)

Natürlich gab und gibt es in Polen oder anderswo Unbelehrbare, auch nach der Katastrophe des Holocaust, den die Juden als »Schoah« bezeichnen, was auf Deutsch »Katastrophe« heißt: In den elf Monaten nach der Befreiung Polens wurden 351 Juden von Polen ermordet. »Polen muß judenrein werden«, schrie der judenmordende Pöbel in Eiszisuk im Jahr 1945. Wohlbekannt sind die antisemitischen Aktionen der polnischen Regierung während der frühen 50er Jahre sowie 1967/68. Anfang der 80er Jahre wurde der »Solidarität« vorgeworfen, sie sei »jüdisch unterwandert«. 1400 Katholiken aus Auschwitz haben jüngst eine Erklärung unterzeichnet, in der von »unerträglichem Druck« gesprochen wurde, den »jüdische Gruppen« ausübten, um die Karmeliterinnen zum Verlassen des Klosters zu bewegen. Die »Juden raus!«-Rufe der Krakauer Passanten im Juli 1989 klingen höchst beunruhigend in den Ohren aufgeklärter Nichtjuden und erst recht in den Ohren von Juden.

Die katholische Kirchenführung in Polen hat es offenbar nicht leicht, sich gegen diese Stimmungen durchzusetzen. Krakaus Kardinal Macharsky schrieb im Februar 1989, die Polen müßten ihr eigenes Empfinden hintanstellen; dies sei schmerzhaft, aber notwendig für Verständigung und Einheit unter denen, die an einen Gott glauben. Subjektiv mögen viele Polen es so sehen. Objektiv ist zwischen Polen und Juden, zwischen Katholiken und Juden, ein vernünftiger und realistischer Kompromiß geschlossen worden: Keine Seite beanspruchte für die »eigenen Toten« Ausschließlichkeit.

Ob das neue Klostergebäude einige Meter weiter entfernt vom Stammlager Auschwitz I oder am nahegelegenen, eigentlichen Vernichtungslager Birkenau errichtet werden sollte, ist nicht entscheidend. Das Feilschen hierüber wäre eine tatsächliche Entweihung, eine Schändung, der Toten . . .

Der Interessenvertreter Israels in Warschau distanzierte sich deutlich von den amerikanisch-jüdischen Auschwitz-Demonstranten. Auch Rabbiner Marc Tannebaum vom »American Jewish Committee« warnte vor einer Eskalation. Sie würde allein den Antisemiten dienen und die vereinbarte räumliche Verlegung des Klosters verhindern, nicht fördern.

Daß die katholische Kirche innerhalb und außerhalb Polens eine moralisch-historische Mitschuld, wenngleich keine kriminelle Schuld an der Judenvernichtung trägt, kann nicht bestritten werden. Ebenso unbestreitbar ist jedoch die Sühnebereitschaft von weiten Teilen der katholischen Welt, zumindest seit dem Zweiten Vatikanischen Konzil. Sühne als Umkehr, als »Teschuwa«, entspricht der jüdisch-religiösen Weltsicht. Daran sollten sich jüdische Eiferer erinnern, wenn Nonnen für die nichtjüdischen und jüdischen Opfer in Auschwitz beten.

Die Vorwürfe an die betenden Nonnen stellen die christlich-jüdische Geschichte auf den Kopf: Jahrhundertelang verurteilten Katholiken die Juden in ihren Gebeten. Sie bezeichneten sie als »perfidi«. Das war verwerflich. Nun beten sie für die Juden, was eigentlich begrüßenswert wäre. Weshalb soll dieses neue Zeichen Beweis für Altes sein, für antijüdisch-katholische Kontinuität?

Zu Recht fordern die Überlebenden und Nachfahren der Opfer, man dürfe den Juden- und Völkermord nie vergessen. Indem die Nonnen in Auschwitz beten, erinnern sie vor allem die Nicht-Juden eben daran: nicht vergessen! Entweiht werden die Opfer nicht vom Beten Andersgläubiger, sondern durch die Auseinandersetzung darüber, wer für sie beten darf.

Beanspruchen einzelne Völker für ihre jeweiligen Opfer Ausschließlichkeit, eine Art Opfer-Monopol? Gab es außer den »eigenen Toten« keine anderen? Kann man nicht der Millionen von ermordeten Juden gedenken, ohne den polnischen Franziskanerpater Maximilian Kolbe zu vergessen? Will man die Toten nachrechnen und aufrechnen? Soll darüber gestritten werden, ob die Karmeliterin jüdischer Herkunft, Edith Stein als jüdische oder katholische Märtyrerin getötet wurde? Millionen von Menschen wurden in Auschwitz und in den anderen Vernichtungslagern sowie von den deutschen Erschießungskommandos brutal ermordet. Daran muß erinnert werden, damit Menschen nicht wieder Menschen umbringen – seien sie Juden, Polen oder Angehörige anderer Völker.

Die *Allgemeine Jüdische Wochenzeitung* reagierte in ihrem Leitartikel am 18. August 1989 in der Substanz ebenso freundlich, im Stil allerdings sanfter als der brave Leserbriefschreiber im *Aufbau*. Hierfür bin ich ihr dankbar. Außerdem klärte sie mich auf – über mich selbst. Der Redenschreiber Heinz Galinskis hatte diese Ermahnung verfaßt und als Leitartikel plaziert. Im Februar 1990 stieg Galinski dann selbst in den Ring. Wieder griff er einen Fehdehandschuh auf, den ich gar nicht ihm, sondern der SED/PDS zugeworfen hatte. Diesen Nebenschauplatz werden wir später aufsuchen.

Was warf mir der Leitartikel in der *Allgemeinen* vom 18. August 1989 vor? Ich würde das »eigene Anderssein«, also meine jüdische Existenz, nicht nur leugnen. Ich würde sogar versuchen, die »Gegenposition mehr als nur nachzuvollziehen«. Notwendig wäre es, die »Basis der Gemeinsamkeit nicht zu verlassen«. Daß viel prominentere Juden und Israelis die vermeintliche »Basis der Gemeinsamkeit« in der Kontroverse um das Auschwitz-Kloster »verlassen« hatten, sei nur am Rande erwähnt. Betont sei der an mich gerichtete Vorwurf: Ausbruch aus den Reihen der gesamtjüdischen Linie. Woran werde ich dabei erinnert? An das Horst-Wessel-Lied, das einst die Nationalsozialisten grölten: »Die Reihen dicht geschlossen . . .« Das hatten die extrem Rechten verlangt. »Einheitsfront«, das wollten die Linken. Für beides bin ich nicht zu haben. Lieber nehme ich den Vorwurf auf mich, ein »Nestbeschmutzer« zu sein, deutschen Amtsjuden, Rechtsextremisten und Linken zu mißfallen.

Sie alle konnten sich übrigens beruhigen. Das Unglück in Berlin wurde abgewendet. Mit Politik hatte dies natürlich überhaupt nichts zu tun. Allein nach wissenschaftlichen Kriterien wurde entschieden. Das versteht sich von selbst, denn wichtiger als dieses »Zentrum für Antisemitismusforschung« blieb stets der PR-Effekt. Jedermann weiß es. Keiner sagt es offen. Schade, denn seines guten Willens braucht sich keiner zu schämen.

Trotzdem versetzte das Berufungsverfahren an der Technischen Universität kurzzeitig die verantwortliche, sozialdemokratische, Senatorin des Berliner SPD-AL-Senates in arge Nöte. Die Senatorin war alarmiert: Auf dem ersten Platz der Berufungsliste stand zwar ein braver, aber eben kein jüdischer Mann. Könnte es vielleicht als »Antisemitismus« ausgelegt werden, wenn sie den Erstplazierten nicht beriefe, fragte die in der und mit der SPD Politik betreibende Professorin der Politikwissenschaft ängstlich Freunde und Kollegen. Vergleichbar seltsame Ängste plagten auch (West-)Berliner Oppositionspolitiker der CDU und FDP. Sie empörten sich zwar über die Verleumdungskampagne gegen mich, aber vorwagen wollten sie sich lieber nicht. Der SPD-AL-Senat würde der CDU und FDP, besonders der CDU, politisch treffenden »Antisemitismus«-Vorwurf »um die Ohren hauen«. Das konnte und wollten sie nicht riskieren.

Elisabeth Noelle-Neumann und Renate Köcher haben ein aufschlußreiches Buch über die (Bundes-)Deutschen verfaßt. Sie nannten es *Die verletzte Nation*.[4] Diese verletzte Nation ist auch eine *verwirrte Nation*. Nichts deutet darauf hin, daß die Deutschen in der DDR in diesen Fragen weniger verwirrt sind. »Obwohl es Wahnsinn, so hat es doch Methode«, bemerkt Polonius im *Hamlet* über Hamlet. Trotz ihres Wahnsinns schätze ich diese neudeutsche Methode, so tolpatschig, rührend, lächerlich und ärgerlich sie manchmal und manchem scheinen mag. Sie ist gut gemeint. Sie beweist das aufrichtige Bemühen all der hier genannten Parteien und Personen, es besonders gut machen und mit dem Antisemitismus nichts gemein haben zu wollen. Zum ersten, doch keineswegs letzten Mal, stellen wir in diesem Buch fest: Gut gemeint bedeutet noch lange nicht gut gemacht.

Angst vor diesen Deutschen? Grotesk! Aber: Haben die Deutschen vielleicht umgekehrt Angst vor den Juden? Sind die Juden, wie ein ebenso dummer wie niederträchtiger Pseudopolitiker behauptete, die »fünfte Besatzungsmacht«? Natürlich nicht.

An dieser Stelle muß einem möglichen sprachlichen Mißverständnis vorgebeugt werden: Wenn hier zwischen Deutschen einerseits und Juden andererseits unterschieden wird, soll damit nicht unterstellt werden, Juden könnten keine Deutschen sein. Ich selbst bezeichne mich ja als einen deutschjüdischen Patrioten. Eine historisch bedingte, wechselseitige Unsicherheit zueinander soll damit angedeutet werden. Daß die Gemeinsamkeit so manchem so manche Probleme bereitet oder bereitet hat, soll damit angedeutet werden. Hinzuweisen ist zudem auf die Tatsache, daß die meisten bundesdeutschen Juden sich als »Juden in Deutschland«, nicht jedoch als »deutsche Juden« bezeichnen. Innerjüdische Meinungsumfragen beweisen diese Feststellung ebenso

23

wie die Bezeichnung der deutschjüdischen Interessenvertretung. Sie nennt sich »Zentralrat der Juden in Deutschland«, nicht »Zentralrat der deutschen Juden«. Ungewollt wird Hitler damit ein Sieg beschert: Er hatte 1935 dafür gesorgt, daß die »Reichsvertretung der deutschen Juden« in »Reichsvertretung der Juden in Deutschland« umbenannt wurde.

Zurück zu unserer Frage: Weshalb die Verbiegungen deutscher Politiker? Die Antwort ist einfach: Wegen des Unrechtes und der Untaten, die Deutsche früher den Juden antaten, übersieht man den heutigen Unsinn des inflationierten Antisemitismus-Vorwurfes. Mit anderen Worten: Diese Verkrümmungen sind wohlgemeint und deshalb eigentlich sogar höchst sympathisch. Sie zeigen den guten Willen, die Hilflosigkeit, Ratlosigkeit und Harmlosigkeit des neuen Deutschland.

KEINE ANGST VOR DIESEM DEUTSCHLAND!

Obwohl betroffen und in dieser Angelegenheit getroffen, fühle ich mich daher beruhigt. Die Intrigen von Kollegen zählen ohnehin zum Alltagsgeschäft; überall und immer, also auch in Deutschland.

Oft erhielt ich deutschjüdischen und israelischen Nachhilfeunterricht. Hierfür bedanke ich mich an dieser Stelle. Meine jüdischen und israelischen Lektionen habe ich bereits gelernt: von 1967 bis 1970 in der israelischen Armee und von 1971 bis 1974 bei der Jugendarbeit in der Jüdischen Gemeinde (West-)Berlin. Diese größte deutschjüdische Gemeinde kenne ich gut; ihre Führung schätze ich nicht. Sie spricht von Demokratie, praktiziert sie aber nicht. Bei Nichtjuden wird sie angemahnt, in den eigenen Reihen beläßt man es bei autoritären Verkrustungen.

Seltsamerweise blieb die Israelbegeisterung meiner deutschjüdischen Ratgeber widersprüchlich. Sie leben nach dem Motto: Israel ist ein schönes Land, aber in Deutschland ist das Klima milder, wenngleich Deutschland ein für uns unseliges Land ist. So leben sie auf Distanz zu ihrer nichtjüdischen, deutschen Umwelt und kämpfen mit ihrer eigenen Innenwelt. Ihr Essen in Deutschland ist gut, ihr Gewissen schlecht. So essen sie also schlechten Gewissens gutes Essen. Mit viel Beton errichten sie neue Gebäude für Juden. Es entstehen jüdische Zentren ohne jüdische Inhalte, also jüdische Betonköpfe.

Freunde habe ich auch bei deutschen Rechtsextremisten gewonnen, bei alten und neuen NS-Anhängern. Die ohnehin zerstörte Welt der *Nationalzeitung* brach durch mich ein weiteres Mal zusammen. Ein in Israel geborener, in Deutschland gut und gerne (!) lebender Jude unterrichtet an der Universität der Bundeswehr München den Nachwuchs deutscher Offiziere in Neuerer Geschichte, also »an führender Stelle der Bundeswehr-Ausbildung«.[5] Das konnte für dieses Blatt nur der Untergang des Abendlandes und Deutschlands zugleich sein. Im Bundesministerium der Verteidigung sah man es anders; übrigens vor und nach der »Wende« von 1982. Im Frühjahr 1981 wurde ich an die Universität der Bundeswehr München berufen. Es war für die Bundeswehr eine ideologisch heikle Phase. Heftiger denn je wurde damals über die Verstrickung der Wehrmacht in den Holocaust diskutiert. Das hatte Folgen für die Diskussion über »Bundeswehr und Tradition« sowie über die Tradition der Bundeswehr. Der Alibi- und Vorzeigejude wurde also berufen, werden manche meinen.

Alibijude? Vorzeigejude? Es gab in Deutschland Zeiten, in denen Juden sich verstecken mußten, um nicht ermordet zu werden. Es spräche daher nicht gegen die Repräsentanten eines neuen Deutschland, wenn sie Juden vorzeigen wollten.

Seltsames aber geschah: Herkömmliche Berufungsgespräche wurden geführt. Von den traditionspolitischen Schwierigkeiten der Bundeswehr kein Wort. Der Tag der Antrittsvorlesung war gekommen. Ich fragte die Kollegen, ob es nicht sinnvoll sei, einleitend zu erwähnen, daß die Berufung eines deutschjüdischen Professors an eine Bundeswehruniversität (des ersten und bislang einzigen) den Wandel Deutschlands und der (west-)deutschen Streitkräfte symbolisiere und personifiziere. Nein, lautete die Antwort. Ich sei berufen worden, weil ich ihrer Meinung nach der beste Historiker für diese Stelle, nicht aber, weil oder obwohl ich Jude sei. Eine nicht nur der persönlichen Eitelkeit schmeichelnde Reaktion; eine politisch und historisch ermutigende. Sie dokumentiert geschichtspolitische Entkrampfung ohne Entsorgung.

Am 9. November 1988 wurde im Bonner Verteidigungsministerium eine Gedenkstunde veranstaltet. Der 50. Wiederkehr der »Reichskristallnacht« wurde gedacht. Vom Pförtner bis zu hohen und höchsten Generälen waren alle versammelt, fast das gesamte Ministerium. Ich habe im November 1988 an vielen Gedenkstunden zum 9. November teilgenommen und auf vielen gesprochen. Keine war so würdig und ergreifend.

Mit vor Erregung zitternden Händen und bebender Stimme lasen hohe Offiziere der Bundeswehr grauenhafte Erlebnisberichte der damals gemarterten deutschen Juden vor. Sollte ich vor diesen deutschen

Offizieren Angst haben? Vor dem Geist dieses deutschen Staates, der diese Offiziere prägte?

Ich hielt den Gedenkvortrag. Den Groll der *Nationalzeitung* über die Tätigkeit eines Juden an einer Bundeswehruniversität erwähnte ich dabei; auch die Problematik des »Vorzeigejuden«. Danach kam ein General auf mich zu: »Ich bin glücklich darüber, daß gerade Sie an einer Bundeswehruniversität lehren. Sie sind in der Lage zu zeigen, daß sich und wie sich die deutschen Streitkräfte verändert haben, daß wir mit unseligen Traditionen gebrochen haben; mit einem Erbe, an dem die Wehrmacht alles andere als unbeteiligt war.« Angst vor einem General dieses Deutschlands? KEINE ANGST VOR DIESEM DEUTSCHLAND!

Deutschland und Amalek

Jeder Jude trage 3000 Jahre Leidensgeschichte auf seinem Buckel, sagte mir kürzlich ein Jerusalemer Freund. Er ist Rabbiner. Trotz unserer Freundschaft und seines rabbinischen Fachwissens trifft seine Aussage auf mich nicht zu. Ich kenne diese Leidensgeschichte, aber ich leide nicht, habe selbst nie gelitten, weil ich erst 1947 geboren wurde, und ich habe das Leid nicht geerbt. Ich will jedoch künftiges Leid von Juden und Nichtjuden, Deutschen und Nichtdeutschen verhindern, so weit ich dazu beitragen kann. Daß Menschen, die den Mordfabriken der Nationalsozialisten entkommen sind, die also selber Märtyrer waren, meine Weltsicht nicht teilen können, verstehe ich gut.

Gerade diese Menschen kokettieren aber selten mit dem selbst Erlittenen. Ich bin dem Schicksal mehr als nur dankbar, daß mir dieses unsägliche Leid erspart blieb, daß ich in West-Deutschland eigentlich nur positive Lebenserfahrungen sammeln konnte. Als Nachgeborener will ich nicht Coupons vom Märtyrertum der Vorfahren abschneiden. Das würde die Opfer entwürdigen.

»Du machst es den Deutschen zu leicht«, erklärte mir kürzlich ein wohlmeinender israelischer Kollege schulterklopfend. Meine Antwort: »Ich bin Deutscher.« Diejenigen, die eine Wiederkehr der Untaten verhindern wollen (und das sind die meisten Deutschen, glaubt man den Umfragen und Handlungen), möchte ich nicht vor den Kopf stoßen. Diese Deutschen sind als Deutsche nicht weniger demokratisch und den Menschenrechten verpflichtet als ein demokratischer und den Menschenrechten verpflichteter Jude. Umgekehrt gibt es Juden, die weniger demokratisch als diese nichtjüdischen, deutschen Demokraten sind. Diese politischen Tugenden erwirbt man. Man erbt sie so wenig wie politische Untugenden.

»Deutschland ist wie das biblische Amalek. Wir dürfen nicht vergessen«, fuhr der wohlmeinende Kollege fort. Ich widersprach. Die vermeintliche Erbschuld der Amalekiter habe ich nie billigen können, den göttlichen Auftrag an König Saul, der sich weigerte, die besiegten Amalekiter samt Frauen, Kindern und Vieh zu töten, als höchst abstoßend empfunden. Saul sei für diese Weichheit bestraft worden. Sein Haus habe deshalb das Königtum im biblischen Israel verloren, konterte der Mann. Ich hielt dagegen: Bei der Lektüre dieser Bibelabschnitte habe ich immer mit König Saul, nicht aber mit dem Propheten Samuel und Gottes Vorhaben sympathisiert. Damit sei meine Abkehr vom jüdischen Weg bewiesen, meinte er. Irrtum, entgegnete ich. Schon die talmudischen Weisen haben Schwierigkeiten in bezug auf Gottes Entscheidung angedeutet. Jüdische Ab- und Irrwege?

Ein »deutschjüdischer Patriot«. Jede Bezeichnung bedarf der Begründung. Bislang wurde allein die »deutschjüdische« erbracht. Von welchem Patriotismus ist die Rede?

27

II. Patriotismus?

Kratzbürstig und stachelig ist das Vaterland, der Deutschen Vaterland, doch auch das Vaterland schlechthin. »Patria« hieß es schon im Altertum, und die Wortwurzel führt uns auf den traditionell stets strengeren, eben kratzbürstigen Vater, nicht zur sanften, glatthäutigen, kuscheligen Mutter. Dennoch haftet dem Begriff des »Vaterlandes« etwas Familiäres, Vertrautes, Anheimelndes an, eben das Väterliche, wenngleich auch Väterlich-Strenge. Da, wo von Kommunikation, von Persönlichem, also letztlich von mitmenschlichen Dingen die Rede ist, prägt das Wort »Mutter« die Sprachgestaltung. Da nämlich, wo von Muttersprache die Rede ist.

Im Vaterland leben, nicht fürs Vaterland sterben

Versüßt werden sollte »patria« schon in der Antike durch etwas außerordentlich Zweifelhaftes; zweifelhaft in bezug auf die Süße: nämlich durch den Tod. »Süß ist es für das Vaterland zu sterben«, versuchte man sich schon im Altertum einzureden, und gab diese zweifelhafte Süße von Generation zu Generation und von Geschichtsepoche zu Geschichtsepoche als Spruchweisheit weiter. Spätestens seit der Einführung von Atomwaffen ist die Weisheit dieser Spruchweisheit, die wohl stets mehr Spruch als Weisheit war, zweifelhafter denn je. Quantität und Qualität des Tötens während des Zweiten Weltkrieges, die Verbrechen, die vor allem im Namen des deutschen Vaterlandes begangen wurden, also vor allem die Katastrophe des Holocaust, machten es den Deutschen nach dem Ende des Zweiten Weltkrieges zu Recht schwer, an dieses Vaterland zu glauben; schwerer als anderen Nationen. Das Sterben für das Vaterland hatte sich für die Deutschen keineswegs als »süß« erwiesen; für die anderen Völker, die im deutschen Namen getötet und ermordet wurden, schon gar nicht. Es war eben wirklich eine Katastrophe, und bezeichnenderweise nennt man auf Hebräisch, also in der Landessprache Israels, den Holocaust »Schoah«, auf Deutsch: »Katastrophe«.

Das Sterben für das Vaterland fällt daher hierzulande schwer; übrigens auch in anderen westlichen Staaten, wenn man den Umfragen glaubt. Auch in England, Frankreich oder anderen westeuropäischen Staaten möchten die wenigsten für das Vaterland sterben. Dort und hier in Deutschland wollen die meisten – ich sage: erfreulicherweise – *im* Vaterland leben, doch nicht *für* das Vaterland sterben. In der Bundesrepublik Deutschland lebte man seit jeher, ebenso wie in den meisten Staaten der westlichen Welt, als Bürger, als einzelner für sich, nicht für andere und schon gar nicht für ein Kollektiv; sei das Kollektiv Klasse, Rasse oder Staat. Die Bürger der (ehemaligen) DDR und Osteuropas haben sich im Herbst 1989 vom Kollektivismus ab- und dem politisch abgesicherten Individualismus zugewandt. Osteuropa hat sich Westeuropa, die DDR der Bundesrepublik angeschlossen. Wer wollte diese sanfte Art der 1989 erlebten Verwestlichung mit dem »Anschluß« Österreichs an das Deutsche Reich im Jahre 1938 vergleichen?

Wir bezeichnen den politisch abgesicherten Individualismus als Liberalismus und verstehen ihn überparteilich. Er ermöglicht es jedem Bürger, seinen Lebensentwurf selbst zu fertigen. In dieser liberalen Gesellschaft ist das Individuum fast alles. Das Allgemeine, so zum Beispiel der Staat als Verkörperung des Allgemeinen, zählt weniger. »Staatsverdrossenheit« auf der einen, »Selbstverwirklichung« auf der anderen Seite. Das sind die Schlagwörter, die trotz aller Verkürzung den Sachverhalt zutreffend kennzeichnen. Das mag man bedauern oder begrüßen; auf jeden Fall muß man es feststellen, bevor man es festigen oder ändern möchte.

So gesehen, ist das tatsächliche oder vermeintliche In-Frage-Stellen des Vaterlandes keineswegs eine typisch deutsche Entwicklung, keineswegs eine Entwicklung, die (im Klischee formuliert) auf den »Staat der Mörder« beschränkt ist. Auch im »Staat der Opfer«, also in Israel, stirbt es sich heute weniger süß für das Vaterland, sieht man, aus ganz anderen Gründen, daß die Bereitschaft zum Sterben zumindest eines voraussetzt: die *leben*swerte Gestaltung des Vaterlandes. Die lebenswerte Gestaltung des Vaterlandes nach innen *und* nach außen. Das ist Patriotismus.

»Patriotismus« ist für mich zunächst und vor allem die Identifizierung mit dem *Lebens*werten im eigenen Land. Dann erst darf man überhaupt die Frage nach dem »Sterben für das Vaterland« stellen, erst dann ist diese Frage berechtigt. Wenn wir von »deutschem Patriotismus« reden, dann sollten, dann müssen wir fragen, woran das *Lebens*werte für *uns* am deutschen Vaterland erkennbar ist, worin es besteht. Nach Auschwitz und vor der Vereinigung ist die Frage wichtiger denn je. Denn Auschwitz mahnt an den millionenmörderischen Nationalismus, und es verpflichtet uns, diesem abzuschwören.

Verschiedene Gruppen werden Unterschiedliches für lebenswert halten. Manche halten nur das Grundgesetz, unsere Verfassung, für mustergültig. Nur? Das ist nicht wenig, und dieser »Verfassungspatriotismus« hat verständlicherweise viele Anhänger. Doch diese Verfassung ist nichts Abstraktes, geographisch und national beliebig Austauschbares. Sie trägt neben westeuropäisch-amerikanischen sehr deutsche Züge, weil die Verfassungsväter vom Versagen und Verzagen der Weimarer Demokratie geprägt waren. Der scheinbar postnationale Verfassungspatriotismus entpuppt sich als national – was ihn keineswegs entwertet.

Ich muß gestehen: Es fällt mir schwer, die res privata, also die Privatsphäre, mit der res publica, das heißt mit dem öffentlichen Bereich, zu vermengen, den Vater mit »Vater Staat« oder dem »Vaterland« gleichzusetzen oder gefühlsmäßig miteinander zu verbinden.

Daß die beiden bis 1990 bestehenden deutschen Staaten nicht gleichermaßen lebenswert und schon gar nicht liebenswert waren, haben nicht nur verbohrte westliche Ideologen behauptet. Die Bürger der DDR haben es durch drei Abstimmungen bewiesen: Im Sommer und Herbst 1989 stimmten sie mit ihren Füßen ab, indem sie aus der DDR flohen. Bei den Volkskammerwahlen vom 18. März und den Kommunalwahlen vom 8. Mai 1990 entschieden sie sich mit überwältigender Mehrheit für die Parteien, die ohne Wenn und Aber die deutsche Vereinigung befürworteten. Das, was Illusionisten in Ost und West für »DDR-Identität« oder »DDR-Errungenschaften« hielten, warfen rund 85 Prozent der Bürger Ost-Deutschlands wie ein gebrauchtes Papiertaschentuch verächtlich weg. Weshalb? Weil dieser Staat nicht lebenswert war, weil sich die meisten Bürger nicht mit ihm identifizieren konnten und daher auch keine »DDR-Identität«, kein DDR-Wir-Gefühl, entwickeln wollten; weil von Errungenschaften und daher von Patriotismus keine Rede sein konnte.

»Wir sind das Volk!« riefen sie bezeichnenderweise im Herbst 1989. Das bedeutete zugleich: »Wir sind nicht dieser Staat. Wir wollen diesen Staat nicht.« Ab Dezember 1989 hörte man immer energischer: »Wir sind ein Volk!« Das bedeutete: »Wir wollen einen deutschen Staat, der wie die Bundesrepublik sein soll – weil nur sie ein lebenswerter deutscher Staat ist.« Diese DDR-Bürger waren wahre deutsche Patrioten. Patriotismus als Wir-Gefühl. Selten kann man es eindeutiger erfahren und erspüren. Dieser Patriotismus ist nicht aggressiv, er ist emanzipativ. Auf Deutsch: Er dient der Befreiung des Volkes von staatlicher Unterjochung.

Ein solches Wir-Gefühl ist schon aus funktionalen Gründen zur Erhaltung eines Gemeinwesens notwendig. Wenn sich die Bürger mit ihrem Staat nicht identifizieren, wollen sie auch nichts produzieren. Krise und Niedergang des Staates sind programmiert. Die Entwicklung im ehemaligen Ostblock liefert Anschauungsmaterial.

»Wir sind das Volk!« ist die Parole des befreienden Patriotismus. »Wir sind das bessere Volk!« wäre der Kampfruf eines aggressiven Patriotismus. Hat jemand ihn letztens in Deutschland gehört? Wohl kaum, denn die DDR-Demonstranten, die »Wir sind das Volk!« verkündeten, hatten kurz zuvor »Gorbi, Gorbi« gerufen. Sie hatten dem Mann zugejubelt, der stets von der Neuordnung des »Europäischen Hauses« gesprochen hatte. Dieser Begriff war zwar höchst schwammig, wies aber deutlich auf gesamteuropäische Zusammenhänge, die nationale Grenzen durchbrachen. »Wir wollen kein deutsches Europa, sondern ein europäisches Deutschland«, verkünden deshalb folgerichtig deutsche Politiker seit dem Herbst 1989. Der Gedanke stammt von Thomas Mann. Selbst die ständige Wiederholung dieses schönen Wortes im Plattensortiment (oder platten Sortiment?) der Politiker vermindert nicht die faszinierende Anziehungskraft dieses Ideals.

Man kann darüber streiten, ob die »neuen Deutschen« besser als die alten sind. Ich meine, daß sie es sind. Offenbar sind aber diese klüger als jene. Aus schrecklichen Erfahrungen haben die Deutschen gelernt, daß ein neuerlicher Alleingang ein Untergang wäre, für sie und Europa.

Deutsche Europäer

Deutsche oder europäische Vereinigung? Was war den Westdeutschen wichtiger? Noch 1965 war es die deutsche Vereinigung. Damals wollten 69 Prozent der Bundesbürger eher diese als jene. Nur 24 Prozent sagten 1965, daß sie die Einigung Europas vorzögen. Ein ganz anderes Bild am Ende der aktiven Ostpolitik Willy Brandts und Walter Scheels, 1973: 65 Prozent optierten für Europas, nur 23 Prozent für Deutschlands Vereinigung. Nach der »Wende«, 1983, hatte die Deutschland-Orientierung etwas zugenommen. Jetzt wollten immerhin schon 36 Prozent eher die deutsche, doch die immer noch sehr große Mehrheit von 60 Prozent die europäische Einigung. Im September/Oktober 1989 hatte der deutsche Funke stärker gezündet. Nun waren mit 49 Prozent die beiden Lager gleich groß.[6]

Wir sehen einmal mehr: Wie woanders auch, ist die öffentliche Meinung der Westdeutschen wechselhaft, sprunghaft. Sie ist aber keineswegs nationalistisch oder gar extrem nationalistisch. Europäertum und Deutschtum scheinen einander nicht auszuschließen.

Das beweisen auch die Umfragen. Im März 1990 hielten 60 Prozent der DDR-Bürger den Umweltschutz für die wichtigste politische Aufgabe, auf Platz zwei mit 52 Prozent die Bekämpfung der Arbeitslosigkeit, auf Platz drei der Wohnungsbau mit 44 Prozent; erst auf Platz fünf die Wiedervereinigung (23 Prozent).[7]

In der Bundesrepublik Deutschland rangierte die Wiedervereinigung als wichtigstes politisches Problem im Frühjahr 1990 nur knapp vor dem Umweltschutz.[8] Umweltschutz ist Lebensschutz. Umweltschutz ist Staatsziel der Deutschen. Gibt es einen besseren Beweis für die These, daß der heutige deutsche Patriotismus das Lebenswerte betont und dabei durchaus übernationale Verflechtungen und Abhängigkeiten sieht? Wie heißt doch die politische Parole so richtig? »Umweltschutz kennt keine Grenzen.« Und außerdem: Für knapp 75 Prozent der Westdeutschen war im Frühjahr 1990 Friedenssicherung das »vordringlichste Ziel« der Politik.[9]

Trotzdem muß etwas Wasser in den europäischen Wein gegossen werden: Die Westdeutschen sind von 1965 bis zum Herbst 1989 etwas europamüde geworden: »Ganz allgemein für die Vereinigung Westeuropas« waren 1965 noch 82 Prozent der Bundesbürger, 1967 sogar 87 Prozent. Im Oktober/November 1989 sprachen sich nur noch 59 Prozent für die Vereinigung Westeuropas aus.[10] Das war die niedrigste Zustimmungsrate in der Europäischen Gemeinschaft.

Während der deutschen Revolutionsmonate Oktober und November 1989 wurden jedoch auch die deutsch-europäischen Lebensgeister geweckt: Vom Frühjahr bis zum Herbst 1989 nahmen die europafreundlichen Antworten der Westdeutschen um 10 Prozent zu.[11] Daß man die europäische Integration beschleunigen sollte, meinten knapp zwei Drittel (62 Prozent) der Bundesbürger. Auch hier muß allerdings darauf hingewiesen werden, daß sie damit gemeinsam mit den Dänen, Griechen und Niederländern immer noch westeuropäische Schlußlichter blieben. Die durchschnittliche Zustimmungsrate in der gesamten Europäischen Gemeinschaft lag bei 70 Prozent.

Nun muß Deutschland wahrlich nicht immer Spitzenreiter, Europa-

oder Weltmeister sein; weder im Guten noch im Schlechten. Wir suchen in diesem Buch kein Super-Deutschland. Vielmehr fragen wir zaghaft und ängstlich, ob man denn vor Deutschland und den Deutschen Angst haben müsse. Wenn rund zwei Drittel der Westdeutschen im Herbst 1989 mehr Europa wollten, und das mehr als noch vor der Deutschen Revolution, dann können wir einmal mehr beruhigt feststellen: KEINE ANGST VOR DEUTSCHLAND!

Markiger D-Mark-Nationalismus?

Keine Angst auch deshalb, weil weder die Geführten noch die Führungskräfte in Deutschland plötzlich wilde Nationalisten geworden wären. Im Gegenteil: Die »jetzt (= Januar 1990) immer deutlicher« geäußerten »patriotischen Gefühle« registrierten 42 Prozent der westdeutschen Positionseliten aus Politik, Wirtschaft und Verwaltung »eher mit Unbehagen«, 45 Prozent mit Sympathie.[12] Erstens waren die Führungsgruppen in zwei mehr oder weniger gleich starke Gruppen gespalten. Zweitens dürfte dieser »geäußerte Patriotismus« nicht gefährlich sein. Das haben wir zu beweisen versucht. Die angeblich so gefährliche deutsche Wirtschaft gab sich besonders zurückhaltend. Hier war mit 43 Prozent der befragten Führungskräfte das Unbehagen am heftigsten, die Sympathie mit 42 Prozent am schwächsten. Die Politiker zeigten mit 55 Prozent auch deutlich mehr Sympathie als die Verwaltungsspitzen (45 Prozent). Bei SPD (72 Prozent) und FDP (55 Prozent) war das Unbehagen der Politiker am deutlichsten ausgeprägt. In der Union bekundeten nur 31 Prozent Unbehagen.[13]

Die Antworten aus dem Bereich der Wirtschaft verdienen besondere Beachtung. Sie dürften weitere Ängste abbauen: Die deutsche Wirtschaft war, ist und bleibt exportorientiert. Weil sie die Ausfuhr benötigt wie der Mensch die Luft zum Atmen, ist sie nicht nur auf die Qualität ihrer Produkte, sondern auch und besonders auf den guten Willen ihrer Käufer angewiesen. Die große Mehrheit ihrer Käufer lebt in Westeuropa und Amerika. Wenn Deutschlands Wirtschaft keinen Selbstmord begehen will, bleibt sie auf Westintegration angewiesen. Sie muß auch entsprechende Rücksichten im politischen Bereich nehmen. Produktwerbung und Marketing sind heute weniger denn je unpolitisch. Rücksichtnahme und Zurückhaltung sind deshalb funktional notwendig, ökonomisch sinnvoll, außenpolitisch beruhigend und stabilisierend. Die Regierungen und verantwortlichen sowie verantwortungsvollen Parteien der Bundesrepublik Deutschland haben diese Erkenntnis in praktische Politik umgesetzt.

Durch nationalistische Alleingänge verlöre Deutschland den guten Willen der Kunden. Das wäre wirtschaftlicher Selbstmord. D-Mark-Imperialismus wäre kollektiver Selbstmord. Der wäre aber das genaue Gegenteil von Patriotismus. Denn: Grundlage des Patriotismus ist das Lebenswerte eines Gemeinwesens. Und daß ausgerechnet die deutsche Wirtschaft Selbstmord beabsichtige, ist nicht anzunehmen. Gerade sie bleibt nüchtern. Vom markigem Mark-Nationalismus oder gar Mark-Imperialismus keine Spur.

Die patriotische Revolution als Fernsehereignis?

Deutschlands Freiheit wäre ohne Europa unmöglich: ohne Gorbatschow keine Demokratisierung in Polen und Ungarn; ohne die vorangegangene Demokratisierung Polens und Ungarns keine Freiheit für Ost-Deutschland; ohne die Sanfte Revolution in der DDR keine Revolution gegen die Diktatur der Kommunisten in der Tschechoslowakei, in Bulgarien und Rumänien.

Die Deutsche Oktoberrevolution war Teil der Osteuropäischen Revolution des Jahres 1989. Daß nationale Revolutionen zugleich ein internationales Großereignis sind, bedeutet nichts Neues in der Neueren Geschichte. Im Medienzeitalter, vor allem in der Epoche des Fernsehens, wird allein der zeitliche Ablauf der im doppelten Wortsinne revolutionären Übertragung der Ereignisse beschleunigt. Bestand nicht schon zwischen der Amerikanischen Revolution von 1763/1776 und der Französischen von 1789 eine inhaltliche und politische Verkettung? War nicht die Französische Revolution von 1789 ein europäisches und wegen der europazentrischen Weltpolitik ein Weltereignis? Als König Karl X. von Frankreich im Juli 1830 gestürzt wurde, begann in kürzester Zeit eine Welle europäischer Nach- und Teilrevolutionen. Noch schneller folgte seit der Pariser Februarrevolution gegen König Louis Philippe 1848 eine revolutionäre Aktion der anderen in Europa. Der Grund: Das Nachrichten- und Verkehrswesen war inzwischen technisierter. Der zeitliche Abstand zwischen dem Ereignis selbst und der Berichterstattung hierüber hatte sich erheblich verkürzt. Nachrichtenbörsen waren 1848 oft Bahnhöfe. Wer mit den Bahnreisenden sprach, erhielt nämlich die neuesten Meldungen. Die Nachrichten und die Nachrichtenübermittler lösten also seit jeher internationale Revolutionsketten aus. Sie waren der revolutionäre Anlaß. Die Ursache der jeweiligen nationalen Revolution dagegen war national oder lokal. Nichts Neues 1989, nur Schnelleres, weil vom Fernsehen Übertragenes. Schnell, Schneller, Fernsehen.

Manche verwechselten jedoch das Medium der Revolutionen mit ihren durchaus verschiedenen Ursachen und Zielen. Gewiß, nach Freiheit strebten alle revoltierenden Völker. Manche wollten nur (nur?) die kommunistische Diktatur beseitigen, andere verbanden damit nationale oder regional-föderale Ziele. Entscheidend für unser Thema: Grundlegende Veränderungen betreffen heute mehr und schneller denn je alle Völker. Sonderwege sind Irrwege und Abwege in den Abgrund. Deshalb kann und darf es keine nationalen Alleingänge mehr geben. Alle können nur noch gemeinsam leben und überleben; ökologisch, ökonomisch, politisch. Im Zeitalter der modernen, grenzüberschreitenden elektronischen Medien kann es weniger als je zuvor geschlossene Gesellschaften geben. Es gibt politische Führungen, die versuchen, ihre Gesellschaften zu verschließen und abzudichten. Langfristig müssen sie scheitern, weil sie sich dem Wandel der Umwelt nicht anpassen können. Und ohne Anpassung an die veränderte Umwelt kein Überleben. Ohne Offenheit der Kommunikation keine Lernfähigkeit und ohne Lernfähigkeit kein Überleben – zumindest nicht auf Dauer.

III. Wer sind wir?

Die jüdische Verkettung deutscher Identität

Wer sind wir? Eine heikle Frage, aber keine typisch deutsche. Typisch deutsch ist etwas anderes: Typisch deutsch sind die verständlichen Probleme mit dem kollektiven Erbe, die Probleme beim Aussprechen des Wortes »Wir«. Bei Fußball-Länderspielen hatten wir im Westen, bei Olympiaden wir im Osten mit diesem Wort weniger Probleme. Vor allem deswegen, weil wir so oft zu den Siegern zählen. In der Geschichte, zumindest der jüngsten deutschen Geschichte, sieht es anders aus: Wir haben verloren. Nicht nur militärisch und politisch, sondern moralisch. Und das wiegt am schwersten. Daran ändert auch der Sieg der Sanften Deutschen Oktoberrevolution nichts.

»Wir«? Ich muß gestehen, daß ich Schwierigkeiten mit diesem »Wir« habe. Diese Schwierigkeiten, um beim ganz Persönlichen zu bleiben, habe ich keineswegs nur in bezug auf mein deutsches Wir-Gefühl, sondern auch in bezug auf mein jüdisches Wir-Gefühl. In Israel (damals »Palästina«) 1947 als Sohn deutschjüdischer Flüchtlinge geboren, kam ich 1954 nach Deutschland. Hier lebe ich seitdem, abgesehen von einigen Unterbrechungen. Ich lebe hier sehr gerne. Es fällt mir nicht schwer, Deutscher zu sein und Jude zu bleiben. Beide Identitäten sind miteinander vereinbar, gegenteiligen Beteuerungen (und Beschimpfungen) zum Trotz. Ich scheue nicht, mich einen deutschjüdischen Patrioten zu nennen. Weil mein deutsches und jüdisches Sein oder Bewußtsein einander nicht ausschließen, verzichte ich auf den Bindestrich.

Ein deutscher Patriot? Weshalb? Weil Deutschlands erneuerter westlicher Teil seit 1945/1949 höchst lebenswert ist; der östliche Teil jetzt lebenswert wird. Deutschland ist seit dem Frühjahr 1990, seit den ersten freien Wahlen in der alten DDR, ein doppelt erneuertes Gemeinwesen, das sich vom alten abhebt. Liebenswert? Liebenswert sollen Menschen sein, nicht Staaten. Es genügt, daß Staaten lebenswert sind. »Wir«, das war und ist für mich weder im Sport noch in Politik und Geschichte das Kollektiv. »Wir«, das war und ist mein *unmittelbarer* Bezugskreis: der passiv-fremdbestimmte, also die Familie, und darüber hinaus der aktiv-selbstbestimmte, also die Freunde und Bekannten. »Wir«, das kann sprachlich nur die *Gemeinschaft der jeweils Sprechenden und Handelnden* sein, also die Mehrzahl des »Ich«. Das »Wir« schließt den Erzählenden in die Gemeinschaft der übrigen ein, die zu ihm gehören, mit ihm handeln oder sprechen. Weil ich eben kein deutscher Supersportler bin, habe nicht ich gewonnen, sondern »die«, das heißt die ausgewählten Sportler der Nation. »Wir«, das schließt die *zeitliche oder örtliche Gemeinsamkeit* oder zumindest ein gemeinsam erlebtes oder erlittenes Stück der Gegenwart des Sprechers und seiner Mitwelt ein. Zum »Wir« gehört das zu einem bestimmten Zeitpunkt gemeinsam Erlebte oder auch das gemeinsam Erlittene. Zum neuen deutschen Wir-Gefühl zählen daher vor allem die Deutsche Oktoberrevolution, der 9. November 1989, an dem die Mauer politisch fiel, und der Einigungsprozeß.

Viele Bundesdeutsche haben das deutsche Wir-Gefühl der DDR-Bürger nicht allzu unwillig unterschätzt und als Sehnsucht nach Bananen mißverstanden, zum Teil böswillig mißverstehen wollen. Sie übersahen, daß die Deutschen in der DDR die Menschen- und Bürgerrechte unter gesamtdeutschen, am bundesdeutschen Wir orientierten Rahmenbedingungen anstrebten. Sie wollten zur Bundesrepublik. Sonst wären sie in die Bundesrepublik gekommen. Sie wollten keine Eigenstaatlichkeit der DDR. Für diese bestand, anders als seinerzeit für Österreich, keine Veranlassung. Warum? Weil Österreich einerseits lange Zeit nicht deutsch, andererseits stets ein eigener Staat mit einer großen, bindenden und verbindenden Tradition war. Die Eigenstaatlichkeit von Deutsch-Österreich ist daher durch die Geschichte gerechtfertigt. Die Eigenstaatlichkeit der DDR richtete sich gegen die deutsche Geschichte. Sie war ein künstliches Gebilde. Österreich ist organisch gewachsen.

Scheinbar widersprüchlich formuliert: Erst das gemeinsame Deutsch-Sein hat das freie Mensch-Sein der DDR-Bürger ermöglicht. Anders ausgedrückt: Der Weg der DDR-Bürger zu den universalen Menschenrechten hat über das scheinbar partikulare Deutschtum geführt. Eine alt-neue Erfahrung, die schon Friedrich Meinecke beschrieben hatte: Nationale Identität und kosmopolitische Orientierung, »Weltbürgertum und Nationalstaat«, schließen einander nicht aus. Zum Wir-Gefühl zählen demnach nicht nur zeitlich oder örtlich erlebte und erlittene, sondern offenbar auch ersehnte, aber entbehrte Gemeinsamkeiten. Das deutsche Wir-Gefühl der DDR-Bürger hat dies bewiesen. Weil weder zeitliche noch örtliche oder gar ersehnte Gleichzeitigkeit vorhanden sind, prägt Auschwitz mein Wir-Gefühl nicht;

weder mein deutsches noch mein jüdisches. Als Deutscher kann ich nicht sagen: »Wir haben in Auschwitz Juden vergast.« Als Jude kann ich nicht sagen: »Wir sind in Auschwitz vergast worden.« Ich kann aber sehr wohl als Deutscher sagen: »Deutsche haben Juden in Auschwitz vergast.« Und ich kann ebenso als Jude sagen: »Deutsche haben in Auschwitz Juden vergast.«

Wenn sich die zweite Generation der Holocaust-Überlebenden als »Wir Opfer« bezeichnet, so halte ich dies sprachlich, historisch, politisch, biologisch-generationsbedingt für falsch und daher für nicht akzeptabel. Genausowenig kann ich mich als nachgeborener Deutscher mit der Sichtweise des »Wir Mörder« oder »Wir Schuldigen« identifizieren. Die heute lebenden Deutschen sind nicht das »Volk der Mörder und Henker«; allerdings genausowenig das »Volk der Dichter und Denker« – die sie häufiger zitieren als lesen. Daß man aber als »Deutscher stolz« sein könne auf »Goethe, Schiller und andere große Dichter« meinten, Allensbach zufolge, im Herbst 1984 immerhin 71 Prozent aller Bundesdeutschen. Dieses Schmücken mit letztlich doch fremden Federn ist keine deutsche Eigenheit. Der Comics lesende Jude, der die Bibel kaum kennt, schätzt sie nicht zuletzt deshalb, weil er damit automatisch zum »Volk des Buches« gehört.

Schuld ist nicht erblich. Auch Märtyrertum ist nicht erblich. Daher ist der nachgeborene Deutsche nicht schuldig, der nachgeborene Jude kein Märtyrer.

Von welcher Schuld ist die Rede? Allein von der *kriminellen*. Karl Jaspers hat sie in seinem 1946 erschienenen Buch *Die Schuldfrage* umschrieben: »Verbrechen bestehen in objektiv nachweisbaren Handlungen, die gegen eindeutige Gesetze verstoßen.« Instanz für Verbrechen »ist das Gericht, das in formellem Verfahren die Tatbestände zuverlässig festlegt und auf diese die Gesetze anwendet«. Folge der kriminellen Schuld ist die juristische Bestrafung. Sie ist individuell, kann nicht kollektiv gelten. »Es ist aber sinnwidrig, ein Volk als Ganzes eines Verbrechens zu beschuldigen. Verbrecher ist immer nur der Einzelne« (Jaspers).

Wir alle aber wissen, daß es sehr wohl ein Weitergeben von Bürde und Würde der Geschichte von einer Generation zur anderen gibt. Geschichte ist stets die in der Gegenwart wirksame Vergangenheit. Zwei Beispiele hierzu. Das eine aus der deutschen, das andere aus der jüdischen Geschichte.

Die nachgeborenen Deutschen tragen das Kainszeichen des Holocaust. Sie tragen es, weil sie Deutsche sind, weil die erste Gedankenverbindung der meisten Nicht-Deutschen in bezug auf Deutsches der Holocaust ist und bleiben wird – auch nach dem 9. November 1989. Sogar erst recht nach dem 9. November 1989, denn dieses Datum verbindet die Außenwelt, besonders die jüdische, mit dem 9. November 1938, also mit der »Reichskristallnacht«. Die politisch-historisch-psychologische Mechanik funktioniert dabei ähnlich wie bei unserem Beispiel aus der jüdischen Geschichte. Die Juden mußten jahrhundertelang mit dem Vorwurf leben, das »Volk der Christusmörder« zu sein. Ein ebenso falscher wie unsinniger Vorwurf. Spätestens seit dem Zweiten Vatikanum sagt das auch die katholische Kirche. Doch selbst wenn der Vorwurf in bezug auf die jüdischen Zeitgenossen von Jesus Christus zutreffend gewesen wäre, auf ihre Kinder und Kindeskinder hätte man ihn nicht übertragen dürfen. Trotzdem wurde er über Jahrhunderte aufrechterhalten. Mit dem realen Juden und dem realen Judentum hatte dieser Antijudaismus, wenn überhaupt, nur sehr wenig gemein. Der Auschwitz-Vorwurf an die nachgeborenen Deutschen hat ebenfalls mit dem heutigen realen Deutschland nichts, mit dem früheren natürlich sehr viel zu tun.

Wir begegnen dem Problem der *politischen* Schuld: »Sie besteht in den Handlungen der Staatsmänner und in der Staatsbürgerschaft eines Staates, infolge derer ich die Folgen der Handlungen dieses Staates tragen muß, dessen Gewalt ich unterstellt bin und durch dessen Ordnung ich mein Dasein habe.« So Jaspers. Er nennt dies »politische Haftung«.

Die politische Schuld grenzt Jaspers bekanntlich von der kriminellen, der moralischen und metaphysischen ab. Kriminelle Schuld lädt der Verbrecher auf sich. Für sie sind Gerichte zuständig. Instanz der moralischen Schuld ist das Gewissen: Hat man nichts gesehen, gesagt, gehört, getan? Hat man genug getan? Noch grundsätzlicher die *metaphysische* Schuld. Instanz ist nicht mehr der Mensch, sondern »Gott allein«. Über metaphysische Schuld wird nicht im Diesseits gerichtet. Die Nachgeborenen sind schon allein aus biologischen Gründen keine Verbrecher. Aber sie *haften* politisch für die Taten der Vorfahren. Ähnlich ist es bei Familien. Man kann Schulden erben, ohne sie verursacht zu haben und haftet für sie. Das gilt für Deutsche und Nichtdeutsche, für Juden und Christen. Als und so lange die Christen religiös waren, konnten und wollten sie den Juden gegenüber als Christen nicht gleichgültig bleiben. Weil sie von den Christen gedemütigt, verfolgt und getötet wurden, konnten umgekehrt die Juden als Juden den Christen gegenüber nicht gleichgültig bleiben. Diese Feststellung gilt für das gesamte christliche Abendland, also auch für Deutschland. Nach der Katastrophe des millionenfachen Judenmordens konnten die Deutschen als Deutsche den Juden gegenüber nicht gleichgültig bleiben, die Juden den Deutschen gegenüber nicht. Die nachgeborenen Deutschen haften für die politische Schuld ihrer Vorfahren, und diese politische Schuld gegenüber den Juden prägt das Wir-Gefühl der Deutschen, ob sie es wollen oder nicht.

Jeder Deutsche haftet als Deutscher. Er kann es sich nicht aussuchen. Die Schuld, für die er haftet, ist dem Haftenden bekannt, muß ihm notwendigerweise bekannt sein. Man will schließlich wissen, wofür man zahlt. Selbst bei innerem Widerwillen und Widerstand sucht jeder haftende Deutsche Wissen über die haftungsbedingende Schuld, und dieses Wissen prägt sein Wesen, seine Identität. Dadurch wird die *deutsche Schuldfrage zur deutschen Seinsfrage.* Sie ist mehr noch als eine Frage der Außenwelt an die Deutschen, eine Frage jedes Deutschen an seine individuelle und kollektive Innenwelt.

Trotzdem und noch einmal gefragt: Ist diese Haftung vertretbar? Ist sie sinnvoll? Wieder hilft uns Jaspers weiter: »Ohne Zweifel ist es sinnvoll, alle Angehörigen eines Staates für die Folgen haftbar zu machen, die aus dem Handeln des Staates entstehen. Hier wird ein Kollektiv getroffen. Diese Haftung aber ist bestimmt und begrenzt, ohne moralische und metaphysische Beschuldigung der einzelnen. Sie trifft auch diejenigen Staatsangehörigen, welche sich gegen das Regime und gegen die in Betracht kommenden Handlungen gewehrt haben. Analog gibt es Haftungen für die Angehörigkeit zu Organisationen, Parteien, Gruppen.« Moralisch oder gar metaphysisch ist der Haftende nicht schuldig. Er kann es sein. Es kann aber auch sein, daß er als Widerständler den Schuldigen bekämpfte.

Die Art der Annahme oder Verweigerung der Haftung ist Instrument und Signal, nach innen und außen. Ein Signal der Erneuerung, ein Instrument der Politik, ein Mittel der Erziehung und damit der Identitätsstiftung oder Identitätsstärkung. Vom Verhältnis zur Endlösung hängt die politisch-moralische Erlösung der Deutschen ab. »Es ist die Pflicht jedes deutschen Patrioten, das Geschick der deutschen und europäischen Juden in den Vordergrund zu stellen«, erklärte der Sozialdemokrat Kurt Schumacher am 21. September 1949 im Deutschen Bundestag. Ähnlich die Regierungserklärung von Bundeskanzler Adenauer am 27. September 1951. Die Achtung der Menschenrechte sei »ein Problem der Erziehung«, fügte er hinzu. Den judenpolitischen und identitätsstiftenden Erneuerungssignalen und

Erziehungszielen des damals neuen West-Deutschland entspricht fast wortgleich das judenpolitische Signal des nun wirklich neuen Ost-Deutschland: Am 12. April 1990 bekannte sich die erste frei gewählte Volkskammer der DDR »insbesondere« zur »Schuld an den Juden aus allen europäischen Ländern«.

Wenige Wochen zuvor, am 22. März 1990, hatte der israelische Ausschuß des Jüdischen Weltkongresses von der künftigen Regierung der DDR eine »klare und aufrichtige Erklärung« zur gesamtdeutschen Verantwortung für den Holocaust verlangt. Von einer solchen Erklärung wollte diese Organisation (die oft irrtümlicherweise für die Gesamtvertretung aller Juden gehalten wird) ihre Unterstützung für die deutsche Einheit abhängig machen. Ebenfalls am 22. März 1990 hatte Elie Wiesel bemängelt, daß »bis heute das deutsche Parlament sich niemals beim jüdischen Volk entschuldigt«, nicht »Bitte vergebt uns!« gesagt habe. Welches der beiden deutschen Parlamente meinte Elie Wiesel? Den (westdeutschen) Bundestag gewiß nicht, denn dieser hatte sich am 27. September 1951 zur deutschen Schuld bekannt.

Und außerdem: »Entschuldigung« für den Holocaust? Wenn man jemandem auf den Fuß tritt, entschuldigt man sich. Was sagt man nach einem solchen Urverbrechen? Am besten nichts. Man brüllt ein donnerndes Schweigen in die Welt. Allerdings verwechseln viele ein solch Großes Schweigen mit Verschweigen. Ein grober Irrtum. Dieses Große Schweigen darf nicht zum Verschweigen werden, wurde es auch nicht. Die Serienproduktion geschichtspolitischer Platten dagegen inflationiert, verbilligt und verhöhnt die Opfer. Das Gedenken entartet zum Ritual und zur persönlichen Profilierung einzelner Personen, seien sie jüdisch oder nicht.

Selbst die SED hatte seit 1985 versucht, durch Judenpolitik zunächst ihr internationales Ansehen, ab Dezember 1989 die Existenz der DDR und ab Januar 1990 sich selbst als PDS zu retten. Im Mai 1988 empfing Erich Honecker Heinz Galinski. Dieser drängte, den Antisemitismus in der DDR energischer zu bekämpfen, forderte öffentliche Auseinandersetzung. Im Juni 1988 setzte Honecker einen ZK-Beschluß durch: Über Antisemitismus in der DDR würde nicht öffentlich geredet. Wenn es Juden selbst taten, schadete es freilich nicht. Deshalb konnte Galinski am 8. November mit Edgar Bronfman vom Jüdischen Weltkongreß einerseits den höchsten DDR-Orden von Honecker bekommen, andererseits auf der Gedenkstunde auch gegen DDR-Antisemitismen und Antiisraelismen wettern. Im Februar 1990 appellierte

Gregor Gysi an die jüdische Welt, die Vereinigung beider deutscher Staaten zu verhindern. Diese sei »schlecht für die Welt, insbesondere aber für die Juden«.[14]

Es ist auch kein Zufall, daß die Präsidentin des Deutschen Bundestages und ihre Amtskollegin von der DDR-Volkskammer am 20. April 1990 ankündigten, sie würden »zum frühestmöglichen Zeitpunkt« eine gemeinsame Israelreise unternehmen. Sie wollten damit »ein Zeichen setzen«. Das die deutsche Vereinigung belastende Mißtrauen sollte abgebaut werden. So Rita Süssmuth. Ort und Zeit, Reiseziel und Zeitpunkt der Ankündigung waren eindeutige Signale. An »Führers Geburtstag« wurde angekündigt, daß gerade in dieser politisch und emotional so schwierigen Phase deutscher Außen- und Innenpolitik ein weiterer, diesmal ein gesamtdeutscher Brückenpfeiler zum Staat der Opfer Hitlers gebaut werden solle. Dieses (mir höchst sympathische) Signal ist zugleich Instrument gesamtdeutscher Außenpolitik, denn es soll helfen, Mißtrauen gegenüber Deutschland abzubauen. Freundliche judenpolitische Gesten aus Deutschland signalisieren der Welt: Wir verabscheuen Barbarei und Haß. Wir gehören wieder zur zivilisierten Menschheit, aus der wir uns in der Hitlerzeit selbst herauskatapultiert hatten. »Was die Welt über uns denkt, kann uns nicht gleichgültig sein; denn wir wissen uns zur Menschheit gehörig, sind zuerst Menschen und dann Deutsche« (Jaspers). Einmal mehr und aus dieser Perspektive: »Weltbürgertum und Nationalstaat«.

Übrigens ist dieses Signal nicht spezifisch deutsch. Das christlich-europäische Abendland hat insgesamt Grund zu diesen Signalen. Das wird auch von den neuen Demokratien in Osteuropa so gesehen. Weswegen sonst haben das neue Polen, Ungarn, die Tschechoslowakei und Bulgarien augenscheinlich kaum etwas Dringenderes zu tun, als gerade zum jüdischen Staat, Israel, sofort nach der Wende diplomatische Beziehungen aufzunehmen? Warum bittet das frei gewählte Parlament Litauens im Mai 1990, dem Beispiel der DDR-Volkskammer folgend, das jüdische Volk um Vergebung litauischer Holocaustsünden? Nicht nur wegen der erhofften (und von den amerikanischen Juden zu vermittelnden?) US-Hilfe, sondern weil Judenpolitik Kernstück europäischer und daher auch deutscher Menschlichkeit sein muß, es vorher nicht oder nur sehr selten war.

Signale, die in die ideologisch und zeitlich umgekehrte Richtung weisen sollen, sind die sogenannte Auschwitzlüge, der »Leuchter-Report«, der die Existenz von Gaskammern scheinwissenschaftlich bestreitet, oder das Jonglieren mit den Opferzahlen. Hier geht es nicht um die geschichtliche Wahrheit, sondern um rückwärtsgewandte und aus meiner Sicht moralisch verwerfliche Geschichtspolitik. Das Signal ist eindeutig: Der millionenfache Judenmord wäre zu begrüßen. Pseudo-Geschichte kann also ebenso wie Geschichte Signal, Instrument und Argument sein.

Deutsche Identität besteht auch nach der »deutschen Katastrophe« (Meinecke) natürlich nicht nur aus judenpolitischen Elementen. Sie ist aber ohne judenpolitische Bezüge nicht denkbar, weil die Katastrophe des Holocaust Dreh- und Entscheidungspunkt deutscher Vergangenheitsbewältigung ist. Noch schärfer formuliert: Hitler hat Deutschland durch fabrikmäßige Massenmorde fast »judenrein« gemacht. Deutsch-Sein hat dadurch und seitdem für immer und immer mehr jüdische Bezüge. Weil zudem auch die meisten nichtdeutschen Staaten bestenfalls durch unterlassene Hilfe schuldlos, einige durch Kooperation aktiv schuldig wurden, gilt für Deutsche, Europäer, Amerikaner, Christen und Menschen schlechthin, was der evangelische Theologe Paul Tillich den Deutschen über die *Stimme Amerikas* am 31. März 1942 sagte: »Und wenn alle Juden von der Erde verschwunden wären, die jüdische Frage würde bleiben als christliche Frage nach der Stätte, die der prophetische Geist und der Geist Christi auf Erden hat, und als menschliche Frage, ob der Mensch gebunden bleiben soll an seinen begrenzten Raum, an Blut und Nation, oder ob es der Sinn und die Größe des Menschendaseins ist, darüber hinauszugreifen in ein Reich jenseits des nationalen und jedes begrenzten Raumes. Diese Frage kann nicht verschwinden, solange es Menschen gibt, und darum kann die jüdische Frage nicht verschwinden.«

Daß gerade die neu begründete deutsche und nun wirklich demokratische, im Führungspersonal nicht unerheblich evangelisch-theologische Republik diese Erkenntnis in praktische Politik umsetzte, ehrt sie. Und natürlich ist es kein Zufall, daß gerade sie sich an dieser Sichtweise Paul Tillichs orientierte.

Auch jüdische Identität ist ohne das Trauma der Verfolgung und das Urtrauma der Katastrophe (Volksmund: »Holocaust«) nicht denkbar. Das ist vor allem das Dilemma der jüdischen Diaspora. Weder Israel noch die Religion stiften heute diasporajüdische Identität.[15] In bezug auf Israel eine relativ neue, in bezug auf die Religion eine seit der Verweltlichung (»Säkularisierung«) bekannte Feststellung. Immerhin sind rund 70 Prozent der Israelis und der Diasporajuden eher nichtreligiös. Bleibt nur noch das Urtrauma des Holocaust. Nicht um Deutschland mit dem Kainsmal zu zeichnen, sondern um jüdische

Identität zu prägen und zu erhalten, bauen US-Juden eine »Holocaust-Gedenkstätte« nach der anderen, genügt ihnen nicht die israelische »Jad Waschem«, brauchen sie ihre eigene.[16]

Ohne die Juden keine deutsche, ohne die Deutschen keine jüdische Identität. Juden und Deutsche sind und bleiben aneinander gekettet – nach dem Holocaust mehr denn je. Und weil auch Nicht-Deutsche, also auch die übrigen Europäer und auch Amerikaner, schuldig oder schuldlos am Leid der Juden schuldig wurden, bleiben auch sie an die Juden, die Juden an sie gekettet.

Der 9. November: Nationaler Gedenktag?

Identitäten kann man am besten durch Symbole jedermann sichtbar und erkennbar machen. Man muß über sie nachdenken, sich Gedanken machen. Nationale Gedenktage eignen sich hierfür. Der *9. November* wäre ein geeigneter *Nationaler Gedenktag*. Warum? An diesem Datum verdichtet sich die deutsche Geschichte des zwanzigsten Jahrhunderts:

- 9. November *1989*: Der Fall der Mauer. Jubel.
- 9. November *1938*: »Reichskristallnacht«. Entsetzen und Trauer erfüllen uns heute. Der 9. November 1938 weist auf den
- 9. November *1923*: An diesem Tag versuchte Hitler in München gegen die Demokratie der Weimarer Republik zu putschen. Für Hitler war es der Staat der linken »Novemberverbrecher«. Denn am
- 9. November *1918* wurde die Republik ausgerufen.

Die erste deutsche Demokratie, die Weimarer Republik, scheiterte. Weshalb? Warum war die Bonner Demokratie so erfolgreich? Wie erfolgreich war sie? In wessen Augen war sie erfolgreich? Ein nationales Gedenken am und zum 9. November böte unzählige Möglichkeiten, sich über den Gang der deutschen Geschichte in diesem Jahrhundert Gedanken zu machen. Politik, Gesellschaft, Wirtschaft, Militär, Rechtswesen und Kultur: Kein Bereich müßte unberücksichtigt bleiben.

Auch die schlimmen und höchst eindrucksvollen Eigenschaften einzelner Menschen könnte man dabei berücksichtigen: Figuren auf

44

der politischen Bühne und hinter den Kulissen, wobei man an Georg *Elser* erinnern könnte, der 1939, in der Nacht zum 9. November, den unglaublichen Mut aufbrachte, ohne jede Hilfe ein Attentat gegen Hitler durchzuführen. Leider mißlang es. Auch an den *Fall Jenningers* wäre zu erinnern. Er vollzog sich zwar am 10. November 1988, doch wegen seiner umstrittenen Gedenkrede zur 50. Wiederkehr des Jahrestages der »Reichskristallnacht« vom 9. November 1938.

Nachzudenken wäre in diesem Zusammenhang auch über eine abgeleitete Frage, die für die Bewertung der zunehmenden geschichtspolitischen Sensibilisierung Westdeutschlands von größter Bedeutung ist: Was wäre geschehen, hätte Philipp Jenninger die gleiche Rede im Bundestag nicht am 10. November 1988, sondern 1984 gehalten, also vor Bitburg (1985) und dem Beginn des »Historikerstreits« (1986)? Wäre die Rede Jenningers vor 1985 auch zu Jenningers Fall und damit zum geschichtspolitischen Fall Jenningers geworden? Wohl nicht. In dieser Annahme schließe ich mich dem wie immer scharfsinnigen Münchener Althistoriker Christian Meier an, der mich auf diese Frage aufmerksam machte.

Pro- und Contra-Stimmen oder -Stimmungen würden, wie beim Fall Jenningers 1988, wahrnehmbar. Gleichgültig bliebe keiner. Jeder müßte immer wieder oder dann mindestens einmal jährlich seinen geschichtspolitischen Standort bestimmen. Was will und kann man in bezug auf einen nationalen Gedenktag mehr verlangen? »Allein meteorologische Gründe« (Christian Meier) sprächen gegen einen Nationalen Gedenktag am 9. November. Das Kaiserwetter vom November 1989 ist wohl eher die Ausnahme der meteorologischen Regeln. Deshalb fürchtet vielleicht manch einer, der Ausflugs- und Badetag des 17. Juni könnte zugunsten des meistens tristen neunten Tages im November gestrichen werden. Mit solchen Argumenten müssen wir uns nicht ernsthaft auseinandersetzen.

Im November 1988 wurde schon einmal vorgeschlagen, den 9. November zu einem gesamtdeutschen Gedenktag zu erklären. Damals war diese Idee unangebracht. Die alleinige Erinnerung an den 9. November 1938 hätte nun die dunklen Seiten der deutschen Geschichte hervorgehoben. Wie jede Nationalgeschichte besteht aber auch die deutsche aus Licht *und* Schatten. Das muß ein Gedenktag symbolisieren. Seit dem 9. November 1989 ist das möglich. Wir sollten diese Gelegenheit nicht ungenutzt lassen, wenn wir über die Vielschichtigkeit deutscher Geschichte und Identität und über die Situation des Menschen nachdenken wollen. Der Mensch ist weder gut noch schlecht. Er kann beides sein, Engel und Teufel. Den 9. November 1923 und 1938 beherrscht ein Unmensch wie Hitler. Das Gedenken an Georg Elser und damit den 9. November 1939 versöhnt uns mit diesem und damit wenigstens teilweise mit dem Menschen schlechthin. Wir werden zumindest bei Verallgemeinerungen vorsichtiger.

Die *Bürde und Würde des Menschseins und des Deutschseins* symbolisiert der 9. November. Außerdem symbolisiert er die deutsche Identität in ihren tragischen Verkettungen, besonders der deutsch-jüdischen. Für die Bürde haften alle Deutschen. Die Würde verdanken wir allein den Menschen in der DDR. Dafür danken wir.

Der 9. November: 1989 oder 1938?

Der Jubel vom *9. November 1989* löste vor allem in der *jüdischen Welt* Ängste aus: »In diesen Tagen tauchen in Souvenirläden T-Shirts auf mit dem Aufdruck ›9. November – Ich war dabei!‹ Ich traute meinen Augen nicht: Was war das? Wollten sich die Deutschen auf einmal doch dazu bekennen, dabeigewesen zu sein? Damals, am 9. November 1938? In der sogenannten ›Reichskristallnacht‹?«[17] Die Erinnerung an den 9. November 1938 dürfe nicht unter der Euphorie über den 9. November 1989 verschüttet werden, forderte Heinz Galinski.[18]

Viel schärfer formulierte es der jüdische Friedensnobelpreisträger Elie Wiesel: Bis 1989 »war der 9. November überall das Datum der Kristallnacht. Plötzlich ist das alles vergessen und wir erinnern uns des 9. Novembers als des Tages, an dem die Berliner Mauer zusammenbrach. Und das bedrückt mich, denn es zeigt, daß der Raum unserer Erinnerung zu schrumpfen beginnt«.[19]

Schon unmittelbar nach dem 9. November 1989 hatte sich Elie Wiesel in der *New York Times* ähnlich geäußert. *Die Zeit* übersetzte seinen Artikel und veröffentlichte ihn am 15. Dezember 1989:

Vergeßt Ihr die Vergangenheit?

Wie die meisten Menschen, die für erzwungene Teilung und Unterdrückung nur Abscheu empfinden, freue ich mich für die Bürger von Ost-Berlin. Und ebenso für die Westberliner. Es war ein bewegendes, bereicherndes Erlebnis, im Fernsehen mit ansehen zu können, wie Zehntausende junger Deutscher die Freiheit feierten. Wann immer und wo immer die Freiheit den Sieg davonträgt, sollten sich überall auf der Welt die Menschen freuen. Die Berliner Mauer war ein Schandfleck, eine Abscheulichkeit; ihr todbringender Schatten ein Alptraum.

Es waren zumeist junge Gesichter, die wir da im Fernsehen sahen. Man konnte nicht anders, als ihre Freude und Erregung zu teilen. Ihre Eltern und Großeltern hatten sie mit einer unerträglichen Hypothek und tiefen Schuldkomplexen beladen; es war für sie nicht leicht, mit der Frage aufzuwachsen: Was hat mein Vater im Krieg getan? Sie haben, sagte ich mir, die Chance verdient, neu anzufangen. Niemand sollte ihnen ihren Überschwang verübeln. Sie haben ein Recht auf diesen Festtag; niemand sollte ihnen das verderben.

Daß dieses erstaunliche Ereignis ausgerechnet in Berlin stattfand, gab ihm noch eine zusätzliche Bedeutung: Vor fünfzig Jahren war dies die Hauptstadt des absolut Bösen in der Geschichte; heute ist sie plötzlich zum Symbol der Hoffnung geworden. Wenn so etwas möglich ist, dachte ich bei mir, braucht man die Hoffnung auf ähnliche Entwicklungen in anderen Teilen der Welt – etwa im Nahen Osten – nicht gänzlich aufzugeben.

Dann, wie so oft, wurden meine Gefühle von politischen Erwägungen verdrängt. Leitartikler und Fachleute stellten die naheliegenden Fragen: Was kommt danach? Wird dieser unvorhergesehene Verlauf der Ereignisse zur Wiedervereinigung Deutschlands führen? Wenn ja, wann? Welche internationalen Auswirkungen wird das haben? Wird ein vereinigtes, mächtiges neues Deutschland sich von den Eroberungsdämonen befreien können, die das alte Deutschland einst beherrschten? Ich kann nicht verhehlen, daß ich besonders als Jude darüber besorgt, ja beunruhigt bin. Immer wenn Deutschland zu mächtig wurde, verfiel es den Versuchungen des Ultra-Nationalismus.

Heißt das, ich traute Deutschlands Jugend nicht? Nein, ich traue ihr. Ich hoffe, sie hat die Lehren aus dem Zweiten Weltkrieg gelernt und wird durch die Erinnerung daran vor einer Wiederholung be-

wahrt. Aber solange die alte Generation noch lebt, muß man wachsam und auf der Hut sein. In Deutschland werden ja weiterhin reaktionäre, antisemitische Zeitschriften veröffentlicht; ehemalige Nazis sind noch immer in eigenen Vereinen zusammengeschlossen; einer ihrer führenden Vertreter wurde kürzlich in Berlin in ein hohes Amt gewählt.

Der Trend geht hin zur Normalisierung des politischen Bewußtseins wie der Geschichte. Wenn diese Entwicklung ungehindert andauert, wird sie dann nicht zu dem ganz natürlichen Wunsch führen, das Kapitel der Vergangenheit abzuschließen? Ist nicht der Lauf der Ereignisse zu rasch? Liegt in der Beschleunigung der Geschichte nicht eine Gefahr?

Mit anderen Worten: Was sich in Berlin vollzieht, beunruhigt mich – nicht nur im Hinblick auf mögliche Auswirkungen auf die Zukunft, sondern auch auf die Einstellung zur Vergangenheit.

Die Vergangenheit ist ja schon jetzt betroffen: Der 9. November, so verkündete der Bürgermeister von West-Berlin, wird in die Geschichte eingehen, und überall rund um den Globus wurde diese Erklärung wiederholt. Dabei wird vergessen, daß der 9. November seinen Platz in der Geschichte bereits hat: An diesem Tag vor 51 Jahren fand die »Reichskristallnacht« statt.

Die tiefe Freude von heute verdrängt die Vergangenheit. In Berlin – oder auch in unserem eigenen Land – hat niemand die Verbindung zwischen den zwei Gedenktagen hergestellt. Deshalb bin ich besorgt. Ich frage mich: Was wird man wohl als nächstes vergessen?

Ist meine Furcht unbegründet? Rührt sie vielleicht daher, daß ich als Jude unter einem Trauma leide durch das, was Machthaber in Berlin vor langer Zeit meinem Volk zugefügt haben? Was soll man empfinden, wenn man die alt-neue Nationalhymne hört: »Deutschland, Deutschland über alles«?

Ich habe auf diesen Artikel in Form eines offenen Briefes an Elie Wiesel reagiert. *Die Zeit* druckte ihn am gleichen Tag ab.

Sie, Herr Wiesel, fürchten ein wiedervereinigtes Deutschland. Jeder, der Ihren Leidensweg kennt, wird das verstehen. Nicht verstehen und nicht billigen kann ich einige Ihrer Begründungen.

Wir sind beide Juden, haben aber zwei verschiedene Deutschlands erlebt. Sie haben die Hölle von Auschwitz überlebt. Ich bin 1947 in Israel geboren, lebe seit 1954 in der Bundesrepublik Deutschland und habe in den Jahren 1967 bis 1970 in der israelischen Armee gedient. Ich lebe seit 1970 wieder freiwillig und gerne in der demokratischen, den Menschen- und Bürgerrechten verpflichteten deutschen Bundesrepublik. Vereinfacht gesagt: Sie haben das alte, ich das neue Deutschland erlebt. Israels erster Ministerpräsident Ben-Gurion hat auch immer wieder zwischen diesen beiden Deutschlands unterschieden.

Hat nicht die »sanfte Revolution« vom 9. November 1989 einmal mehr gezeigt, daß es auch ein anderes, neues, freiheitliches, unaggressives Deutschland gibt? Bei dieser neudeutschen Novemberrevolution sah man keine machtbesessenen, altdeutschen Säbelrassler.

Sie fürchten offenbar, das freudige Erinnern an den 9. November 1989 könnte die Trauer um den 9. November 1938 verdrängen. Ich sehe es anders: Fortan wird man beider Ereignisse gedenken müssen, gedenken wollen: Der 9. November 1938 dokumentiert das alte, brutale Deutschland, der 9. November 1989 das neue, auf Gewalt verzichtende. Überall und immer gibt es Licht und Schatten. Genau dies würde das doppelte Gedenken zeigen.

Den alten Ungeist nationaler Vorurteile erkenne ich außer bei rechtsextremen Gruppen in Deutschland und woanders gegenwärtig leider auch in Äußerungen israelischer Politiker: »Ein starkes und vereinigtes Deutschland wird vielleicht wieder versuchen, das jüdische Volk zu vernichten«, erklärte Israels Ministerpräsident Schamir am 16. November; eine Woche später kaufte er gerne zwei bundesdeutsche Unterseeboote. Ähnlich die doppelte Moral beim ehemaligen Verteidigungsminister Israels, Arik Scharon: Ein geeintes Deutschland berge für die freie Welt im allgemeinen und die Juden im besonderen große Gefahren. »Wir dürfen nicht vergessen, was uns die Deutschen angetan haben, als sie vereint waren«, rief er. Was sagte er, als der israelische Botschafter in Washington gemeinsam mit der türkischen Regierung versuchte, das für den April 1990 vom amerikanischen Senat vorgesehene Gedenken an den millio-

nenfachen Armeniermord von 1915 bis 1923 zu verhindern? Schamir
und Scharon als Gewissen der Juden? Gewalttätige Politiker wie
Schamir und Scharon als Lehrmeister einer deutschen Nation, die,
abgesehen von Randgruppen, auf Gewalt als Mittel der Politik ver-
zichtet hat?

Der letzte Satz Ihres Artikels ist Ihrer nicht würdig, und er muß die
Gefühle der heutigen Deutschen verletzen. Schlimmer noch: Er legt
den Deutschen nahe, daß sie es nie und niemandem recht machen
könnten. Die »alt-neue deutsche Nationalhymne« glauben Sie wie-
der hören zu müssen: »Deutschland, Deutschland über alles«. Daß
der Text des Deutschlandliedes auf die dritte Strophe beschränkt
wurde, dürfte eigentlich jedermann wissen, auch der Friedensnobel-
preisträger Elie Wiesel.

Wie können solche Unterstellungen Frieden stiften, zwischen
Deutschland und der Welt, zwischen Deutschland und den Juden?

Selbstkritik in bezug auf den Stil, nicht die Substanz übe ich an dieser
Stelle. Die persönliche Spitze gegen Elie Wiesel war verletzend und
überflüssig. Das bedaucre ich. Danken möchte ich hingegen dem französischen Politikwissenschaftler deutschjüdischer Herkunft, Alfred
Grosser, dem Träger des Friedenspreises des Deutschen Buchhandels,
der öffentlich meine Kritik an Elie Wiesel guthieß. Alfred Grosser ging
sogar noch weiter: Er »klagte Elie Wiesel an, durch seine Äußerungen
zur deutschen Einheit den Rechtsradikalen Munition zu liefern«.[20]

Schon in seinem bemerkenswerten Buch *Le Crime et la Mémoire*
hatte Alfred Grosser die Geschichtspolitik Elie Wiesels kritisiert.[21] Un-
gnädig, unverständlich und unsouverän reagierte Elie Wiesel: Alfred
Grosser sei einer Antwort von ihm »nicht würdig«. Seltsamerweise
verhielt er sich mir gegenüber großmütiger: »Wir haben verschiedene
Meinungen. Wer hat recht? Die Zeit wird diese Frage beantworten . . .«, schrieb er mir.

Zwei nachträgliche Anmerkungen zu Wiesels Text seien erlaubt:
Die eine betrifft den damaligen Regierenden Bürgermeister von Berlin, Momper, die andere die erste Strophe des Deutschlandliedes.
Über Walter Momper kann man viel sagen. Nur eines nicht: daß er zu
den geschichtspolitisch und judenpolitisch vergeßlichen Deutschen
gehörte. Was wäre zum Deutschlandlied nachzutragen? Die höchst
peinliche Erinnerung an die Kundgebung vor dem Schöneberger Rat-
haus in West-Berlin, am Abend des 19. November 1989: Am Schluß

wurden die Teilnehmer aufgefordert, »Einigkeit und Recht und Freiheit«, die dritte Strophe des Deutschlandliedes, zu singen. Im Radio und Fernsehen hörte man fast nur den richtigen Text und die falsche Melodie der auf der Tribüne singenden Politiker und vor allem das Pfeifkonzert derer, die das Absingen ihrer Nationalhymne verhindern wollten. Wer also hinhörte, vernahm nicht einmal »Einigkeit und Recht und Freiheit.« Von »Deutschland, Deutschland über alles« ganz zu schweigen. Wer zu Recht gegen »Deutschland, Deutschland über alles« ist, hat zwar heute in Deutschland das Recht, bei »Einigkeit und Recht und Freiheit« zu pfeifen. Daß er damit recht hätte oder seinen Staat und seine Mitbürger richtig sähe, kann man wohl kaum behaupten.

IV. »Deutschland, Deutschland über alles«?

Im Jahre 1986 erregte ein Beschluß der Landesregierung von Baden-Württemberg deutsche und außerdeutsche Gemüter: In den Schulen sollte auch der Text der ersten beiden Strophen des Deutschlandliedes vermittelt werden. Die Schüler sollten ihn kennenlernen, doch nicht nationalhymnisch singen. Bekanntlich besteht das Deutschlandlied nicht nur aus drei Strophen. Als bundesdeutsche Nationalhymne wird nur die dritte gesungen, aus gutem Grund.

Wer wollte denn wirklich ein »Deutschland, Deutschland über alles«, sogar »in der Welt«? Wer wollte ein Deutschland »Von der Maas bis an die Memel« und »Von der Etsch bis an den Belt«? Wer wollte den heutigen »deutschen Wein« wie im Deutschlandlied unkritisch besingen? Gewiß, es gibt gute deutsche Weine, sogar sehr gute; aber es gibt auch gepanschte und verpanschte; nicht nur in Deutschland, doch auch in Deutschland. Natürlich findet man, wie zu Zeiten Hoffmanns von Fallersleben, auch im heutigen Deutschland schöne, liebens- und begehrenswerte Frauen. Doch nur in Deutschland? Küche, Kinder, Kirche (KKK) kennzeichnen das Bild von der deutschen Frau so unzutreffend wie FKK oder das vermeintliche »Fräuleinwunder«. Schönheit und Dummheit, manchmal auch Klugheit, sind erfreulicherweise international – bei Frauen und Männern.

»Einigkeit und Recht und Freiheit«, die dritte Strophe, der Text der bundesdeutschen Nationalhymne, ist zeitlos und übernational. Er verbindet die Menschen aller Nationen. Wie sollte und wollte man in diesen Text, den die Abgeordneten des Deutschen Bundestages am Abend des 9. November 1989 aus Freude und Dankbarkeit über den politischen Fall der Mauer sangen, »Deutschland, Deutschland über alles« hineingeheimnissen?

Die große Mehrheit der Bundesdeutschen hat (wen überrascht es?) zu den ersten beiden Strophen des Deutschlandliedes ein gebrochenes Verhältnis. Sogar das Erlernen ihres Textes (nicht ihr hymnisches Absingen!) befürworteten im August 1986 nur 40 Prozent. Dies ermittelte das Institut für Demoskopie Allensbach, als es herausfinden wollte, wie die Westdeutschen die schul- und textpolitische Entscheidung der Stuttgarter Landesregierung beurteilten. Eine weitere wichtige Tatsache enthüllte die Allensbacher Meinungserhebung: je jünger die Befragten, desto geringer die Zustimmung. Mit anderen Worten: Die jungen Deutschen wenden sich von den nationalen Symbolen der ersten und zweiten Strophe noch kategorischer ab als die älteren. Daß das gesamte Deutschlandlied den Schulkindern beigebracht werden sollte, meinte nicht einmal ein Drittel der 16- bis 29jährigen. Es waren genau 31 Prozent. Wäre nach einer Textergänzung der gesungenen National-hymne gefragt worden, hätten sicherlich noch mehr Bundesbürger ihre Ablehnung bekundet. Erfreulicherweise. Angst vor diesem Deutschland? KEINE ANGST VOR DIESEM DEUTSCHLAND!

Was aber spricht gegen die Vermittlung des Wissens um die beiden ersten Strophen? Nichts. Oder doch? Die historisch verständliche Ver-wirrung einer »verletzten Nation«, die zuvor andere verletzt und getö-tet hatte. Diese Verwirrung, diese Unsicherheit ehrt die neuen Deut-schen, das neue Deutschland. Trotzdem gilt auch hier wieder die Feststellung: Gut gemeint ist noch lange nicht gut gemacht. Und noch schlechter gemacht ist das Gutgemeinte, wenn man wenig weiß. Auf diese Weise betreibt man in aufklärerischer Absicht schädliche Gegen-aufklärung. Weshalb? Wer etwas tabuisiert, macht das Verbotene oder zumindest Verschwiegene überhaupt erst verlockend.

Diese Art der Gegenaufklärung betreiben gerade diejenigen, die an-sonsten beanspruchen, die historische Aufklärung über den National-sozialismus am intensivsten zu betreiben. Sie präsentieren sich gera-dezu als Partei der Historischen Aufklärung, repräsentieren jedoch eher die nationalpolitische Verwirrung und produzieren (ohne es zu wollen) einen geschichtspolitischen Bumerang. Von wem ist die Rede? Von den Grünen. Bezeichnenderweise sprachen sich bei derselben Al-lensbach-Umfrage vom August 1986 nur 14 Prozent der Anhänger dieser Partei für die vollständige Wissensvermittlung über den Text des Deutschlandliedes aus. Diesen geschichtspolitischen Bumerang sollte man eher fürchten als das Auswendiglernen eines Textes, den fast jeder heutige Deutsche als skurril registriert und als veralteten Teutonismus parodiert.

Selbst der dritten Strophe des Deutschlandliedes, also ihrer Natio-nalhymne, standen die Westdeutschen im August 1986 eher gleichgül-tig gegenüber. Daß die beiden Fernsehstationen, ARD und ZDF, ihr Abendprogramm täglich mit dem Abspielen der Nationalhymne beendeten, begrüßten 55 Prozent, 33 Prozent hatten keine Meinung und 12 Prozent fanden es, Allensbach zufolge, nicht richtig. Das Ab-spielen der Nationalhymne »bei besondern Anlässen« war im Früh-jahr 1988 36 Prozent der Befragten »egal«, 5 Prozent fühlten sich gestört (IPOS = Institut für praxisorientierte Sozialforschung, Mannheim).

Man kann über Sinn und Zweck nationaler Symbole heftig streiten. Manche Deutsche werden diese Gleichgültigkeit ihrer Mitbürger beklagen, andere sie rühmen. Aber: Angst vor diesen nationalsymbolisch gleichgültigen Deutschen? Angst vor den Deutschen, von denen 1970 nur 37 Prozent sagten, sie seien »stolz darauf, ein Deutscher zu sein«, während dies, entsprechend, in fünf anderen westeuropäischen Staaten durchschnittlich 66 Prozent der Befragten meinten?[22] Von 1970 bis heute (1990) blieben die Deutschen das westeuropäische Schlußlicht in bezug auf den jeweiligen Nationalstolz, und dabei ging sogar der Anteil der »stolzen« Deutschen immer weiter zurück. Die Stolzesten der Stolzen waren und sind die USA, deutlich vor dem angeblich so besonders nationalen Frankreich.[23]

Der deutsche Nationalstolz ist seit 1970 gedämpft geblieben. Wird er es bleiben? Das weiß niemand. Aber selbst im Prozeß der Wiedervereinigung gaben sich die (West-)Deutschen noch nüchterner als zuvor: Anfang 1989 waren 22 Prozent »sehr stolz darauf, Deutscher zu sein«. Im April und Mai 1990 sagten dies nur noch 18 Prozent.[24] Ein nationaler Rausch ist ebenso schädlich wie ein nationaler Kater. Daher muß sich keiner im In- oder Ausland sorgen, wenn der Nationalstolz der wieder vereinigten Deutschen etwas höhere Umfragewerte zeigen sollte. Davon scheinen wir aber weiter entfernt denn je zuvor.

Einmal mehr: KEINE ANGST VOR DEUTSCHLAND!

Im Ausland hält man den deutschen Nationalstolz für größer, als er tatsächlich ist. Zwischen der durch Umfragen ermittelten deutschen Realität, der deutschen Selbsteinschätzung und der Fremdeinschätzung in bezug auf deutschen Patriotismus besteht ein erheblicher Unterschied: Im März 1990 hielten knapp 45 Prozent der Westdeutschen sich selbst für »patriotisch«. Aber sogar die ansonsten Deutschland gegenüber höchst realistische öffentliche Meinung der USA sah es ganz anders: Für 87 Prozent der US-Bürger waren die Westdeutschen »Patrioten«.[25] Elie Wiesel glaubte im März 1990, in Deutschland einen »zunehmenden Nationalismus« feststellen zu können.[26] Im Jahre 1984 meinten zum Beispiel 42 Prozent der Franzosen und 35 Prozent der Briten, daß die Deutschen »auf ihre Nation stolz« wären.[27]

Beobachtungen, Befürchtungen und Fremdwahrnehmungen sind

selten repräsentativ. Sie sind aber historisch und psychologisch verständlich. Man sollte auf Empfindlichkeiten Rücksicht nehmen. Wie in jeder privaten, ist auch in der internationalen Gemeinschaft Rücksichtnahme die Voraussetzung für Frieden und Harmonie.

V. Katastrophe

Die Verkettung deutscher Identität und politischer Schuld kann trotz aller Tragik der Vergangenheit in Gegenwart und Zukunft Opfer und Täter verbinden, weil sie verpflichtet. Sogar an der Beschreibung des Unbeschreiblichen kann man diese Aussage verdeutlichen:

Wie soll das eigentlich Unbeschreibliche beschrieben werden? »Shoah« und »Holocaust« sind Fremdwörter, und dadurch wird der eigentliche Inhalt verdeckt: Die millionenfache Judenvernichtung durch Deutsche, im deutschen Namen – und das ohne einen Begriff der deutschen Sprache. Die Untaten werden uns fremd durch das Fremdwort. Wie ein sanftes Polster schiebt sich der Begriff »Shoah« oder »Holocaust« zwischen die Wirklichkeit und unsere Erinnerung. Die Erinnerung wird weniger zur Empfindung. Der Begriff betäubt uns, er dämpft den Schmerz. »Holocaust« oder »Shoah«: Das spricht sich inzwischen für viele wie ein beliebiger Fachausdruck. Als Fremdwort spiegelt er sogar Bildung vor. Er wird damit zum Gegenstand der Fachleute. Sein Sinn ist freilich jedem klar. Der Holocaust war eine Katastrophe, eine »Shoah«, was auf Hebräisch Katastrophe bedeutet. Deshalb sprechen Juden und Israelis zu Recht von der »Shoah«, von einer Katastrophe, von *der* Katastrophe. Wenn Deutsche von »Shoah« statt von »Holocaust« sprechen, tauschen sie lediglich ein Fremdwort gegen ein anderes aus, ohne die Verfremdung aufzuheben. Wenn unsere Erinnerung, unsere Empfindung, unser Entsetzen, unsere geäußerte Abscheu vor den Tätern wiedergegeben werden soll, müssen wir nicht nur über die Inhalte reden. Wir müssen auch darüber nachdenken, wie wir die Inhalte benennen wollen. Neue, bessere, zutreffendere, unser Innerstes treffende Bezeichnungen kann niemand verordnen; natürlich auch nicht Politiker, Journalisten oder Wissenschaftler. Sie können jedoch auf die Notwendigkeit dieser Überlegung aufmerksam machen, die Diskussion ermutigen. Ein wichtiger Leitgedanke dieser Überlegungen besteht in der Erkenntnis, daß Hitlers Krieg *die* Katastrophe für Juden, Polen, Russen, Sintis, Romas, für andere Völker und auch für das deutsche Volk war. Dieser Krieg war auch eine deutsche Katastrophe. Der Historiker Friedrich Meinecke hat dies zu Recht so gesehen und gesagt, und damit wird keineswegs die Trennungslinie zwischen Tätern und Opfern verwischt. Die Übernahme des Wortes »Shoah«, eines von Israelis und Diasporajuden gebrauchten Begriffes, durch Dritte, die des Hebräischen nicht mächtig sind, wirkt plump und sogar anbiedernd: »Wir machen es wie ihr«, lautet die Botschaft. Gerade das ist unmöglich, weil die historische Trennungslinie zwischen Opfern und Tätern, durchaus wohlmeinend, überschritten würde. Weder anbiedernd noch polsternd wäre die Eindeutschung des Wortes »Shoah«, Katastrophe, »die Katastrophe«.

VI. Der neudeutsche Staatsbegriff, Vereinigungsmuff und Vereinigungsfrust oder Selbstverwirklichung gegen Wiedervereinigung?

Die Geschichte des alten deutschen Nationalstaates, auch die Geschichte seiner Entstehung, ist die Geschichte der Überhöhung des Staatlichen. Muß man auch vor dem neuen deutschen Staat (BRD + DDR = Deutschland) Angst haben?

Gewiß nicht. Allein der gesamtdeutsche Vereinigungsmuff und Vereinigungsfrust, zumindest gewisse Vereinigungsängste, trotz grundsätzlicher Vereinigungsbereitschaft, können als aufschlußreiche Hinweise gelten. Vereinigungsfrust, -muff und -ängste werden im allgemeinen sicherlich übertrieben. Daß rund drei Viertel aller Deutschen die Vereinigung wollen, beweisen die Umfragen seit dem Jahresende 1989. Daß es aber den Frust, Muff und die Ängste auf beiden deutschen Seiten gibt, daß mit diesen Stimmungen Stimmen gesammelt werden können, muß erklärt werden.

Meine These lautet: Die individuelle Selbstverwirklichung des Deutschen erschwert die staatliche Wiedervereinigung Deutschlands. Selbstverwirklichung der Deutschen gegen Selbstbestimmung für Deutschland? Diese These muß belegt werden.

Selbstverwirklichung

Wer wollte sich nicht gerne »selbst verwirklichen«? Ob alternativ oder konservativ, ob liberal, sozialistisch oder sozialdemokratisch, jeder möchte es irgendwie. Ein neudeutsches Modewort ist »Selbstverwirklichung« ohnehin. Und wie jedes Modewort ist es ein Barometer der jeweiligen politischen Konjunktur. Kurzum, Selbstverwirklichung ist (wieder neudeutsch gesprochen) »in«. Die Aussage über die Konjunktur täuscht freilich, denn Konjunkturen verlaufen zyklisch. Das heißt: Es gibt Aufstieg, Niedergang und wieder Aufstieg und Niedergang, immer weiter; also Höhen und Tiefen. Die Hoffnung auf und die Forderung nach Selbstverwirklichung skizziert aber Grundlegendes, langfristig Wirksames, ständig Vorhandenes, also Strukturelles.

Der Glaube an die selbstgeleitete und selbstbestimmte Persönlichkeit ist nicht nur das Herzstück unseres neudeutschen, sondern vor allem unseres westlich-europäischen Selbstverständnisses. Das Individuum ist nämlich Dreh- und Angelpunkt dieses Weltbildes, welches Westeuropa seit der frühen Neuzeit, also seit ungefähr fünfhundert Jahren, geprägt hat. Vor allem die Denker der Aufklärung haben den Gedanken entwickelt, daß der einzelne berufen sei, sein Leben autonom, das heißt durch selbständigen Gebrauch der Vernunft festzulegen und selbstverantwortlich zu gestalten. Möglichst ungebrochen und vom Staat ungehindert sollte der Einzelmensch die unverwechselbaren Anlagen seiner Persönlichkeit entfalten. Nach einer ersten Phase des Stürmens und Drängens verloren viele den Glauben an die Fähigkeit zur Selbstverwirklichung und Selbstverantwortung des einzelnen. Die Hoffnung blieb bestehen.

Deshalb beharrte der Liberalismus auf der Schaffung politischer Rahmenbedingungen für die individuelle Selbstverwirklichung in der Gesellschaft. Sei das Individuum erst einmal von den Fesseln der Herkunft, also von Hindernissen im kollektiven Bereich, befreit, lasse sich Selbstverwirklichung erreichen. Dies werde zur bestmöglichen Entfaltung des Individuums und des Kollektivs, also des einzelnen und der Gemeinschaft, der Politik, der Wirtschaft und der Kultur führen. Das individuelle Glück schließe das kollektive nicht aus, sondern setze es vielmehr voraus. Das meinten die Aufklärer, denen man sicherlich kein Unrecht antut, wenn man ihre Gedanken auf diese Weise vereinfachend zusammenfaßt.

Die geistigen Väter der jeweiligen Nationalbewegungen in Europa übertrugen diesen Grundgedanken von der Ebene des einzelnen und seiner nationalen Gemeinschaft auf die Ebene der internationalen Staatengemeinschaft. Sei erst einmal nationale Selbstbestimmung verwirklicht, so werde es auch international keinen, zumindest viel weniger Streit geben, verkündeten sie. Auf der individuellen, der nationalen und der internationalen Ebene erwies sich dieser anheimelnde Gedanke als naiver, frommer Wunsch. Fundamentale Erschütterungen kennzeichneten das 19. und 20. Jahrhundert. Mit der KATASTROPHE, die im allgemeinen als »Holocaust« bezeichnet wird, erlebte die zivilisierte Menschheit einen vorher unvorstellbaren »Zivilisationsbruch«. Trotzdem hat das Ideal der individuellen und gesellschaftlichen Selbstbestimmung beziehungsweise Selbstverwirklichung seine Schub- und Leuchtkraft nicht verloren Im Gegenteil. Innerhalb wie außerhalb des deutschen, europäischen und amerikanischen Erfahrungsraumes entfaltet das zumindest bedingungslos gedachte Motiv individueller sowie nationaler Selbstbestimmung eine unaufhörliche, unwiderstehliche Dynamik. Triumph des bürgerlichen Geistes, der bürgerlichen Gesellschaft, der bürgerlichen Welt.

Als Seins- und Sinnprinzip der (im kulturhistorischen Sinne) westlichen Welt ist die Forderung nach individueller und nationaler Selbstverwirklichung von epochaler Durchschlagskraft. Dieses Prinzip gilt unangefochten. Es gehört zur Struktur und nicht zur Konjunktur unserer Welt. Zumindest der Weltteile, die sich in diesem Sinne zu Europa zählen oder sich auf diese Weise zu Europa zählen wollen. So gesehen, ist das europäische Zeitalter der Welt keineswegs zu Ende. Es schien unterbrochen. Jetzt ist die »Rückkehr Europas« (Hagen Schulze) offenkundig. Daß die beiden noch bestehenden deutschen Staaten und der hoffentlich bald entstehende eine deutsche Staat zu diesem Europa gehören, ist eine Selbstverständlichkeit, die nicht betont werden muß.

Gleichwohl gab es schon immer warnende Stimmen. Der Franzose Alexis de Tocqueville hatte schon Mitte des 19. Jahrhunderts auf die Bedrohung des Individuums durch das demokratisch, sprich mehrheitlich bestimmte und bestimmende Kollektiv aufmerksam gemacht: Freiheit entarte zur Parole. Entfremdung bestimme den Alltag. Gleichförmigkeit werde ohne Terror oder Gewalt, wohl aber durch das Verhalten der Mehrheit erzwungen. Das Individuum werde von der Masse entmündigt – durch Integrations- und Konformitätsdruck. Nachahmung aus Angst vor Einsamkeit und Isolation. Nicht einmal Abstimmungen sind dann noch nötig, alles ist bereits aufeinander abgestimmt, auf Einheitlichkeit getrimmt. In einer nach innen und außen friedlichen, einer freien und auf gleichem Recht für alle basierenden Gesellschaft steht die Tyrannei der Massen, oft auch nur ihr narkotisierender Konformitätsdruck, der individuellen Selbstbestimmung entgegen. Freiheit durch die Massen und Tyrannei der Massen schließen einander nicht aus. Diese Feststellung gilt trotz der uneingeschränkten Bewunderung für die Errungenschaften der 1989 demonstrierenden und die Freiheit erkämpfenden Massen der DDR sowie der osteuropäischen Staaten.

Die einfühlsamen Beobachtungen des politischen Denkers Tocqueville aus dem 19. Jahrhundert hat die Sozialforschung des 20. bestätigt. In Elisabeth Noelle-Neumanns Buch *Die Schweigespirale* wird der Konformitätszwang und die Isolationsfurcht in der Massengesellschaft des Jahrhunderts anhand zahlreicher Untersuchungen verdeutlicht. Dem Ideal des mündigen und vernünftigen Individuums steht die soziale Natur des Menschen und die Funktion der öffentlichen Meinung entgegen. Plötzlich erkennen wir: Das scheinbar selbstverwirklichte Individuum ist fremdgesteuert, sein Selbst, seine Identität, ist mehr Umweltprodukt als eigenständiges Finden seiner Unverwechselbarkeit. Selbstfindung ist fremdbestimmt. Der »mündige Bürger« entpuppt sich als Mitmacher und Mitläufer – und zwar keineswegs nur in Deutschland.

Selbstverwirklichung verkümmert somit vom Ideellen zum Materiellen, zum Konsumzwang: Urlaubsreise, Farbfernseher, Videogerät, Konfekt, Konfektionsware Sex bei gleichzeitiger Kinderarmut oder geplanter Kinderlosigkeit werden zum Maßstab der vermeintlichen Selbstbestimmung. Die im Westen sagen: »Wir geben nichts.« Die im Osten sagen: »Wir wollen mehr.« Wir erkennen die uralte, wohlbekannte Zerrissenheit des menschlichen (also nicht nur des deutschen) Seins: die Spannung zwischen »Haben und Sein« (Erich Fromm).

Gewiß, ohne etwas zu haben, kann man nicht sein, ist und ißt man nichts. Daß die meisten mehr als etwas sein wollen, ist verständlich, richtig und keineswegs verwerflich. Wer selbst im Glashaus sitzt, sollte nicht mit Steinen werfen. Deutlicher: Wer, wie Otto Schily, im Westen Deutschlands Kiwis, Kiwanos, Kakis, Karambole und andere exotische Früchte im Überfluß genießen kann, sollte den Bürgern im Osten Deutschlands nicht vorwerfen, daß sie endlich wenigstens Bananen essen wollen. Und wer im Westen Deutschlands Porsche, BMW oder Mercedes fährt und die Autobahnen für den Wilden Westen Amerikas hält, sollte besser schweigen, als DDR-Bürgern vorzuwerfen, sie wollten lieber Golf als Trabi fahren, ohne dabei Linkskurven in den sozialistischen Abgrund zu drehen.

»Ohne Mehl keine Bibel«, sagten schon die talmudischen Weisen zu Recht. Sie meinten damit, daß die strenge Trennung von Haben und Sein unsinnig sei. Auf das jeweils rechte Maß komme es an. Daher sprachen sie von einfachem Mehl, mit dem man zwar auch manchmal Kuchen, aber im allgemeinen Brot backen sollte.

Wir stellen fest: Selbstverwirklichung können wir nicht mehr naiv als Tatsache, als Grundannahme (»Prämisse«) menschlichen Denkens und Verhaltens voraussetzen. Selbstverwirklichung ist eher Ziel als Prämisse. Sie ist fast schon eine Utopie. Wer in der demokratischen Politik der Massengesellschaft vom »mündigen Bürger« spricht, verwechselt oft diesen Unterschied zwischen Selbstverwirklichung als Prämisse und Ziel. In der Politik gilt der mündige Bürger als Prämisse.

In der Wirklichkeit ist der mündige Bürger aber eine Utopie; eine schöne Utopie, zugegebenermaßen.

Wenden wir uns den *politischen Auswirkungen der schönen Utopie der Selbstverwirklichung* zu. Sie erklären vielleicht auch einige Schwierigkeiten, die beim deutschen Einigungsprozeß auftreten, in beiden deutschen Teilgesellschaften auftreten. Nicht vergessen dürfen wir dabei eine wichtige Tatsache: Nur scheinbar ungebrochen und ununterbrochen galt das Ideal der individuellen und kollektiv-nationalen Selbstverwirklichung während des 19. und 20. Jahrhunderts. Im Dritten Reich war zwischen 1933 und 1945 das Kollektiv eher gefragt als das Individuum. Im Kollektiv, in der Masse, in der Volksgemeinschaft mußte das Individuum aufgehen. Es ging dabei unter, wie sich zeigen sollte. Auch in der Sowjetischen Besatzungszone, dann DDR, galt bis zum Herbst 1989 das Individuum weit weniger als das Kollektiv. Ähnlich die Situation in Osteuropa bis 1989. Aber auch Westeuropa, auch die USA, haben in zwei großen Kriegen sowie in kleineren, doch ebenfalls höchst grausamen Konflikten (Vietnam, Algerien) von ihren Bürgern große Opfer verlangt.

Nach dem Zweiten Weltkrieg war in West-Deutschland individuelle Selbstverwirklichung erwünscht und möglich. Sie wurde zum Seins- und Sinnprinzip der Bundesrepublik. Das war gut so. Und das war verständlich. Zwischen 1939 und 1945 hatten die Deutschen als »Volksgenossen« alles für das Kollektiv opfern müssen, auch ihr Leben. Nun wollten sie genießen. Sie haben genossen, die Freß- und Sexwelle, die Reisewelle und Autowelle, auch »Schaffe, Schaffe, Häusle baue« und so weiter und so weiter. Die Menschen im Ostteil Deutschlands genossen nicht. Sie wurden »Genossen«, nachdem sie vorher, wie alle anderen Deutschen, zwölf Jahre »Volksgenossen« waren. Ist es nicht verständlich, daß jetzt diese Ex-Genossen endlich auch genießen wollen, was auch immer, wen auch immer? Nach zwölf NS-, plus vier sowjetzonalen plus vierzig DDR-Jahren? Es ist nicht nur verständlich, es ist auch gut: politisch, gesellschaftlich, ökonomisch und ökologisch.

Wo bleibt das Ideelle, zumindest das Postmaterielle? Das über das Materielle Hinausgehende? werden manche fragen. Die Antwort ist einfach: dort, wo nicht Notstand, sondern Wohlstand herrscht und wo der Wohlstand zum Alltag gehört. »Ohne Mehl keine Bibel.« Zum Sein gehört auch das Haben.

Idealisten wird diese Aussicht nicht genügen, Realisten eher, Pazifisten sollten zufrieden sein. Denn Genießer oder Genußsüchtige (wie wohl die meisten Westdeutschen und aus Nachholbedarf sicherlich auch die meisten DDR-Bürger) suchen keine politischen, sondern eher Reise- und ähnliche Abenteuer. Sie wollen leben, nicht töten oder getötet werden. Sie wollen und brauchen Frieden.

Einmal mehr: KEINE ANGST VOR DEUTSCHLAND!

Eher vor Idealisten, die in der deutschen und in der Weltgeschichte oft das Gute wollten und doch das Schlechte schafften – im Namen des Guten. Millionen von Menschen mußten mit ihrem Leben den Preis bezahlen.

Der Konsumbedarf führte im Westen zum Rückzug des Individuums aus der Politik. Wer materiellen Wohlstand anstrebte, sich an der Freß- oder Sex- und anderen Genußwellen beteiligen wollte, konnte nicht gleichzeitig politisch aktiv sein. Das im Westen Deutschlands oft zu vernehmende Schlagwort von der Staats- und Parteienverdrossenheit ist zunächst der durchaus verständliche und nachvollziehbare Rückzug aus der Politik, genauer: aus den Institutionen des Staates. Es war der Rückzug der Generationen der Zwischenkriegszeit und der Kriegszeit. Von ihren Eltern haben es die westdeutschen Generationen der Nachkriegszeit gelernt. Lediglich die Motive für den Rückzug aus den politischen Institutionen unterscheiden die Generationen der Westdeutschen voneinander, nicht der Rückzug selbst. Diese Verhaltensweise ist in der Bundesrepublik Deutschland vielleicht stärker als in anderen westlichen Staaten zu beobachten. Aber auch sie blieben von dieser Entwicklung nicht verschont. Aus historisch verständlichen Gründen wurde seit 1945 in den westlichen Demokratien nicht mehr gefragt, was der einzelne für den Staat leisten könne, sondern: was der Staat für den einzelnen zu erbringen habe.

Den Ostdeutschen in der DDR sollte, wie den Osteuropäern, bis 1989 dieser Rückzug ins Private verwehrt werden. Sie haben ihn bis zum Herbst 1989 schrittweise versucht und dann heldenmütig erkämpft. Wer wollte ihnen jetzt diesen Weg versperren oder verleiden? Der Osten Deutschlands und Europas hat sich dem Weg des Westens angeschlossen. Wer dabei von einem »Anschluß« spricht, gebraucht Geschichte als Waffe, historisches Wissen beweist er nicht. Staat hat inzwischen in West und Ost Wohlfahrtsstaat zu sein, für die ständige Mehrung der individuellen und kollektiven Wohlfahrt zu sorgen. Der Staat wird zum Leistungs- und Verwaltungsapparat materieller Selbstverwirklichung, und Selbstverwirklichung wurde zum politischen

Prinzip. Die Regierten erwarten es, die Regierenden und Opponierenden wollen es und versuchen dabei, einander zu übertreffen, sei es aus Überzeugung, sei es aus Opportunismus. Die Politik greift in Gesellschaft, Wirtschaft und Kultur ein, weil sie der bürgerlich-individuellen Glücksmoral im materiellen Bereich verpflichtet ist.

Anschauungsunterricht vermittelt einmal mehr der deutsch-deutsche Einigungsprozeß. Für die Einheit ist die überwältigende Mehrheit im Westen und Osten. Droht jedoch die Einheit etwas zu kosten, schrumpft die Mehrheit. Der politische Wind bläst denjenigen ins Gesicht, die an Einsatzbereitschaft appellieren und nicht einmal Opferbereitschaft verlangen. Wer dem Wohlstand auch nur scheinbar abschwört, muß abgelöst werden. Nicht nur persönliche oder wahltaktische, sondern politisch-strategische Gründe erschweren demnach die Wiedervereinigung Deutschlands. Es ist schwierig, fast unmöglich geworden, daß der Staat Einschränkungen oder Verzichte vorschlägt oder gar verordnet. Wer wählt oder wiedergewählt werden möchte, verzichtet auf die Politik des Verzichtens und verteilt kurzfristig lieber das, was langfristig nicht unbegrenzt vorhanden ist: Geld.

Das ist vor allem das Dilemma der großen Volksparteien, der CDU/CSU und SPD. Ohne politischen Selbstmord zu begehen, können sie keine andere Politik treiben. Die FDP kann sich dabei als Verfechterin der reinen Lehre hochstilisieren. Ihre politische Kundschaft ist auf wohlfahrtsstaatliche Ausgaben am wenigsten angewiesen. Die Grünen sind ohnehin dem Lustprinzip verpflichtet und materiell im allgemeinen so gut abgesichert, daß sie postmaterielle Politik verlangen können. Die PDS trägt (hoffentlich lange) keine politische Verantwortung und kann deshalb ungeniert Mehrausgaben in allen Bereichen fordern, nachdem ihre Vorgängerin, die SED, nach Kräften Menschen, Staat und Umwelt ruiniert hat.

Der Staat als Gott und Vater

Für die meisten Deutschen des 19. und lange auch des 20. Jahrhunderts war der Staat unter preußischem Einfluß nicht nur rein pragmatisch ein Ordnungssystem zur Aufrechterhaltung der inneren und äußeren Sicherheit oder zur Verhinderung des Chaos. Der Staat war vielmehr die Verkörperung des Allgemeinen schlechthin. Für Hegel war der Staat gar der »erscheinende Gott«. Der Staat war Schiedsrichter, Über-Ich, Lenker, Denker, kurz: Er wurde überhöht und verherrlicht. Und diese Verherrlichung kam den Staatsorganen ebenso zugute wie ihren Amtsträgern, vor allem dem Kaiser. Der Kaiser wurde als die Personifizierung des Staatlichen, also des Allgemeinen, präsentiert und stand über den Einzelinteressen, das heißt den Partikularinteressen. Er war der Vater des Vaterlandes. Diesem Vater und Vaterland hatten die Bürger, nein, es waren Untertanen, hatten die Untertanen zu dienen.

Eine merkwürdige Entwicklung war seit Friedrich dem Großen eingetreten. Der »Alte Fritz« war gewiß ein absolutistischer Herrscher, doch er gab sich auch volkstümlich, er gab sich als der »erste Diener« (eigentlich »Domestike«) seines Staates. Unter dem Kaiser, im deutschen Nationalstaat und seinem halbparlamentarischen System, verstand sich der Untertan als Diener seines Staates. Nicht der Staat war für ihn da, er lebte für den Staat. Es verstand sich von selbst, daß der Untertan auch bereit sein mußte, für diesen Staat nicht nur zu leben, sondern auch zu sterben. Partikularinteressen, auf deutsch: Teilinteressen beziehungsweise Einzelinteressen vertraten die Parteien, und das genau galt als verabscheuungswürdig. Der einzelne galt wenig, der Staat war alles. Das genaue Gegenteil einer liberalen Staatsordnung, in der das Individuum vom Staat geschützt wird, um sich selbst entfalten zu können.

Der Kaiser also personifizierte den Staat, und er war der Kopf des Staates. Nach dem Ersten Weltkrieg verließ der Vater sein Vaterland, und der deutsche Staat, nun eine Republik, wurde kopflos; genau wie seine Bürger, die plötzlich selbst der Staat sein sollten, doch nicht wollten und diese Bürde bald wieder loswerden konnten: an Adolf Hitler. Dieser Verbrecher nahm ihnen und anderen dann alles, nicht zuletzt ihr Leben, doch auch den Glauben an den Staat, dessen Organe und Amtsträger. Das vermeintlich neue Deutschland, die DDR, konnte mühelos und nahtlos an diese Tradition anknüpfen. Sie hat es getan. Der Bürger blieb Untertan. Das Kollektiv war alles, das Individuum nichts, und die Partei hatte »immer recht«.

Ganz anders die Bundesrepublik Deutschland: Nur ein flüchtiger Blick auf das Grundgesetz zeigt, daß wir in einem liberalen Staat leben, in einem Staat, der statt des Untertanen den Bürger will und der den Bürger auch vor dem Staat schützt, durch die Grundrechte schützt, also die Artikel 1 bis 19 des Grundgesetzes. Diese Grundrechte sind keineswegs nur menschen- und bürgerfreundliche Absichtserklärungen, sie sind verbindlich und sogar einklagbar; einklagbar vom Bürger *gegen* den Staat. Eine wahrlich revolutionäre Veränderung für Deutschland, in Deutschland.

Anders als in der Weimarer Republik haben die einstigen Untertanen die Rolle des Bürgers angenommen, immer mehr angenommen, besonders in den letzten zwanzig bundesdeutschen Jahren. Staatliche Bevormundung nehmen die bundesdeutschen Bürger immer seltener hin, immer mehr Bürger klagen gegen den Staat, wenn sie sich von ihm gegängelt fühlen. Die Verwaltungsgerichtsbarkeit ist überlastet, und auch zum Bundesverfassungsgericht gehen, fast könnte man schon sagen: pilgern immer mehr Bürger. Bürgerinitiativen sprießen wie Pilze aus dem Boden und verhindern oft die Durchführungsabsichten staatlicher Stellen. Nicht der Bürger, sondern der Staat steht heute im Rechtfertigungszwang bei seinen Vorhaben. Im Herbst 1989 vollzogen die Bürger der DDR den Anschluß an diese Entwicklung. Hier nun trifft die Bezeichnung »Anschluß« zu, und sie ist positiv zu verstehen.

Und dennoch: Vaterfiguren wurden und werden durchaus immer noch und immer wieder gesucht und manchmal gefunden. Nicht zuletzt deshalb die Verehrung für »Bundesvater Weizsäcker«.[28] Diese Vaterfigur dominiert nicht die Politik, sie zelebriert in derselben; durchaus mit monarchischen oder eher majestätischen Zügen, aber als demokratisches Vorbild in einer deutschen Gesellschaft, die sich ansonsten mehr an Ebenbildern als an Vorbildern orientiert.

Zerbröselt der Staat?

Im bisherigen deutschen Weststaat und wohl auch im künftigen vereinten deutschen Gemeinwesen ist »Selbstverwirklichung« (was immer man darunter versteht) das Gebot der Stunde. »Staatsverdrossenheit« ist ein kennzeichnendes Schlüsselwort, das die Abkehr von der einstigen Staatsverherrlichung verdeutlicht. Schlüsselwörter wiederum sind kennzeichnend für den jeweiligen Zeitgeist, die Zeitprobleme und die Ortsbestimmung der jeweiligen Zeitgeschichte.

In der Bundesrepublik Deutschland ist der Staat der erste Diener seiner Bürger, in der DDR soll er es werden, im vereinten Deutschland wird er es hoffentlich bleiben. Kritiker behaupten, dieser Staat wäre ein Dienstleistungsbetrieb für seine Bürger. Scharfe Kritiker nennen ihn einen Selbstbedienungsladen. Man kann darüber jubeln oder klagen. Wer jedoch den Bürgerstaat will, der muß zufrieden sein, wenngleich man natürlich fragen muß, ob es zwischen den beiden Holzwe-

gen, das heißt der neudeutschen »Staatsverdrossenheit« und der altdeutschen »Staatsverherrlichung«, nicht auch noch einen goldenen
Mittelweg gäbe.

Trotzdem sage ich: Dieser deutsche Staat ist lebenswert. Und deshalb bezeichne ich mich als einen deutschen Patrioten. Ich sage nicht:
Das alles wäre besser als woanders auf der Welt; also keinesfalls
»Deutschland, Deutschland über alles« oder »Am deutschen Wesen
soll die Welt genesen«. Gott behüte! Aber ich sage: So einen bürgerna-
hen und daher lebenswerten deutschen Staat hat es nie gegeben. Dafür
sollte man auch bereit sein, Auswüchse in Kauf zu nehmen. Und natürlich gibt es diese Auswüchse. Ihr Preis ist, scheint mir, für den Bürger allerdings erheblich niedriger und annehmbarer als der Verzicht
auf die Errungenschaften.

Eine langfristige Gefahr lauert allerdings hinter dieser Ichbezogenheit der Bürger, einer Ichbezogenheit, bei der das Allgemeine, also der
Staat, durch die Atomisierung der Gesellschaft zerbröseln könnte: Da
fast jede gesellschaftliche und politische Entwicklung zyklisch ver-
läuft, das heißt Hochphasen und Abschwungphasen nach einer gewissen Übersättigung auftreten, könnte es sein, daß das Pendel wieder zurückschlägt; zurückschlägt in die Untertanen-Mentalität. Nicht trotz,
sondern wegen des Zuviel an Bürgernähe. Hier muß vorsichtig gegen-
gesteuert werden, damit es dazu nicht kommt. Steuerung wiederum ist
eine klassische Aufgabe für Politiker. »Gubernare«, auf Deutsch: len-
ken, leiten oder regieren ist die Aufgabe des Steuermannes, des »gu-
bernators«. Er lenkt das Staatsschiff. Diese Steuerung ist nicht nur aus
zyklischen Gründen notwendig. Die Forderung nach materieller und
ideeller Selbstverwirklichung könnte auch selbstzerstörerisch wirken.
Am Ende könnten Staat und Individuum an der Anspruchsspirale
scheitern. Warum?

Am Anfang des neuen Westdeutschland, nach 1945, wollte man
mehr Individuum und weniger Staat. Nach 1989 will man das auch im
neuen Ostdeutschland. Am Ende könnte es dazu kommen, daß die
Forderung nach mehr Individuum uns einerseits paradoxerweise
mehr Staat beschert, andererseits die Staatlichkeit des Staates zerbröselt. Wer wollte sich vor dieser deutschen Staatlichkeit ängstigen?

Die Staatlichkeit des Staates besteht nicht zuletzt in der Wahrnehmung übergeordneter Interessen. Manche sprechen vom »Allgemeinwohl«, das inhaltlich schwerer zu bestimmen ist. Das Allgemeinwohl
liegt auf der höchsten Ebene, das ist das Wohl aller. Das übergeordnete Wohl ist das Wohl vieler. Das sind nicht alle, aber eben nicht nur

einzelne. Das übergeordnete Wohl ist durch Addition der Interessen objektiv und rational bestimmbar. Das Allgemeinwohl nur subjektiv und normativ beschreibbar. Daß die Dynamik der Ansprüche die Staatlichkeit des Staates zerbröseln könnte, muß erläutert werden.

Das Grundgesetz der Bundesrepublik Deutschland verpflichtet nicht nur zur Einhaltung und Sicherung des Rechtsstaates. Es verlangt auch den Auf- und Ausbau des Sozialstaates. Keiner wird an diesen Stützpfeilern in einem vereinten Deutschland rütteln. »Die Bundesrepublik Deutschland ist ein demokratischer und sozialer Bundesstaat«, heißt es in Artikel 20, Absatz 1. Artikel 28, Absatz 1 verankert diese Garantie auf der Ebene der Länder. Daß der Sozialstaat Verfassungsauftrag wurde, hängt natürlich mit dem Scheitern der Weimarer Republik zusammen. Ein mit der bundesdeutschen Absicherung vergleichbares soziales Netz hätte die letztlich selbstmörderische und andere mordende Wahlakrobatik der Weimardeutschen wahrscheinlich verhindert. Der Ansatz des Grundgesetzes ist daher zu begrüßen. Demokratie muß sozialpolitisch abgesichert werden.

Was geschieht bei der Durchführung dieses so überzeugenden Verfassungsauftrages? In bester Absicht schadet der Staat seinen Bürgern bei ihrer individuellen und gesellschaftlichen Lebensführung. Als Staat kann der Staat seinen Bürgern nur als Gesetzgeber und Verwalter gegenübertreten. Zwangsläufig wird dabei die staatliche Bürokratie immer größer; sie wächst und wächst und wächst. Fast alle Lebenslagen und Lebensfragen der Bürger werden verrechtlicht und bürokratisiert. Der Chansonnier Reinhard Mey hat diesen Kampf mit Formularen und Anträgen auf Formulare unübertroffen persifliert. Pervertiert wird die ursprünglich gute Absicht. Indem der Bürger seinem Staat in Form der Bürokratie begegnet, wird er verunsichert und sogar entfremdet. Der eigentlich private, individuelle Bereich wird in den öffentlichen verlagert. Statt mehr Individuum mehr Staat – im Namen und zum Zweck der freien Entfaltung des Individuums. Unfreiwillig schuf man ein Meisterwerk der Geometrie: die Quadratur des Kreises. Indem der Staat den autonomen, selbstbestimmten und selbstbestimmenden Menschen schaffen will, erzeugt er gerade eine neue Form der Fremdbestimmung. Gerade da, wo er Verantwortung für individuelle Lebenschancen übernimmt, verringert er die Eigenverantwortung seiner Bürger.

Zwei Beispiele dieser gutgemeinten Fremdbestimmung sind das westdeutsche Scheidungs- und Abtreibungsgesetz. In diesem Bereich, so hört man, hielten DDR-Bürger sogar ihren alten Staat für vorbildlich. »Mein Bauch gehört mir«, lautet die Parole der Selbstbestimmenden, die dafür jedoch Hilfe des Gesetzgebers, also des Staates, sowie öffentliche Mittel oder die Hilfe der Krankenkassen beanspruchen. Noch härter formuliert: Mit Hilfe des Staates macht sich der Mensch zum Lebensspender und Lebensnehmer. Er schwingt sich zum Gott auf. Das kosmische Gleichgewicht ist gestört – im Namen der Selbstverwirklichung. Die Abtreibungsproblematik ist vielschichtiger und schwieriger als diese wenigen Sätze andeuten. Das ist sicher. Sicher ist auch die Notwendigkeit einer sozialen Indikation in wirklichen Notfällen. Wir behandeln aber nicht diese Frage, sondern wollen auf die mögliche Bumerang-Wirkung der an sich lobens- und erstrebenswerten Selbstverwirklichung hinweisen. Am Besonderen sollte das Allgemeine veranschaulicht werden.

Das Allgemeine dieser Entwicklung: Ich- und Maßverlust der Emanzipierten, immer schwerer zu erfüllende Leistungszwänge des Emanzipierenden, also des Staates. Den extremen Ich- und Maßverlust der Selbstverwirklichung dokumentiert die Tatsache, daß einige Hundert DDR-Übersiedler ihre Kinder einfach im Stich ließen; daß die Parole »Mein Bauch gehört mir« nicht einmal das Auslöschen eines anderen Lebens andeutet; daß oft so diskutiert wird, als gäbe es keinen Unterschied zwischen der Sicherheit beim Spaß (Verhütungsmittel) und der Abtreibung. Extremfälle sind nie für die Gesamtheit repräsentativ, aber beachtenswerte Alarmzeichen sind sie allemal.

Und der Staat? Er verfängt sich in den Fallstricken des Seelenlebens seiner Bürger, deren Glückseligkeit er aus politischen sowie rechtlichen Gründen vollstrecken muß, doch nicht immer vollstrecken kann. Als Gesetzgeber und zugleich Verwalter, als Ankläger und zugleich Richter tritt der Staat nämlich seinen Bürgern gegenüber auf. Dabei trägt er unfreiwillig zur Entfremdung des Individuums bei und vermehrt die Staatsverdrossenheit. Nicht Selbstverwirklichung wird erreicht, sondern Selbstentwirklichung. In diesem Dilemma befand sich Westdeutschland aus den erwähnten historischen Gründen. Im vereinigten Deutschland dürfte sich die Sachlage nicht verändern, eher verschärfen, denn die Bürger der alten DDR haben den Willen und das Recht, Versäumtes nachzuholen.

Die politisch legitimierte und damit demokratisch bewirkte Verrechtlichung und Bürokratisierung führen zur Staats- und Ichverdrossenheit. Ichverdrossenheit und Staatsverdrossenheit sind zwei Seiten derselben Medaille. Je weniger Glückseligkeit der Staat erzeugt, desto mehr wird sie von ihm verlangt. Und natürlich kann er sie nicht herstellen wie ein Fabrikprodukt. Die Fixierung auf den Staat wird daher fester, nicht schwächer. Die den Staat regierenden und die in ihm opponierenden Parteien sind ihrerseits auf ihre Wähler fixiert und angewiesen. Der Wähler gleicht immer mehr dem Verbraucher und wird zum Wechselwähler. Heute geht er in diesen, morgen in jenen politischen Laden, »Partei« genannt. Er sucht die Sonderangebote, meidet aber die eigenen Sonderleistungen. In wirtschaftlichen und politischen Schönwetterzeiten ist dieses Verhalten problemlos. Bei Wetterstörungen braut sich ein gesellschaftliches Gewitter zusammen.

Weil es auch beim deutschen Einigungsprozeß nicht nur schönes Wetter geben kann, entstehen Vereinigungsfrust und Vereinigungsmuff, Wolken ziehen auf, trotz der außerordentlich günstigen Großwetterlage. Nach Regen kommt Sonnenschein, nach Sonnenschein wieder Regen. An diese meteorologische Regel sollten wir bei unserer Lebensgestaltung denken. Von einer deutschen Klimakatastrophe kann keine Rede sein.

Der extreme Pendelschlag vom kollektiven Wir- zum individuellen Ich-Gefühl ist in bezug auf die Bundesrepublik Deutschland und die DDR historisch verständlich. Selbstbestimmung muß sein, soll sein, anderes darf nicht sein. Aber Selbstverwirklichung ist erstens kaum zu verwirklichen, und sie geht zweitens nicht selten auf Kosten der Umwelt, der menschlichen wie der natürlichen. Wie so oft erweist sich die Mitte als der goldene Weg der Vernunft. Und wie so oft ist dieser Weg schwer zu finden. Eine Hilfe bietet vielleicht der Spruch des großen jüdischen Gelehrten Hilel, der ein Zeitgenosse von Jesus war und zu den völlig zu Unrecht verschmähten Pharisäern zählte. Der große Hilel sagte: »Wenn ich nicht selbst für mich eintrete, wer tut es sonst? Wenn ich aber für mich allein bin, was bin ich? Und wenn nicht jetzt, wann dann?«

VII. Deutscher Revisionismus?

Deutschlands Grenzen blieben trotz der Ostpolitik der sozialliberalen Koalition innenpolitisch keineswegs unumstritten. Es gibt in Deutschland (in der Bundesrepublik mehr als in der DDR?) »Revisionisten«, das heißt Politiker und einfache Bürger, die sich mit dem territorialen Status quo, aus welchen Gründen auch immer, nicht abfinden können oder wollen. Es gibt hier und heute Politiker und einfache Bürger, für die »Deutschland« in den Grenzen von 1937 immer noch oder schon wieder »Heimat« blieb oder wieder werden soll. Der Vertriebenenpolitiker Herbert Czaja nannte im April 1990 den neu entstehenden deutschen Staat aus BRD und DDR »Rumpfdeutschland«. Der Vorsitzende der Landsmannschaft Schlesien, Hupka, drohte im Juni 1990: Seine Gefolgsleute würden »weder heute noch morgen von Schlesien lassen«, das »Grenzdiktat« nicht anerkennen.

Fast schien es, als planten Czaja und Hupka nach der ersten, zwangsweisen Vertreibung der Vergangenheit die zweite, freiwillige in der Gegenwart: diesmal ins politische Abseits. Denn es gibt in Deutschland nur eine Partei, die eine Rückkehr zu den Grenzen von 1937 fordert: die erfreulicherweise dahinvegetierenden Republikaner. Paradoxerweise hat sich diese Partei der großsprecherischen und großdeutschen Worte als wahrhaft kleindeutsche Partei entpuppt: Sie und ihre Anhänger versuchten nämlich verzweifelt, eine politische Mauer um die Bundesrepublik zu bauen. Sie wollten den Aus- und Übersiedlerstrom um jeden Preis bremsen, den der Wiedervereinigung nicht zahlen. Deutschland als Parole, nicht als Politik.

Hier sind die Proportionen der Meinungsgruppen: Für die endgültige Anerkennung der Oder-Neiße-Grenze waren im März 1990 immerhin 83 Prozent der Westdeutschen und 85 Prozent der Ostdeutschen.[29] Es gibt also nur sehr wenige wirkliche »Revisionisten« in Deutschland, doch hüte man sich davor, alle als »Revanchisten« abzustempeln. Denn zur »Revanche« gehört die »Rache« und zur Rache die Gewalt. Genau auf Gewalt haben jedoch diese »Revisionisten« schon sehr früh und unzweideutig verzichtet. Das ist eine historische Errungenschaft, die man nicht einfach abtun sollte. Ich sage dies, gerade weil ich ein Befürworter des territorialen Status quo bin. Ich sage dies, gerade weil ich eben kein »Revisionist« und kein Freund der »Revisionisten« bin. Ich sage es, weil ich auf die deutsche

Vergangenheit zurückblicke, und weil ich zum Beispiel die nahöstlich-palästinensische Gegenwart recht gut kenne. Dort nämlich sind »Revisionismus«, »Revanche« und Gewalt kaum voneinander zu trennen.

Als »wahre Friedensbewegung« würde ich im Gegensatz zu manchen Bundespolitikern die deutschen Heimatvertriebenen nicht bezeichnen wollen, doch im internationalen und im historisch nationalen Vergleich schneiden die Heimatvertriebenen nicht schlecht ab. Ganz im Gegenteil. Daß den Vertriebenen der endgültige Verzicht auf ihre einstige Heimat schwerfiel, verstehe ich, obwohl (es sei einmal mehr hervorgehoben) die einstigen deutschen Ostgebiete nicht zu meinem deutschen Wir-Gefühl gehören. Wer könnte Heimatgefühle wie benützte Einwegflaschen wegwerfen?

Natürlich: Durch den Verzicht auf die Gebiete östlich von Oder und Neiße wurde nichts aufgegeben, was nicht ohnehin schon lange verloren war, durch Hitlers verbrecherischen Krieg verloren wurde. Die Einsicht in die Notwendigkeit ist immer und für jeden ein Akt der Vernunft, keine Frage des Gefühls. Für die Vertriebenen konnte es nur ein Akt der Vernunft sein. Die völkerrechtliche Aufgabe des ehemaligen deutschen Ostens ist für mich persönlich kein Verzicht. Mein Herz und mein Verstand stimmen dieser Entscheidung zu. Aber ich kann verstehen, daß es Betroffene gibt, die sich in bezug auf ihre Heimatgefühle der Mentalität der Wegwerfgesellschaft entziehen.

Daß Kanzler Kohl den Vertriebenen im Juni 1990 erneut erklärte, der Preis der deutschen Einheit sei die Bestätigung der bestehenden Grenze zu Polen, halte ich deshalb nicht für anstößig. Gerade diejenigen Polen, die nach 1945 selbst von Ostpolen (heute Sowjetunion) nach Westpolen (in die früheren deutschen Ostgebiete) vertrieben und verpflanzt wurden, müßten das Dilemma der deutschen Vertriebenen am besten verstehen, das heißt nachvollziehen können. Bedauerlicherweise geschah das nicht. Freilich ist auch diese kleinmütige Haltung keineswegs typisch polnisch. Jede Volksgruppe neigt dazu, ihr eigenes Leid für das schlimmste zu halten; anders formuliert: das Relative absolut zu setzen. Allein die eigene Betroffenheit scheint zu zählen. Auch dies ein Aspekt der vermeintlichen Selbstverwirklichung, die von Selbstbezogenheit kaum zu unterscheiden ist. Von Einfühlungsvermögen oder gar Nächstenliebe im privaten oder nationalen Bereich keine Spur. Um so erfreulicher, weil seltener, die Fähigkeit der meisten Deutschen in Ost und West und in allen deutschen Parlamentsparteien, die von Deutschen im deutschen Namen begangenen Untaten einzusehen, zu benennen und politische Schlußfolgerungen zu ziehen.

Bundeskanzler Helmut Kohl hätte vom Herbst 1989 bis zum Frühjahr 1990 einen grenzpolitischen »Eiertanz« in bezug auf die Oder-Neiße-Linie vollzogen, werden einige einwenden. Der Kanzler hat es sich selbst durch die Betonung der rechtlichen Aspekte politisch unnötig schwer gemacht. Nicht der geringste Zweifel konnte aber ernsthaft daran bestehen, daß auch für Helmut Kohl und die CDU/CSU die Gebiete östlich von Oder und Neiße heute zu Polen gehören und weiter zu Polen gehören sollen. Die bindende Wirkung des Warschauer Vertrages, der anderen Ostverträge und der KSZE-Schlußakte, die den europäischen Status quo zementiert, wurde von der CDU/CSU/FDP-Regierung seit 1982 immer wieder hervorgehoben. Hier setzte sie die Politik der sozialliberalen Koalition fort. Am 8. November 1989 bekräftigten alle im Bundestag vertretenen Parteien die Gültigkeit dieser Grenzinterpretationen. Auch die polnische Regierung schien zufriedengestellt.

Nach dem 8. November kam nicht nur zeitlich der 9. Die Deutsche Revolution brach aus, durch den politischen Fall der Mauer. Seit dem 10. November sollte nun das zuletzt am 8. eindeutig und unmißverständlich Formulierte noch eindeutiger und unmißverständlicher formuliert werden. Noch eindeutiger? Noch unmißverständlicher?

Verbindlicher, völkerrechtlich noch verpflichtender sollte die deutsche Erklärung werden. Die Bereitschaft zur entsprechenden Verpflichtung lag bereits vor. Sie wurde vom Kanzler im Januar, in Paris, trotzdem bekräftigt, noch eindeutiger. Das schon vorher eigentlich Eindeutige schien in- und ausländischen Kritikern immer noch zwei- und mehrdeutig. Spätestens seit Januar 1990 überlagerten taktische Motive die politische Substanz. Schließlich wurde ein Formelkompromiß für eine Sachfrage gefunden, über die sich alle längst einig waren. Im März 1990 bestätigte der Bundestag noch einmal das »Recht Polens auf sichere Grenzen« und beteuerte erneut, daß diese »von uns Deutschen weder jetzt noch in Zukunft durch Gebietsansprüche in Frage gestellt« würden. Zwar wurde die Oder-Neiße-Linie nicht ausdrücklich erwähnt, aber eindeutig war die Aussage trotzdem. »Kein psychisch gesunder Mensch fürchtet eine Veränderung dieser Grenze; jegliche Beunruhigung ihretwegen kommt also nur in den Gemütern derer vor, die der zeitgenössischen europäischen Wirklichkeit nicht gewachsen sind. Uns irritiert demnächst kein möglicher Grenzstreit mit Deutschland, denn niemand in der Welt wird einen solchen Streit zulassen«, schrieb Polens großer Schriftsteller Andrzej Szczypiorski in der *Frankfurter Allgemeinen Zeitung* am 18. Juni 1990.

Noch am selben Tag zeigte es sich, wie zutreffend seine Einschätzung war: Der »Kleine Parteitag« der vermeintlich revisionistischen CDU beschloß mit 140 gegen zwei Stimmen und bei zwei Enthaltungen, also mit überwältigender Mehrheit, die ausdrückliche Anerkennung der Oder-Neiße-Grenze. Bundestag und Volkskammer bekannten sich hierzu in einer gleichlautenden Entschließung am 21. Juni 1990. Im Bundestag gab es nur 15 Gegenstimmen (zehn von der CDU, fünf von der CSU) und drei Enthaltungen (eine CSU, zwei Grüne!), in der Volkskammer verweigerten lediglich sechs DSU-Abgeordnete ihre Zustimmung. Ein Regierungsvertrag zwischen dem vereinten Deutschland und Polen wird die deutsch-deutsche Entschließung ergänzen.

Mehr stilistische Verbindlichkeit des Kanzlers wäre nach dem 9. November 1989 außenpolitisch vielleicht angebracht gewesen. Vielleicht. Über Stilfragen läßt sich trefflich streiten, verbindliche Regeln gibt es dabei nicht. Innenpolitisch konnte Helmut Kohl durch diese vermeintliche außenpolitische Unverbindlichkeit nationale, deutsche Positionen besetzen. Den Republikanern wurde auf diese Weise das letzte verbliebene Wasser abgegraben. Am Ende des »Eiertanzes« durfte man sich doppelt freuen: Ein Formelkompromiß war gefunden, die Republikaner entscheidend geschwächt worden. Diejenigen, die mir revisionistische Sympathien unterstellen, seien daran erinnert: Zu meinem deutschen Wir-Gefühl gehörten und gehören die ehemals deutschen Ostgebiete nicht.

VIII. Neudeutsche Außenpolitik
oder
Der Deutsche Michel als Softy

Das Deutsche Reich wollte Weltmacht sein, der Kaiser strebte nach einem »Platz an der Sonne«, die Weimarer Republik war durch und durch revisionistisch, und Hitler strebte nach Weltherrschaft. Die polternde, säbelrasselnde, aggressive und vernichtende altdeutsche Außenpolitik der Möchtegern-Weltmacht hat Deutschland zu Recht unbeliebt gemacht. Die neudeutsche Außenpolitik, die Gewalt als Mittel zwischenstaatlicher Politik grundsätzlich ablehnt und nur zur Verteidigung billigt, hat die bundesdeutsche Mittelmacht international salonfähig und beliebt gemacht. Nichts deutet darauf hin, daß ein vereinigtes Deutschland diese Politik verändern möchte.

Der Gewaltverzicht wurde von der bundesdeutschen Gesellschaft und Politik inzwischen so weit verinnerlicht, daß der Bonner Politikwissenschaftler und Zeithistoriker Hans-Peter Schwarz durchaus zutreffend davon spricht, daß die Deutschen von der einstigen Machtversessenheit in die heutige Machtvergessenheit getaumelt sind. Mag sein. Die Machtvergessenheit ist sicherlich auch blauäugig, doch auch und gerade »nach Auschwitz« ist sie höchst sympathisch. Man wird diese These von den West- auch auf die Ostdeutschen übertragen können.

Die defensive Grundhaltung deutscher Außenpolitik ist, wir wissen es alle, keineswegs nur freiwillig eingenommen worden. Das Ausland, das heißt die Siegermächte, haben darauf bestanden, und deswegen ist sie auch grundgesetzlich vorgeschrieben. Die Umerziehung des Deutschen Michel hat endlich ihr Ziel erreicht. Der einstige Lehrer, Uncle Sam aus den USA, war jedoch über den bundesdeutschen Musterschüler manchmal verdrossen. Nach 1945 sollten die Deutschen der Politik der Stärke abschwören. Inzwischen wollen sie es. Mit den US-Präsidenten Carter, Reagan und sogar noch Bush gab es zwischen 1977 und 1989 hierüber Auseinandersetzungen. Sie endeten mit Beginn des deutschen Einigungsprozesses, der ohne diese Lektion weder außen- noch innenpolitisch vertretbar gewesen wäre.

Erinnern wir uns an die bundesdeutsch-amerikanischen Irritatio-

nen: 1977/78 begann es mit der Kontroverse um Bau und Stationierung der Neutronenwaffe. Jimmy Carter wollte, die westdeutsche Öffentlichkeit (keineswegs nur die im Werden begriffene »Friedensbewegung«) widersetzte sich. 1979/80 schien die Ölversorgung des
Westens gefährdet. Der Iran drohte, die Straße von Hormuz und damit den Großteil der mittelöstlichen Ölexporte zu sperren. US-Präsident Carter schlug vor, einen internationalen Flottenverband zu bilden, der den Persischen Golf und damit die Ölausfuhr sichern sollte.
Auch die westdeutsche Marine hätte sich beteiligen sollen. Einen ähnlichen Plan legte Präsident Reagan 1987/88 vor. Nicht einmal Minen-
suchboote zur Sicherung der Schiffahrt durch den Golf stellte die Bundesregierung.

»Deutsche an den Golf?« fragte man hierzulande ängstlich und
meinte den Persischen. »Nein, danke!« schmetterte man einmal unter
Helmut Schmidt, das andere Mal unter Helmut Kohl den US-Präsidenten Carter und Reagan entgegen. Beide Male fand die Entscheidung der Bundesregierung die Zustimmung der Opposition und der
öffentlichen Meinung. US-Regierung und amerikanische Öffentlichkeit reagierten verstimmt: Der Verbündete verhielte sich nicht wie ein
Partner, hieß es. Mehr noch: Während die USA ein Handelsembargo
über den Iran verhängten, genoß die Bundesrepublik die Folgen dieser Maßnahme. Der westdeutsch-iranische Handel wuchs rasant.

Den Bundesdeutschen wurde immer klarer: Der Verzicht auf militärische Macht zahlte sich im wahrsten Sinne des Wortes aus. Der Gebrauch der Macht wirkte schädlich. Im Sommer 1988 wurde Westdeutschland von Washington gedrängt, sich an der UNO-Friedens-
truppe zu beteiligen, die den bedrohten Waffenstillstand zwischen dem
Iran und Irak sichern sollte. Die Bonner Antwort unterschied sich von
früheren nicht: Das Grundgesetz verbiete den Einsatz der Bundeswehr
außerhalb des NATO-Gebietes. 1989 gerieten Bonn und Washington
über die Modernisierung von Kurzstreckenwaffen in Streit. Die USA
wollten modernisieren, die Westdeutschen nicht. Die Deutsche Oktoberrevolution beendete die Kontroverse. Wer hätte auf das neue Ost-
deutschland und Osteuropa mit westlichen Raketen zielen wollen?

Auch vor dem Deutschen Herbst des Jahres 1989 waren die amerikanischen Verärgerungen historisch grotesk. Daß der Deutsche Michel weich wurde, ein Softy wurde, ist Ergebnis der Umerziehung
durch Uncle Sam. Die Umerziehung war nötig und richtig. Wer aber
ab 1945 die Umerziehung wollte, konnte sich nicht ernsthaft oder aufrichtig über ihre Ergebnisse beklagen. Die Früchte der Erziehung hielt

der amerikanische Lehrer in den siebziger und achtziger Jahren für sauer, dem bundesdeutschen Musterschüler mundeten sie als süßer Genuß.

Nach 1945 sollte ein »neues Deutschland« entstehen. Dann konnte man sehen: Ein neues und vor allem ein besseres, unaggressives Deutschland ist entstanden. Hatte der Deutsche Michel seine Lektion zu gut gelernt? Bis zum Sommer 1989 schien es fast so. Dann aber, und das sollte man dankbar hervorheben, waren es die US-Regierung und die amerikanische Öffentlichkeit, weniger die Presse, die dem deutschen Schüler das Reifezeugnis ausstellten.

Süße Früchte der Umerziehung! Also bewältigte Vergangenheit? Wie wurde sie in Westdeutschland bewältigt? Wurde sie bewältigt? Kann Ostdeutschland aus der westdeutschen Erfahrung lernen? Gibt es, abgesehen von nationalen Aspekten der Vergangenheitsbewältigung, auch internationale, gar universale?

IX. Vergangenheitsbewältigung

Annäherungen an das Thema

»Vergangenheitsbewältigung« ist ein neuerdings gesamtdeutsches Schlüsselwort. Nach 1945 war es zunächst ein bundesdeutsches, seit der Sanften Revolution in der DDR ist es ein gesamtdeutsches Schlüsselwort. Wie kennzeichnend Schlüsselwörter für den jeweiligen Zeitgeist, die Zeitprobleme und die Ortsbestimmung der jeweiligen Zeitgeschichte sind, wissen oder ahnen wir. Hier sei die »*Vergangenheitsbewältigung*« eines Gemeinwesens wie folgt definiert: Sie umfaßt einen vollständigen Wandel der vorher geltenden und nun abgelehnten Wertvorstellungen. Sie bezieht sich vor allem auf die Bereiche Politik und Ideologie, Gesellschaft, Wirtschaft, Kultur, Recht, Militär und Polizei. Sie betrifft den Personenkreis, der zuvor in diesen Bereichen entscheidende Verantwortung trug und strafrechtlich oder politisch schuldig wurde.

Eine solche Begriffsbestimmung ist, im Sinne Max Webers, als idealtypisch zu verstehen. Sie beschreibt keine Realität. Der Idealtyp dient zugleich als Maßstab der jeweils vollzogenen oder verpaßten Vergangenheitsbewältigung. Zur Vergangenheitsbewältigung gehören *Wissen, Werten, Weinen, Wollen*, also vier W. Wissen, was geschah. Das Werten der Taten als Untaten. Das zumindest symbolische Weinen über die Opfer. Das Wollen eines anderen, als besser und moralischer empfundenen Gemeinwesens. Dieses Wollen wäre die Voraussetzung zum Handeln.

Bei der Vergangenheitsbewältigung wird im allgemeinen mehr gewertet, geweint und gewollt als gewußt. Wissenslücken klaffen. Zwei Beispiele mögen die Wissenslücken veranschaulichen. Die barbarische Mord- und Brandaktion der Nationalsozialisten vom 9. November 1938 wird überall, auch in den USA und Israel, als »Kristallnacht« oder »Reichskristallnacht« bezeichnet. Nur nicht (oder kaum noch) in Deutschland. Hier nennt man sie inzwischen »Pogromnacht«. Viele wissen nicht, was »Pogrom« bedeutet und daß es ein russisches Wort ist. Noch mehr haben Probleme mit der richtigen Schreibweise. Oft liest man dann »Progrom«. Viel wichtiger: Es heißt, »Reichskristallnacht« wäre eine von den Nationalsozialisten eingeführte, verharmlosende Bezeichnung. Das Gegenteil ist richtig. Die Nationalsozialisten haben von der »Judenaktion« oder der »Großen Judenaktion«, nie von der »Reichskristallnacht« gesprochen. Schon die Vorsilbe »Reichs« war ihnen höchst peinlich. Sie deutet nämlich auf die Initiatoren der Mordaktion: auf die das Reich lenkenden und die Menschen henkenden Nationalsozialisten. Und weil jedermann gesehen hatte, daß mehr als nur Kristall kaputtging, war die Bezeichnung »Kristallnacht« eigentlich eine Verhöhnung der NS-Mörder.

Die meisten Menschen, die in einer Demokratie leben, vermögen offenbar nicht, Zwischentöne wahrzunehmen. Sie nehmen nicht den auf diese Weise damals bekundeten Widerwillen wahr. Widerstand mahnen sie nachträglich an. Sie deuten damit an, daß sie damals Widerstand geleistet hätten. Diese Andeutung halte ich für eine wohlgemeinte Anmaßung. Sie ist mir nicht unsympathisch. Aber ist sie glaubwürdig? Sie ist vor allem nicht beweisbar und daher recht billig. Natürlich: Widerstand wäre damals angebracht gewesen. Doch selbst Widerwillen wurde im Dritten Reich selten so offen bekundet, zu selten. Ohne Widerwillen kein Widerstand. Wenn wir also Widerstand anmahnen, sollten wir den Widerwillen nicht verächtlich mißachten.

Ein Argument zugunsten des Begriffes »Pogrom« und gegen »Reichskristallnacht« machte mich auf einer Podiumsdiskussion im November 1988 beinahe sprachlos: Herr Galinski, der führende Vertreter des deutschen Judentums, habe erklärt, daß der Begriff »Reichskristallnacht« von den Nazis erfunden und daher heute energisch abzulehnen sei. »Der Staat bin ich«, soll bekanntlich der französische König Ludwig XIV. behauptet haben. Heinz Galinski ist aber gewiß nicht das Judentum. Und außerdem wird etwas Falsches, das er sagt, durch die Tatsache, daß er es sagt, nicht richtig. Gut gemeint ist, einmal mehr, nicht gut gemacht, wenn es nicht zugleich auch gut gewußt ist. Und noch schlechter ist das gut Gemeinte und aufklärerisch Gedachte gemacht, wenn es letztlich der Gegenaufklärung dient. Guter Wille allein reicht nicht. Man macht es auf diese Weise den Böswilligen und Schlecht-Meinenden erheblich zu leicht. Ohne Schwierigkeiten könnten sie nämlich zwischen Aufklärern und Aufzuklärenden eine Glaubwürdigkeitslücke entstehen lassen.

Das zweite Beispiel: Im Herbst 1988 erregte sich eine Münchener Journalistin zu Recht darüber, daß es in ihrer Stadt eine Treitschkestraße gebe. Treitschke, so die eifrige Frau, sei »ein Wortführer des Antisemitismus im Dritten Reich« gewesen. Von ihm stamme nachweislich das Zitat »Die Juden sind unser Unglück«. Treitschke war wirklich ein gräßlicher Antisemit und ist noch heute ein überschätzter Historiker. Dieses Zitat stammt wirklich von ihm. Es ist ärgerlich und überflüssig, wenn es noch immer Treitschkestraßen gibt. Aber im Dritten Reich (1933–1945) war Treitschke kein »Wortführer«. Seit 1896 hatte es ihm nämlich die Sprache verschlagen. 1896 war er gestorben.

Vergangenheitsbewältigung besteht also aus analytischen ebenso wie normativen Elementen, die schließt Herz und Verstand ein. Sie setzt Läuterung voraus, zielt auf moralische, aber nicht auf physische Säuberung, also eben nicht auf Rache; nicht unbedingt auf Versöhnung, aber auch nicht auf Vernichtung der ehemaligen Täter, Mittäter und Mitläufer. Ist Läuterung aber ohne Säuberung überhaupt möglich? Bedeutet Säuberung nicht doch letztlich Denunzierung und sogar Liquidierung? Und ist Liquidierung nicht ein Rückfall in die Zeit und Methoden des Terrors und Unrechts, die man gerade überwinden will? Müßte nicht ein Teil des Volkes den anderen verurteilen, vertreiben, vernichten? Wäre nicht Bürgerkrieg die Folge?

Eugen Kogon hat die Problematik 1947 auf eine zutreffende Formel gebracht. Er bezog sich auf das Millionenheer der nationalsozialistischen Mitläufer: »Man kann sie nur töten oder gewinnen.« Und weil man sie natürlich weder töten konnte noch wollte, mußte man sie gewinnen. Das galt damals. Das gilt heute.

Ist Säuberung, abgesehen von allen moralischen Problemen, funktional möglich? Wer spricht Recht? Wer lehrt an den Schulen, wer an den Universitäten? Nur die Unbelasteten? Wären dann aber nicht die Lehrerzimmer fast leer, die Lehrstühle unbesetzt? Wie funktioniert die Verwaltung? Wer sorgt für den öffentlichen Nah- und Fernverkehr? Wer schreibt die Zeitungen? Wer gestaltet Rundfunk und Fernsehen? Wer organisiert die Müllbeseitigung? Wer darf Unterhaltung veranstalten oder selbst harmlose Schnulzen komponieren: auch derjenige, der, wie Norbert Schulze, im Dritten Reich sowohl Kriegslieder gegen »Engeland« und Rußland als auch den kriegsmüden Song *Lilli Marleen* schrieb? Darf Schauspieler bleiben, wer im Dritten Reich für scheinbar simple Unterhaltung sorgte: in der *Feuerzangenbowle* und als *Bruchpilot*? Gemeint ist Heinz Rühmann. Darf eine Tänzerin (Marika Rökk), wie einst zwischen 1933 und 1945 und besonders seit dem Ausbruch des Krieges, mit dem Wackeln ihrer Hüften »einfach so« fortfahren, als wäre nichts geschehen? War dieses Wackeln mit den Hüften tatsächlich so unpolitisch wie behauptet?

Den jeweiligen Söhnen und Enkeln der bewältigenden Generation muß es leichter fallen, den Eltern und Großeltern vorzuwerfen, sie hätten sich die Moral durch den steigenden Lebensstandard abkaufen und durch Sahnetorten oder Bananen versüßen lassen. Aber die Eltern und Großeltern hatte man mißbraucht, nun waren sie verbraucht, und einfache Verbraucher wollten sie werden. Gebraucht wurden aber materieller und ideeller Aufbauelan.

Das Verständnis von Bischof David aus *Eine Messe für die Stadt Arras* von Szczypiorsky kann nicht gelten. Um Gegenwart und Zukunft zu meistern, Vergeltung und damit neues Unrecht zu verhindern, verkündete Bischof David: »Was geschehen ist, ist nicht geschehen, und was war, ist nicht gewesen.« Auch die noble Geste von US-Präsident Bush halte ich für zu weitgehend. Am 16. April 1990 meinte er, es wäre an der Zeit, Deutschland den Massenmord an den Juden zu vergeben. Kriminell schuldig geworden sind die Verbrecher. Soll ihnen »vergeben« werden? Nein. Ob mehr als 45 Jahre nach der Tat rechtsstaatlich vertretbare Gerichtsverfahren durchführbar sind, ist dabei eine ganz andere Frage. Die politisch Schuldigen kommen an der Haftung nicht vorbei, und keine Schuld kann aufgehoben, also vergeben werden. Denjenigen, die weder kriminell noch politisch, moralisch oder gar metaphysisch schuldig wurden, muß gar nicht vergeben werden. Weil der größte Teil der heute lebenden Deutschen keine Schuld auf sich lud, braucht ihm also auch nicht vergeben zu werden. Den Schuldigen aber sollte nicht vergeben werden.

Eher könnte das Verständnis von David Ben-Gurion gelten. Die Formel des israelischen Staatsgründers und Staatsmannes ließe sich folgendermaßen umschreiben: Was geschehen ist, ist geschehen. Es war schrecklich. Das Neue muß besser sein und wahr werden. Die operative Verwirklichung dieser Formel belegt Ben-Gurions Deutschlandpolitik ab 1951/52 und dokumentiert seine Spanienpolitik seit 1955/56. Die operative Verwirklichung dieser Formel belegt der Auf- und Ausbau der westdeutschen Demokratie trotz ihrer Schwächen, die sie, wie jedes Staatswesen, aufweist. »Deutsche Politik war letztlich dafür verantwortlich, daß Raoul Wallenberg ins sowjetische Gefängnis kam, deutsche Politik ist dafür verantwortlich, daß Wallenberg aus sowjetischer Haft befreit wird«, schrieb Bundeskanzler Kohl der schwedischen Vorsitzenden des Raoul-Wallenberg-Komitees im März 1990. Eine überzeugende und praktisch politische Verwirklichung des beschriebenen Prinzips. Auch Bundeskanzler Kohl ist in bezug auf angewandte Vergangenheitsbewältigung besser als sein Ruf im In- und Ausland.

Täter und Opfer müssen gleichermaßen Vergangenheit bewältigen, freilich aus völlig unterschiedlichen moralischen oder sachlichen Gründen und Positionen. Beide müssen Vergangenheit bewältigen, um die Gegenwart und Zukunft zu meistern. Andernfalls wäre ihr Überleben unmöglich. Das ist ebenfalls Ziel der Trauerarbeit im Sinne Sigmund Freuds: Die Toten soll und kann man dabei nicht vergessen, man muß aber ohne sie weiterleben, so schmerzlich es auch ist.

»Auch die Trauer hat ihr Maß.« Dem entspricht die Sichtweise der talmudischen Weisen, in deren Tradition Sigmund Freuds Verständnis der Trauerarbeit durchaus steht: »Und Rabbi Jehuda sagte, Raw habe gesagt: Jeder, der sich wegen seines Toten über die Maßen mit Schmerz belastet, der weint noch über einen anderen Toten. Eine Frau in der Nachbarschaft Raw Hunas hatte sieben Söhne. Einer von ihnen starb, und sie beweinte ihn übermäßig. Da schickte Raw Huna zu ihr: So sollst du nicht tun! Aber sie beachtete ihn nicht. Da schickte er zu ihr: Wenn du gehorchst, ist's gut, wenn aber nicht, so bereite die Totenausstattung für einen anderen (Sohn)! Da starb er. So starben sie alle. Zuletzt sagte er zu ihr: Stümperst du schon an deiner eigenen Totenausstattung herum? Da starb sie.« Mit einer »Unfähigkeit zu trauern« (Mitscherlich) oder »Schlußstrich-Mentalität« hat dies nichts, mit dem Leben angesichts des erfolgten Todes anderer und des gewissen eigenen Todes hat dies sehr viel zu tun. Wer Trauerarbeit verweigert, schließt vorzeitig mit dem Leben ab, mit dem eigenen und dem seiner Umwelt. Noch einmal also: Auch die Trauer hat ihr Maß – für Täter und Opfer.

Aus der Sicht des Täters gilt: Wer etwas zu bewältigen hat, muß schuldig geworden sein. Welche *Schuld* kann gemeint sein? Im Sinne von Karl Jaspers wäre zu unterscheiden zwischen krimineller, politischer, moralischer und metaphysischer Schuld. Wir haben auf diese vier Arten der Schuld bereits hingewiesen. Nur kriminelle und politische Schuld können im Zusammenhang mit historischer Vergangenheitsbewältigung untersucht werden. Uns interessiert hier vor allem die politische Schuld, wegen der politischen Haftung. Für die politische Schuld der Vergangenheit wird in der jeweiligen Gegenwart gehaftet.

Die hier aufgeworfenen Fragen betreffen die (wie ich noch zu beweisen habe) erfolgte bundesdeutsche Vergangenheitsbewältigung ebenso wie die bevorstehende Vergangenheitsbewältigung in der ehemaligen DDR. Sie lassen sich freilich auch übertragen auf die Situation in Brasilien und Uruguay nach der jeweiligen Militärjunta; Argentinien nach der Herrschaft der Generäle; Paraguay nach Stroessner; Chile nach Pinochet; Nicaragua nach der Herrschaft der Sandinistas. Vergangenheitsbewältigung ist also einerseits ein sehr deutsches Thema, andererseits ein internationales, ein universales Problem.

Judenpolitik ist ein zentrales Thema deutscher Vergangenheitsbewältigung. Sie ist das zentrale Thema. International ist sie alles andere als ein Randthema, weil auch die westlichen Alliierten judenpolitisch ein schlechtes Gewissen hatten, im Sinne von Jaspers »politisch schuldig« wurden. Die Studien von Gilbert, Wyman, Lipstadt, Wasserstein und Avni haben dies gezeigt: Zur Rettung der bedrohten Juden hätten die Westmächte militärisch, politisch und propagandistisch wesentlich mehr tun können, moralisch gesprochen: mehr tun müssen. Im Glashaus sitzend, hätten sie deshalb nach der KATASTROPHE des Holocaust allein auf (Groß-)Deutschland (also auch Österreich) judenpolitische Steine werfen können, nicht einmal auf Franco-Spanien, Portugal, Mussolinis Italien oder Japan.

Daß Deutschland für die KATASTROPHE verantwortlich war, konnte und kann niemand bestreiten. Der großen, der unermeßlichen großdeutschen Verantwortung entzogen sich die DDR und Österreich. Die DDR bezeichnete sich während der SED-Herrschaft als Staat der Opfer des Faschismus, und dazu zählten Kommunisten. Juden und andere. Österreich erhielt 1943 von den USA, Großbritannien und der Sowjetunion die Bestätigung, daß es im März 1938 (»Anschluß«) »Opfer« Deutschlands geworden war. Die berechtigte Forderung nach deutscher Vergangenheitsbewältigung verdrängte in vielen Staaten, die zu den Gegnern oder Opfern Hitler-Deutschlands zählten, die geschichtspolitisch notwendige Auseinandersetzung mit der eigenen Vergangenheit in jenen Jahren.

Auch Nicht-Deutschen war es nicht immer möglich, in brauner Zeit eine weiße Weste zu behalten: Hätte die politische Führung der USA und Großbritanniens nicht mehr zur Rettung der Juden tun müssen, tun können? Die Antwort lautet: Ja, sie hätten es tun können. Sie wollten es nicht. Sie wurden nicht kriminell, doch politisch mitschuldig. Ist Dresden von der britischen Gesellschaft verarbeitet worden? War »Bomber Harris« ein Held oder Kriegsverbrecher? Das Problem der aktiven Kollaboration mit den deutschen Besatzern und Mördern wurde in Frankreich, auch in Italien, lange ignoriert, der Mythos von Résistance und Resistenza überproportional zelebriert und damit dunkle Vergangenheit mit hellen Farben überschmiert.

Serge Klarsfeld im Frühjahr 1990 über die französische Vergangenheitsbewältigung: »Seit mehr als dreißig Jahren versucht die französische politische Gesellschaft, die polizeiliche Zusammenarbeit mit den Nazis zu vertuschen. Man wollte glauben machen, die Deutschen allein hätten die Arbeit der Endlösung in Frankreich gemacht. Diese Arbeit wurde in Auschwitz beendet, aber in Frankreich begonnen.«[30] Dieses Urteil dürfte nun wieder zu hart ausfallen, denn seit Anfang der achtziger Jahre steht historische Selbstkritik in Frankreich durchaus auf der Tagesordnung.

Durch das Tagebuch der Anne Frank entstand sogar von den Niederlanden ein verzerrendes Bild, ein wohlwollend verzerrendes. Im faschistischen Italien, das in Tripolitanien (heute Libyen) und Äthiopien Massenmorde beging, wurden (auch anteilmäßig) mehr Juden versteckt und gerettet als in den besetzten Niederlanden, wo einheimische »Judengreifer« Juden suchten und den Deutschen auslieferten. Holland war das einzige Gebiet in dem besetzten Westen, wo die Juden keine (mit den anderen besetzten Gebieten) vergleichbare Überlebenschance hatten«, schreibt Raul Hilberg in seinem Standardwerk über die KATASTROPHE. Die Mehrheit der Niederländer hat, ebenso wie in den meisten anderen eroberten Staaten des europäischen Westens, die mörderische Judenpolitik Deutschlands abgelehnt. Sie hat Widerwillen bekundet, aber selten Widerstand geleistet. Das Fazit des niederländischen Historikers Dick de Mildt: »Was das angeht, fügen sich die Niederlande in die europäische Tradition.«

Die vereinfachende These muß wieder durch eine komplizierende, doch notwendige Gegenthese abgeschwächt werden: Unmittelbar nach der Befreiung fand in Frankreich die Säuberung (epuration) der Kollaborateure statt. Nicht nur mit politischen Kollaborateuren wurde dabei abgerechnet. Diverse sehr persönliche Rechnungen wurden beglichen. Mit Läuterung hatte dies nichts oder zumindest sehr wenig, mit Lynchjustiz sehr viel zu tun. Auch deshalb die Abneigung der Franzosen zur Fortsetzung der Art der Läuterung. In Norwegen wurden 92 000 juristische Verfahren gegen die einheimischen Helfer der deutschen Besatzer eingeleitet. Wer den Prozeß gegen den Nobelpreisträger für Literatur Knut Hamsun kennt, weiß, daß dieses Recht nicht immer der Gerechtigkeit entsprach. Auch diese vergangenheitsbewältigende Vorspeise macht wenig Appetit auf die vorgesehene Hauptspeise. Gleiches gilt in bezug auf die Fragebögen, mit deren Hilfe die Deutschen »entnazifiziert« werden sollten.

Über deutschen und außerdeutschen Widerstand gegen den Nationalsozialismus fanden in Europa erfreulich viele Konferenzen und Kongresse statt. Einige wurden sogar von Königen oder anderen Staatsoberhäuptern feierlich eröffnet. Man feierte die wenigen Gerechten und Aufrechten, die es wirklich verdient hatten. Indem man sich dann nachträglich und ohne jedes Risiko zu dem gefeierten Widerstand zählte, feierte man sich selbst. Man zeichnete ein Idealbild, das dem realen leider nicht entsprach. Auf diese Weise wurde verdrängt und nicht bewältigt. Die Lebens- und Geschichtslüge wurde Leben und Geschichte. Sie ermöglichte ein angenehmes Leben, weil man sich nichts vorzuwerfen hatte. Vorwürfe wegen der Vorfahren waren allein an die deutsche Adresse zu richten. Über die ebenso widerwärtige wie starke Kollaboration schwieg man lieber. An diesem heißen Eisen wollten sich die wenigsten Historiker ihre Finger verbrennen. Wer wollte freiwillig sein berufliches Fortkommen gefährden, indem er scheinbar sein Nest beschmutzt, tatsächlich aber gereinigt hätte?

In Osteuropa, besonders in Litauen und Polen, auch in der Sowjetunion, hat die einheimische Bevölkerung bei der Judenausrottung besonders oft und grausam kollaboriert. In Polen organisierte der mordende Pöbel sogar noch im Juli 1946 ein Pogrom gegen jüdische Überlebende der KATASTROPHE. Um zu beweisen, daß auch diese und nicht nur die kommunistische Vergangenheit überwunden werden solle, regte Lech Walesa im Mai 1990 an, Polen solle für diese Opfer ein Denkmal errichten.

Unmittelbar nach ihrer demokratischen Erneuerung nahmen Polen, Ungarn, die Tschechoslowakei und Bulgarien wieder diplomatische Beziehungen zum jüdischen Staat auf. Als Akt der Bewältigung der katastrophalen (Holocaust) und kommunistischen Vergangenheit in der Politik der Gegenwart sollte 1989/90 dieser Schritt verstanden werden. Er wurde so verstanden. In Bulgarien hatte 1943 allerdings eine wirkliche Volks- und Massenbewegung die völlige Ausrottung der einheimischen Juden durch die Deutschen verhindert. Bulgarien demonstrierte damit also eher die Bewältigung der kommunistischen als der Holocaust-Vergangenheit. Anders das Signal des frei gewählten Parlamentes von Litauen: Im Frühjahr 1990 »entschuldigte« es sich im Namen der Litauer beim jüdischen Volk für das schreckliche Versagen der damaligen Landsleute in der Zeit der KATASTROPHE.

Auch das Problem der außereuropäischen Vergangenheitsbewältigung zog jüngst erhöhte Aufmerksamkeit auf sich: 1989 starb der japanische Kaiser Hirohito. Seine Verantwortung für Japans Verhalten und Verbrechen im Zweiten Weltkrieg wurde teils bestätigt, teils bestritten, aber weltweit besprochen. Im Mai 1990 entschuldigte sich Hirohitos Sohn und Nachfolger, Kaiser Akihito, beim Koreanischen Volk für die Kolonialisierung durch Japan. Kein Weg führt daran vorbei: Der Tod war ein »Meister aus Deutschland« (Paul Celan). Er hatte aber, schreckliche Wahrheit, innerhalb und außerhalb Europas willige Gesellen.

Die kriminelle Schuld an der KATASTROPHE tragen deutsche Verbrecher, für die politische Schuld haften auch nichtschuldige Deutsche. Das ist die national-deutsche Dimension der Vergangenheitsbewältigung. Aufrechnen und Vorrechnen wäre fatal; auch das Verschweigen. Jedes Verschweigen erschwert das Vermeiden künftiger Verbrechen. Die Hauptrolle des Bewältigungsdramas mußte und konnte nur Deutschland tragen. Anders als die DDR und Österreich hat sie die Bundesrepublik Deutschland übernommen. Das Drama geriet zum Ein-Mann-Stück ohne die eigentlich erforderlichen Nebenrollen.

Ost-Deutschland, die ehemalige SEDDR, hat eine *doppelte Vergangenheitsbewältigung* vor sich: Sie muß die nationalsozialistische und die kommunistische Vergangenheit bewältigen. Eine überwältigende Herausforderung. Ihr kann und darf nicht ausgewichen werden. Niemand kann, darf und soll seiner Vergangenheit entrinnen. *Läuterung darf dabei nicht physische Säuberung, also Lynchjustiz sein.* Sie darf aber auch nicht bedeuten, daß kriminelle Schuld straffrei bleibt. Die Kriterien der Schuld und der Vergangenheitsbewältigung müssen überall, immer und jedermann gegenüber gelten. Sie müssen auf Rechtsterroristen ebenso angewendet werden wie auf Linksterroristen.

Es war deshalb geschichtlich grotesk und makaber, als der grüne Spitzenpolitiker Ströbele nach der Verhaftung von RAF-Terroristen in der DDR im Juni 1990 verlangte, die des Mordes dringend Verdächtigen »dazulassen, wo sie gewesen sind ... Man holt Leute aus einem normalen Leben wieder raus, das sie offensichtlich in der DDR geführt haben und von dem keinerlei Gefahr für niemanden ausging.« Das schlechte Deutsch dieses Politikers kann nicht von seinem schlimmen Gedanken ablenken. Mit gleichem Recht hätte er nämlich behaupten können, daß auch Eichmann und Mengele nach 1945 ein »normales Leben« geführt hätten, das niemanden (mehr!) bedrohte. Mord ist Mord. Und Mord muß gesühnt werden. Über die Art der Sühne wäre nachzudenken. Eine gespaltene Moral zur Aufrechterhaltung ideologischer Feindbilder kann nicht gebilligt werden. Abgesehen davon war es

keineswegs erwiesen, daß die gefaßten RAF-Mitglieder seit ihrer Über-
siedlung in die DDR tatsächlich ein »normales Leben« geführt und auf
terroristische Aktionen verzichtet hatten.

Auch in bezug auf andere, weniger extreme Bereiche der DDR-
Vergangenheitsbewältigung erlebte man seit dem Herbst 1989 Uner-
wartetes. Frank Schirrmacher hat die seltsam verkehrten Fronten bei
der Bewältigung der SED-Vergangenheit im Kulturleben vortrefflich
und zutreffend beschrieben. »Man ist verdutzt: Jene, die seit Jahrzehnten in der Bundesrepublik vor Verdrängen und Vergessen warnten, die
›Trauerarbeit‹ forderten, zur schonungslosen Kritik drängten, weichen
nun aus, fordern Zurückhaltung und Behutsamkeit und reden von
›Hetzkampagne‹, wo Kritik sich äußert. Daß man nicht dabeigewesen
sei, also nicht mitreden könne, wie man sich selber verhalten hätte –
diese absurden Abwehrversuche dienen nun dazu, der westlichen Kritik ihr Recht zu bestreiten.«[31]

Die Diskussion über Vergangenheitsbewältigung wurde lange und
oft national verengt, allein auf Deutschland und Juden bezogen. Das
ist historisch, psychologisch und politisch verständlich. Wie gesagt:
Der Tod war »ein Meister aus Deutschland«. Deshalb immer wieder
die Frage: »Wieso gerade in Deutschland?« »Weshalb die Juden?«
Dieser national-deutsche und auf die Juden bezogene Ansatz war und
ist ein bedeutender Beitrag zur Umkehr. Wer allerdings eine Wiederkehr verhindern möchte, muß anders und viel grundsätzlicher fragen.
Nicht: »Wie konnte der deutsche Mensch so Schreckliches anrich-
ten?« Sondern: »Wie kann der Mensch dem Menschen so Furchtba-
res antun?« Nicht national, sondern anthropologisch müssen wir das
Problem lösen.

Vergangenheitsbewältigung kann nicht allein auf Deutsche und Juden bezogen werden. Sie muß jeglichem Unrecht gelten, das einzelnen
Menschen oder Völkern angetan wurde. Dabei wird man manchmal
die schmerzliche Erfahrung machen, daß aus ehemaligen Opfern Täter werden können: Für die Opfer von London und Coventry rächte
sich »Bomber Harris« zum Beispiel an den Menschen in Dresden. Die
Sowjetunion hat 27 Millionen Tote durch den von Deutschland aktiv
begonnenen Krieg zu beklagen. Das macht die reaktiven Greuel der
Roten Armee in den deutschen Ostgebieten verständlich. Es entschuldigt sie nicht. Polen und Tschechen hatten Entsetzliches unter der
deutschen Besetzung zu leiden. Nach 1945 vertrieben und ermordeten
sie viele Deutsche. Sie waren von der Vergangenheit überwältigt, halfen aber nicht der Bewältigung von Vergangenheit. Auch dies erkannt

und gesagt zu haben, ehrt den tschechoslowakischen Staatspräsidenten Václav Havel, der die Vertreibung und Ermordung von Deutschen kurz nach seinem Amtsantritt ausdrücklich bedauerte.

Der Schriftsteller Abraham B. Jehoschua sagte im Juni 1990: »Ich hasse das Leid, aber ich glaube nicht daran, daß ein Mensch, der gelitten hat, allein deshalb ein besserer Mensch wäre. Die Menschen, die die KATASTROPHE erlebt und überlebt haben, sind dadurch keine besseren Menschen geworden. Und genau darüber haben Elie Wiesel und ich verschiedene Meinungen.«

Vergangenheitsbewältigung auf Amerikanisch

Studien über die bundesdeutsche Vergangenheitsbewältigung sind Legion. Sie betrachten den Täter und dessen Nachfahren. Was verlangten die USA nach der ersten Welle der Entnazifizierung in Deutschland von Deutschland und anderen postfaschistischen oder auch noch nach 1945 eher »faschistischen« Staaten in bezug auf Vergangenheitsbewältigung?

Für die USA *bedeutete »Vergangenheitsbewältigung« nach 1945: Erstens:* Sie erwarteten die Überwindung von Diktaturen zugunsten von Demokratien. Dazu zählte auch der Austausch der politischen (Positions-)Eliten. Diese entscheidenden Kriterien galten allerdings mehr in bezug auf West-Deutschland, auch Italien, Japan und Spanien, weniger in bezug auf Portugal.

Portugal ist eine höchst bemerkenswerte Ausnahme. Es war seit 1926, sicherlich seit der Verfassung von 1933 (und bis 1974) eher diktatorisch. Im Bürgerkrieg unterstützte der seit 1932 eindeutig starke Mann Portugals, Salazar, die Aufständischen unter Franco militärisch, seit 1942 war er mit ihm durch den Iberischen Pakt verbündet. Trotzdem unterhielt Salazars Portugal gute Beziehungen zu Großbritannien und wurde bereits 1945/46 von den USA heftig umworben. Der Grund: Luftwaffenstützpunkte auf den Azoren und Landerechte für Militärflugzeuge in Lissabon. Die portugiesische Regierung, allen voran Diktator Salazar, war sich ihrer starken, ja gleichberechtigten Position durchaus bewußt. Daran änderte die Tatsache nichts, daß Portugal Franco im Bürgerkrieg mit Tausenden von Soldaten geholfen und 1939 den Iberischen Pakt geschlossen hatte, ohne die traditionell engen Beziehungen zu Großbritannien zu vernachlässigen. Salazar gelang außenpolitisch die Quadratur des Kreises.

Von der Notwendigkeit einer portugiesischen Vergangenheitsbewältigung (im Sinne unserer Begriffsbestimmung) wurde von amerikanischen Politikern selten gesprochen. Auf die, wie es hieß, »Empfindlichkeiten der Portugiesen« nahm sogar der jüdische US-Botschafter in Lissabon ausdrücklich Rücksicht. Schließlich wurde Portugal Gründungsmitglied der NATO. Daß die »Aufrechterhaltung und Verbesserung der herzlichen Beziehungen« zu Portugal geschichtspolitisch trotzdem eher heikel waren, sah man im State Department durchaus: Wie Francos Spanien sei auch Salazars Portugal ein »rechtes Regime«, hieß es in einem Grundsatzpapier vom 20. Oktober 1950. Als katholisch-klerikaler, nationalistischer, »stark antikommunistischer und antisowjetischer« Ständestaat mit seit 1939 bestehenden »engen Beziehungen« zu Spanien wurde Salazars Portugal eingeschätzt. Das Fazit der politischen Planer im State Department: Von »herausragender Bedeutung« und daher tagespolitisch entscheidend seien die militärischen Einrichtungen auf den Azoren.

Von Portugal abgesehen, galt die Vergangenheit eines geschichtspolitisch belasteten Staates als tagespolitisch entlastend, wenn demokratische Verhältnisse hergestellt oder wiederhergestellt waren. Eleanor Roosevelt fand eine zutreffende Formel: Weil Hitler und Mussolini nicht mehr und Franco immer noch an der Macht seien, billige die öffentliche Meinung Deutschland und Italien gegenüber eine nachsichtigere Politik. Ähnlich sah es Israels langjähriger Außenminister Scharett im Jahre 1953: Spanien könne mit Italien, Österreich, Japan und sogar mit Deutschland nicht verglichen werden. Anders als in Francos Spanien herrschten in diesen Staaten inzwischen andere politische Verhältnisse, habe man sich dort in aller Form von den kriminellen Aktivitäten früherer Regime distanziert.

Zweitens: Vergangenheitsbewältigung im Sinne der operativen US-Politik bedeutete außerdem: Der jeweilige Staat, der seine Vergangenheit bewältigen sollte, durfte die internationale Friedens- und Sicherheitsordnung nicht gefährden.

Drittens: Je heißer der Kalte Krieg wurde, desto wichtiger war die Bereitschaft des geschichtspolitisch belastenden Staates, tages- und gegebenenfalls militärpolitisch mit den USA zusammenzuarbeiten, um einen befürchteten sowjetischen Angriff abzuwehren, das Überleben der westeuropäischen Demokratien zu sichern. Puristisch und geschichtspolitisch war dieser Ansatz nicht unproblematisch. Die amerikanischen Entscheidungsträger waren sich dessen bewußt. Sie sahen keinen Ausweg, bemühten sich aber trotzdem um eine Politik, die mehr als nur eine negative Reaktion auf den Kommunismus war. Eine »nur antikommunistische Politik« würde besonders in Westeuropa von der Öffentlichkeit nicht unterstützt und daher das Bündnis nicht stärken, sondern eher schwächen, meinte zum Beispiel Außenminister Acheson 1950.

Obwohl eindeutig normativ, kann der Begriff »Vergangenheitsbewältigung« also analytisch bestimmt und operationalisiert werden – ohne damit zu entscheiden, ob Form und Inhalt der jeweiligen Vergangenheitsbewältigung gut und richtig wären. Indem Bereiche und Personenkreis definiert sind, kann man das jeweils Alte mit dem Neuen vergleichen und damit den Grad der so verstandenen Vergangenheitsbewältigung ermitteln, den Idealtypus an der Realität sozusagen messen.

Die Lehre für Deutschland: Die USA haben es dem demokratischen Westdeutschland seit 1949 in bezug auf Vergangenheitsbewältigung recht leicht gemacht – weil es demokratisch war und trotz der KATASTROPHE des Holocaust. Und: weil die 1945 eingeleitete Entnazifizierung ähnlich absurde Züge bekam.

Franco-Spanien hatte keine vergleichbare KATASTROPHE zu verantworten, hatte damals sogar geholfen, Juden zu retten, aber es wurde nicht demokratisch. Deshalb mußte Franco-Spanien auf dem Weg in die Gemeinschaft der freien Staaten des Westens mehr Hindernisse überwinden als Westdeutschland.

Vor einem demokratischen Deutschland hatten die USA schon damals keine Angst. Wegen des Kalten Krieges werden manche einwenden. Sie haben recht und unrecht zugleich. Natürlich wegen des Kalten Krieges. In Erwartung eines möglichen heißen Krieges brauchte der Westen die bundesdeutschen Soldaten und das Gebiet Westdeutschlands als Operationsfeld. Das gleiche Argument gilt freilich auch in bezug auf Spanien. Als zweite Verteidigungslinie glaubten Anfang der fünfziger Jahre die US-Militärs die Pyrenäen sowie die gesamte Iberische Halbinsel, also nicht nur Portugal, zu benötigen. Trotzdem ging der Westen zu Franco-Spanien weit mehr auf Distanz als zur Bundesrepublik Deutschland; eben weil sie demokratisch war und Spanien Diktatur blieb.

Es bleibt dabei: Der Westen, allen voran die USA, hatte schon in den frühen fünfziger Jahren KEINE ANGST VOR dem demokratischen (West-)DEUTSCHLAND. Nicht nur die politische Führung, auch die öffentliche Meinung bewertete das demokratische westdeutsche Gemeinwesen schon damals recht wohlwollend. Wir werden die entsprechenden Umfragen in einem späteren Kapitel noch vorstellen.

Westdeutsche Bewältigungslyrik
oder
Die Legende von der zweiten Schuld

Entlaust wurden nach dem Zweiten Weltkrieg viele Deutsche. Entnazifiziert und umerzogen wurden noch mehr. Doch die nationalsozialistische Laus – die sich eher als Ungeheuer erwiesen hatte – verkroch sich auch nach 1945 in viele bundesdeutsche Köpfe.[32] Im Mai 1955 konnte der bundesdeutsche Michel aufatmen. So schien es. Die Bundesrepublik Deutschland war souverän geworden. Sie hatte große politische, wirtschaftliche, gesellschaftliche und psychologische Lasten sowie Belastungen überstanden: Währungsreform (1948), Teilstaatsgründung (1949), Flüchtlingsintegration (seit 1945), Bewaffnung und Westbündnis (seit 1950 diskutiert), sowie das Wiedergutmachungsabkommen mit Israel und den internationalen jüdischen Organisationen (1951/53).

In einem polit-technologischen Sinn hatte man die nach 1945 verordnete Umerziehung, die Aufarbeitung der Vergangenheit, abgearbeitet und bewältigt. Ruhe kehrte ein, und über ehemalige Wehrmachtsoffiziere, die Ägyptens Streitkräfte auf den Kampf gegen den Jüdischen Staat vorbereiteten, oder über einstige NS-Täter, die ihre Freiheit genossen, sprach man kaum. War es die »Epoche der Fröhlichen Restauration« der fünfziger Jahre (Hans Mayer), die der Umerziehung und Entnazifizierung folgte?

»Verordnete Entnazifizierung, gleichzeitig freies Geleit und Überlebensgarantie für die Mengele und Barbie: was konnte dabei bewirkt werden?« fragt der Germanist Hans Mayer. Verdrängung und dann Verleugnung der Schuld, also die Zweite Schuld meint er, und das behauptet auch Ralph Giordano, der den zeitlichen Bogen bis in die späten achtziger Jahre spannt. Ähnlich sieht es Elie Wiesel: Die Deutschen hätten ihre Vergangenheit verdrängt, schrieb er in der »Wannsee-Erklärung«. Sie wurde am 8. Mai 1990 auf der Gedenkveranstaltung an der Wannsee Villa verlesen; also dort, wo am 20. Januar 1942 die Art und Weise der Durchführung der »Endlösung« beschlossen wurde (»Wannsee-Konferenz«). Daß Alexander Mitscherlich den Deutschen die »Unfähigkeit zu trauern« bescheinigt, wissen wir. Sie alle irren oder übertreiben. Ganz abgesehen davon, daß sie (unter anderen Vorzeichen und auf andere bezogen) heute tun, was einst die Nationalsozialisten taten: Pauschalurteile verbreiten und Kollektivschuldthesen aufstellen.

Meine These lautet: In der bundesdeutschen Gesellschaft, Politik, Kultur, Wissenschaft, im Rechtswesen und auch im Militär beließ man es keineswegs bei der zunächst verordneten Vergangenheitsbewältigung. Sie wurde – wie zuvor die Behandlung der heiklen Frage der Wiederbewaffnung, der Wiedergutmachung an Israel und die jüdische Diaspora oder der Lastenausgleich – durchaus schon während der fünfziger Jahre freiwillig angepackt; in der ersten ebenso wie in der zweiten Hälfte.

Anfang der fünfziger Jahre hatten Adenauer und die SPD-Opposition, also die politische (Positions-)Elite, diesen Kurs bestimmt. In der zweiten Hälfte und besonders bis Mitte der sechziger Jahre wurde der Abstand zur Gesellschaft verringert. Anders formuliert: Die politische Elite spielte eine Vorreiterrolle. Die Gesellschaft zog seit Mitte der fünfziger Jahre allmählich, seit Ende der fünfziger Jahre energisch und vor allem freiwillig nach. Diese These sei belegt. Wir konzentrieren uns dabei auf die Achsenzeit der Vergangenheitsbewältigung, auf die Jahre 1955 bis 1965.

Damals wie heute war der Begriff »Vergangenheitsbewältigung« unpopulär. Im Herbst 1987 bezeichneten ihn noch 42 Prozent der Bundesbürger als »unsympathisch« (Allensbach-Umfrage). Die nationalsozialistische Last wurde gewiß hier und dort verdrängt, ja sogar verleugnet, doch diese Bildteile ergeben nicht das Gesamtbild.

Durch die von den Siegern organisierte Entnazifizierung und Gerichtsverfahren – beides eher unbefriedigend – sollte die *Strafe* für die *»kriminelle Schuld«* wenigstens teilweise verbüßt werden. Mit dem Wiedergutmachungsabkommen übernahm die halbsouveräne Bundesrepublik Deutschland die *Haftung* für die *»politische Schuld«*. Gleichzeitig, doch besonders nach dem Luxemburger Abkommen über die finanzielle Wiedergutmachung galt es, die *»moralische Schuld«* sowie die *»metaphysische Schuld«* abzutragen. Die Entschuldigung oder die weitergehende Sühne für die moralische und metaphysische Schuld war nicht mehr nur die Angelegenheit der Behörden. Sie betraf die gesamte bundesdeutsche Gesellschaft.

Die Bundesregierung hatte die Wiedergutmachung an die Juden freiwillig geleistet. Dabei stieß Bundeskanzler Adenauer innerhalb des Bundeskabinetts auf teilweise massive Bedenken. Wortführer der regierungsinternen Opposition war 1952/53 Finanzminister Fritz Schäffer von der CSU. Mit Hilfe der Sozialdemokraten hatte der Bundeskanzler die Ratifizierung des Wiedergutmachungsabkommens im Bundestag am 18. März 1953 durchgesetzt. Adenauer, die Wiedergutmachungsbefürworter in der Union und die Sozialdemokraten steuerten dabei einen Kurs gegen die Meinungswelle der bundesdeutschen Gesellschaft. Die meisten Bundesbürger bekundeten nämlich in Umfragen ihren Unwillen über die Wiedergutmachung. Danach hat sich in der westdeutschen Gesellschaft vieles verändert.

Entscheidendes geschah in den Jahren 1955 bis 1965. Es bezog sich ganz allgemein auf das nationalsozialistische Erbe, doch auch und sogar auf die eher ungeliebte und unbeliebte Wiedergutmachung. Ende der achtziger Jahre ermittelten sowohl das Institut für Demoskopie Allensbach als auch zum Beispiel EMNID deutliche Mehrheiten bei den Bundesbürgern zugunsten der finanziellen Wiedergutmachung an Israel und die Juden. Den hohen, fast höchsten Stellenwert der finanziellen Wiedergutmachung an Israel und die Juden der Welt im Zusammenhang mit jeglicher Vergangenheitsbewältigung Deutschlands erkannte nach der Oktoberrevolution in der DDR sogar die SED/PDS unter Modrow und Gysi. Der frei gewählte Ministerpräsident der DDR, Lothar de Maizière, und seine Regierung handelten 1990 dieser Einsicht entsprechend.

Die Gesellschaft: Umfragen als Indikator

»Welcher große Deutsche hat Ihrer Ansicht nach am meisten für Deutschland geleistet?« fragte das Institut für Demoskopie Allensbach die Bundesbürger immer wieder nach dem Zweiten Weltkrieg. Noch im Jahre 1950 antworteten rund 10 Prozent: »Hitler«. Bis 1952 lag Hitler damit in der bundesdeutschen Gunst deutlich vor Bundeskanzler Adenauer oder Friedrich dem Großen und nur hinter Bismarck. Vierzehn Jahre später, also 1966, nannten nur noch 2 Prozent der Westdeutschen Hitler und 44 Prozent Adenauer.

Daß es für Deutschland besser sei, »keine Juden im Land zu haben«, glaubten im Dezember 1952 37 Prozent, im April 1956 29 Prozent, im März 1965 19 Prozent und im Herbst 1987 13 Prozent der

Westdeutschen. Das war zwar immer noch viel, aber immerhin deutlich weniger als am Anfang bundesdeutscher Staatlichkeit.

Daß Personen, die sich »antisemitisch betätigen, von den Gerichten bestraft« werden sollten, meinten im August 1949 lediglich 17 Prozent aller Westdeutschen, im Mai 1958 schon 46 und im Januar 1960 78 Prozent. Im Herbst 1987 waren es 82 Prozent. Ein erstaunlicher Wandel. Die Entwicklung bis 1960 ist wieder besonders beachtlich, weil diese Frage im Winter 1959/60 keineswegs theoretisch war. In jenen Monaten schmierten Alt- und Neugestrige landauf landab Hakenkreuze und schändeten jüdische Friedhöfe.

Die veränderten Einstellungen sind höchst erfreulich. Sie zeigen guten Willen. Ob allerdings die juristische Bekämpfung des Antisemitismus die politische ergänzen sollte, vermag ich nicht zu sagen. Bestrafung schafft Märtyrer, und Märtyrer können mit Sympathie rechnen. Der Einwand kann entkräftet werden: Tabus müssen für jedermann markiert werden. Das Recht ist hierfür das richtige Instrument. Aber: Instrumente können keine Argumente ersetzen. Oder doch? Wichtige Fragen, auf die es keine eindeutigen Antworten geben kann. Die jeweilige Vorgehensweise müßte den unterschiedlichen Zielgruppen angepaßt werden. Ein Beispiel: Furchtsamen Kindern, die Angst vor Hunden haben, muß man erklären, daß nicht alle Hunde beißen. Furchtlosen Kindern muß man aber sagen, daß Hunde möglicherweise auch einmal beißen können.

Das geschichtspolitisch sensibelste Thema ist in Deutschland und Europa gewiß der Antisemitismus. Wieder sollten wir keinen einzelnen Zeitpunkt, sondern einen großen Zeitraum betrachten. Was lernen wir aus den Umfragen über Antisemitismus in Westdeutschland seit 1949? »Vier Jahre nach dem Ende des Nazi-Regimes ist noch wenig von einer breiten, rückhaltlosen Auseinandersetzung mit der Ära des Nationalsozialismus zu spüren, wenig auch von der Erkenntnis des Gefahrenpotentials von Ressentiments gegen Minderheiten, wenig von sozialer Ächtung antisemitischer Haltungen«, bemerkte 1986 Renate Köcher vom Institut für Demoskopie Allensbach. Sie bezog sich dabei auf eine im August 1949 durchgeführte Befragung. Rund 38 Prozent der Westdeutschen bekundeten dabei mehr oder weniger offen antijüdische beziehungsweise antisemitische Einstellungen.

Ein ganz anderes, schöneres, wenngleich nicht ganz fleckenloses Bild im Herbst 1986: Es kristallisierte sich »ein klar abgrenzbarer antijüdisch gesinnter Block von 15 Prozent der Bevölkerung heraus. Grenzt man einen harten Kern über die Kriterien ab ... so ist dieser Kreis auf rund 6 Prozent der erwachsenen Bevölkerung zu beziffern«, bilanzierte Renate Köcher. Auffallend und langfristig politisch sowie gesellschaftlich bedeutsam: Bei jüngeren Westdeutschen (bis 44 Jahre) traf man auf mehr Aufgeschlossenheit und Toleranz, zumindest auf weniger antijüdische Einstellungen.

Sowohl innen- als auch außenpolitisch wichtig war ein anderes Ergebnis der Allensbach-Umfrage vom Herbst 1986: Vergleichsdaten aus Österreich, Frankreich und den Vereinigten Staaten von Amerika ergaben, daß »in allen drei Ländern die negativen Pauschalurteile über Juden mehr Unterstützung fanden als in der Bundesrepublik Deutschland« (Renate Köcher).

Im Juni 1990 veröffentlichte die sowjetische Wochenzeitschrift *Moscow News* das Ergebnis einer Umfrage zum Antisemitismus im Großraum Moskau. 15 Prozent der dortigen Bürger zeigten deutlich antisemitische Einstellungen und 37 Prozent meinten, daß sich die Situation der sowjetischen Juden verschlechtern würde. Weil Stadtbewohner auch in der Sowjetunion eher aufgeschlossen sind als Menschen in ländlichen Gegenden, errechneten die russischen Meinungsforscher einen landesweiten Antisemitenanteil von circa 25 Prozent.

Der sowjetische Antisemitismus wird aus zwei Quellen gespeist: vom traditionellen Antijudaismus der Kirche und dem Antikommunismus. Eine Bestrafung der Juden sei »wegen der Kreuzigung Jesu« gerecht, meinten 9 Prozent. 8 Prozent machten die Juden für die »Geschehnisse nach Lenins Machtergreifung« verantwortlich.[33] Jeder der beiden Vorwürfe ist gleichermaßen unsinnig. Beide Vorurteile halten sich offensichtlich hartnäckig.

Der Rückgang antisemitischer Einstellungen in Westdeutschland ist unbestreitbar. Ebenso das zähe Fortleben dieses Bazillus innerhalb und außerhalb Deutschlands. 15 Prozent Antisemiten. Das ist viel. Aber es ist in Deutschland deutlich weniger als zuvor. Man sollte auf die 15 Prozent achten, ohne aber die 85 Prozent zu übersehen. Mehr noch: Die Mehrheit sollte als Mehrheit gesehen und gewürdigt werden; als eine eindeutige Mehrheit, nicht als Noch-Mehrheit, die bald Minderheit werden könnte.

Im Februar 1960 waren 40 Prozent der Westdeutschen dagegen,

eine Schule nach dem Widerstandskämpfer Stauffenberg zu benennen. Nur 25 Prozent waren dafür, 35 blieben unentschieden. Seit Mitte der sechziger Jahre bahnte sich ein grundlegender Wandel an. Der Widerstand gegen den Nationalsozialismus stieß bei den Bundesdeutschen auf zunehmendes Verständnis und Wohlwollen. Im Frühjahr 1970 hatten nur noch 7 Prozent der Westdeutschen etwas »gegen die Männer des 20. Juli« (Allensbach-Umfrage).

»Wenn Sie von einem Deutschen hören, er habe als Soldat oder Beamter während des Krieges insgeheim in einer Widerstandsgruppe gearbeitet: spricht das in Ihren Augen für ihn oder gegen ihn?« fragte Allensbach die Bundesbürger in den Jahren 1964, 1984 und 1985. Die Verstärkung des begonnenen fundamentalen Wandels zeigen die folgenden Zahlen: »Für ihn« sagten 1964 nur 29 Prozent, 1984 schon 54, im April 1985, auf dem Höhepunkt der Kontroverse um den Bitburg-Besuch von Präsident Reagan und Bundeskanzler Kohl, also in einer geschichtspolitisch heißen Phase, sogar 60 Prozent.[34]

Daß Deutschland am Zweiten Weltkrieg schuldig sei, glaubten im Oktober 1951 nur 32 Prozent der Bundesbürger, im Mai 1955 schon 43 und im Mai 1959 doch schon 50 Prozent. Heute stößt diese Sicht nur noch bei kleinen Randgruppen auf Widerspruch.

Mehrfach fragte Allensbach die Bundesbürger: »Wann in diesem Jahrhundert ist es nach Ihrem Gefühl Deutschland am besten gegangen?« »Zwischen 1933 und 1939«, antworteten im Oktober 1951 noch 42 Prozent, im Juni 1959 nur 18 und im Dezember 1963 10 Prozent. »In der Gegenwart, heute«, sagten 1951 2 Prozent, 1959 42 und 1963 62 Prozent.

Wir erkennen selbstverständlich einen engen Zusammenhang zwischen dem steigenden Wohlstand und der Zufriedenheit der Bürger. Doch die Ergebnisse dokumentieren eine Hinwendung zum neuen und eine Abwendung vom alten Deutschland. Daß diese Zuwendung eine Liebe über den gefüllten Bauch gewesen sein mag, mindert nicht die Zufriedenheit als solche.

Belassen wir es bei der Auswahl dieser Umfragedaten. Blicken wir auf geschichtlich besonders sensible Bereiche deutscher Politik.

Wirtschaft, Waffen und Moral –
Eine historische Fallstudie –

Die Politik von Staaten unterscheidet sich auch hinsichtlich ihrer Beziehung zur eigenen Vergangenheit: Sie kann versuchen, die Geschichte nicht zu beachten und sich an den Interessen der eigenen Gegenwart zu orientieren – wir nennen das Tagespolitik; sie kann aber auch ihre geschichtliche Erfahrung ihrem Handeln voraussetzen, sich mit diesem Handeln auf die eigene Geschichte beziehen – wir sprechen dann von Geschichtspolitik.

Anhand der Nahostpolitik wird bundesdeutsche Geschichtspolitik besonders deutlich. Westdeutschlands Nahostpolitik blieb bis heute Geschichtspolitik und ein wichtiger Teil der Vergangenheitsbewältigung. Ich betrachte hier lediglich die Jahre 1955 bis 1965 und verzichte auf die Erwähnung von Entwicklungen, die ich zum Beispiel in meinem Buch *Ewige Schuld?* dargestellt habe. Eiligere Leser, die sich für einzelne zeithistorische Delikatessen weniger interessieren, seien auf das Fazit dieses Abschnittes hingewiesen. Sie brauchen kein schlechtes Gewissen zu haben. Nicht alles, was nämlich Autoren für Delikatessen halten, schmeckt den Lesern ähnlich gut.

Die USA, Großbritannien und Frankreich hatten während der Suezkrise 1956/57 aus historischen und tagespolitischen Gründen in der Arabischen Welt einen schweren Stand. Es schien, als würde sie sich dem Osten zuwenden. Bonn sollte nun als Brücke zu den Arabern fungieren und die Position des Westens wenigstens halten. Man setzte auf die traditionelle deutsch-arabische Freundschaft: »Wir ›Alemani‹ stehen hier immer noch hoch im Kurs und werden nicht in einen Topf geworfen mit den drei großen Mächten«, stellte die bundesdeutsche Botschaft in Jordanien im September 1956 zufrieden fest. Geschichtspolitische Ironie: Die traditionelle deutsch-arabische Freundschaft hatte Mitte der dreißiger Jahre begonnen. Manche wußten es, einige verschwiegen es, doch geschichtspolitisch pikant bleibt die Tatsache, daß nun die einstigen Umerzieher einen Teil der deutschen politischen Erblast in ein gesamtwestliches Erbgut umwandeln wollten.

Abgesehen von der geschichtspolitischen Ironie barg dieser Kurs für das neue Deutschland tagespolitische Risiken: »Wenn Deutschland im Suez-Kanal-Konflikt . . . eine Haltung einnehmen würde, die von den arabischen Staaten als feindselig angesehen würde, so bestünde die Gefahr, daß die Elemente, die die Anerkennung der ›DDR‹ nicht wollten, sich nicht mehr durchsetzen könnten«, erklärte der syrische Geschäftsträger Istuani im Auswärtigen Amt gegenüber Legationsrat Oncken vom Bonner Auswärtigen Amt im August 1956. In einer offenbar konzertierten Aktion deuteten die Botschafter Jordaniens und Libanons zwei Tage später ähnliche Entwicklungen an. Für Bonn bestand ein Zielkonflikt zwischen der Zuverlässigkeit als Bündnispartner des Westens und der Deutschlandpolitik, für die man den Westen ebenfalls zu benötigen glaubte. Ja, auch die Fortschritte in der Saar-Frage schienen gefährdet, sollte Bonn gegenüber Paris auf Distanz gehen.

Schnell, noch im November 1956, beugten sich Großbritannien und Frankreich nach dem Ende der Kampfhandlungen dem amerikanisch-sowjetischen Drängen. Sie zogen ihre Truppen aus erobertem Gebiet in Ägypten ab. Israel weigerte sich, die Sinai-Halbinsel zu räumen. Die Eisenhower-Dulles-Administration verstärkte daraufhin ihren Druck auf Jerusalem. Adenauer sollte dabei helfen. Die USA baten ihn Anfang 1957, die Wiedergutmachungszahlungen an Israel einzufrieren. Der »Alte« weigerte sich. Das Wiedergutmachungsabkommen, also diese Variante der Geschichtspolitik, war für ihn kein Gegenstand tagespolitischen Schacherns. Freiwillig und sich der Risiken bewußt, entschied sich der Kanzler zugunsten einer Vergangenheitsbewältigung im doppelten Sinne: zugunsten der neudeutschen Wiedergutmachung und gegen die alt- oder neubräunliche Spielart der traditionellen deutsch-arabischen Freundschaft. Der umerzogene westdeutsche Schüler erteilte dem einstigen Lehrmeister eine geschichtspolitische Lektion.

Ganz anders der sowjetische Musterschüler DDR seit Mitte der sechziger Jahre: Im Juni 1990 vertraute mir einer der ehemaligen Vizeaußenminister der DDR eine geschichtspolitische Delikatesse an: Als er noch Botschafter seines Staates in Damaskus gewesen sei, hätte ihm der syrische Verteidigungsminister von den Leistungen in der Wehrmacht und der Nationalsozialisten vorgeschwärmt. Auch in anderen arabischen Hauptstädten hätten er und seine Kollegen ähnliche Lobeshymnen auf die Nationalsozialisten vernehmen müssen. »Das war mir immer besonders peinlich«, berichtete er. Einer seiner damaligen Kollegen im DDR-Außenministerium bestätigte: »Wir haben immer nur das Beste gewollt, auch für Israel.« Als Adenauer und sein damaliger Staatssekretär Hallstein im Herbst 1952 mit vergleichbar braunen deutsch-arabischen Farben konfrontiert wurden, hatten sie der arabischen Gesandtschaft die Tür gewiesen.

1957 war für Adenauer das deutschlandpolitische Risiko seiner proisraelischen Wiedergutmachungs- und Nahostpolitik außerordentlich groß, denn die arabischen Staaten drohten mit der Anerkennung der DDR, und damals galt die Hallstein-Doktrin: Zu Staaten, die Beziehungen zur DDR knüpften, meinte Bonn die Beziehungen abbrechen zu müssen. Mit wirtschaftspolitischem Schaden war – anders als während der Verhandlungen über die Wiedergutmachung – 1957 weniger zu rechnen. Die britische und französische Industrie kalkulierte Exporteinbußen auf dem arabischen Markt ein, denn ihre Truppen hatten mit den Israelis gegen Ägypten gekämpft.

Die deutsche Wirtschaft war zufrieden: »Die Einstellung der Bundesrepublik ist durch unsere Restitutionslieferungen zwar getrübt, aber, gemessen an der Einstellung gegenüber England und Frankreich, weist sie wohl ein kleines Plus auf«, frohlockte der industrienahe Nah- und Mittelostverein. Gemessen an den Statistiken war dieses Plus beachtlich. Die – freundlich formuliert – Distanz der bundesdeutschen Wirtschaft zur Wiedergutmachung wird einmal mehr an dieser Äußerung deutlich. Die Führer der bundesdeutschen Wirtschaft beschäftigten sich lieber mit der Lösung der Gegenwartsfragen als mit der Vergangenheitsbewältigung, die, so die Befürchtung, Nachteile in bezug auf die Ausfuhr in arabische Staaten und den »Vormarsch des Weltkommunismus« bewirken könnte. Besonders deutlich wurde diese Tatsache, als die Bundesregierung 1965 beschloß, diplomatische Beziehungen zu Israel aufzunehmen. Auch in späteren Jahren sorgten geschichtspolitisch tölpelhafte und wenig einfühlsame Aktionen einzelner, keineswegs für die gesamte Wirtschaft repräsentativer Unternehmungen für außenpolitischen Zündstoff. Anfang der achtziger Jahre versuchte zum Beispiel die Firma Krauss-Maffei die Lieferung von Leopard-2-Panzern an Saudi-Arabien durchzusetzen. Ende der achtziger Jahre sorgte die Beteiligung westdeutscher Unternehmen an der Giftgasfabrik Libyens (Rabita) und der Waffenproduktion Iraks für Unruhe. Die Liste ließe sich bedauerlicherweise fortsetzen.

Zurück in die fünfziger Jahre: Die Lektion Adenauers im Jahre 1956/57 war eine schallende Ohrfeige für leitende Beamte des Auswärtigen Amtes. Sie hatten, wie der Leiter der Nahostabteilung, Voigt, bereits vor dem 29. Oktober 1956, also vor Beginn der israelisch-britisch-französischen Kampfhandlungen gegen Ägypten, für den Fall eines israelischen Angriffs eher mehr als weniger deutlich die Einstellung der Wiedergutmachungszahlungen empfohlen. Für Voigt und seine Mitarbeiter war Israel kein geschichtspolitisches Bewährungsfeld, sondern – wie für die Industrie – eher ein Störfaktor der deutsch-arabischen Beziehungen. Geschichtspolitische Unbefangenheit konnte im Auswärtigen Amt und Dienst der Bundesrepublik schon seit 1954/55 erkannt werden. Sie nahm später eher zu als ab.

Die Haltung Adenauers wurde in Jerusalem gebührend gewürdigt, vor allem von Ben-Gurion. Er setzte seitdem auf eine enge Zusammenarbeit mit dem neuen Deutschland; eine Bezeichnung, die in Israel auf häufige und heftige Kritik stieß.

Adenauers geschichtspolitische Entscheidung erwies sich bald als tagespolitisch ergiebige Investition. Seit 1959 prasselten vergangenheitsbezogene Unannehmlichkeiten auf Westdeutschland nieder: der Fall Oberländer; die Vorwürfe aus der DDR, Bundespräsident Lübke sei während der NS-Jahre »KZ-Baumeister« gewesen; die antisemitischen Schmierereien des Winters 1959/60. Gesteuert wurde diese Aktion von östlichen Geheimdiensten. Geheuert hatten sie hierfür willige Westler. Ladislav Bittmann, ein früherer Mitarbeiter des tschechoslowakischen Geheimdienstes, deckte diese Tatsache 1970 gegenüber westlichen Stellen auf. Ähnlich skrupellos handelte die PDS im Januar 1990, als sie ausländerfeindliche, antisemitische und neofaschistische Schmierereien organisierte, um die deutsche Zweistaatlichkeit und damit ihre Herrschaft zu sichern.

Zurück zur gespannten Situation der Jahreswende 1959/60. Entscheidend entspannt wurde sie im März 1960 durch die erste Begegnung zwischen Adenauer und Ben-Gurion. Sie fand in New York statt. Bundesaußenminister von Brentano hatte Adenauer noch im Januar 1960 gewarnt: Die Verwicklungen würden durch eine demonstrative Annäherung an Israel größer, und außerdem seien die »antisemitischen und neonazistischen Aktionen im Abflauen«. Mit anderen Worten: Bonn benötigte keine geschichtspolitische Entlastung durch Israel. Brentano irrte. Wieder verwandelte sich für die Bundesrepublik Adenauers tagespolitisches Risiko in geschichtspolitisches Kapital: Zwei Monate später wurde Adolf Eichmann vom israelischen Geheimdienst aus Argentinien entführt. Weltweit begann eine neue Diskussion über das Dritte Reich und die Kontinuität deutscher Schuld. Die Debatte war intensiver als je zuvor. Geschichtspolitische Hilfe kam aus Jerusalem: Ben-Gurion hob öffentlich immer wieder das neue vom alten Deutschland ab. Diese Flanke der geschichtspolitischen Front war also gesichert.

Die unmittelbar vor der Begegnung zwischen Adenauer und Ben-Gurion vereinbarten größeren bundesdeutschen Waffenlieferungen an Israel halfen dabei auch. Gegen den ursprünglichen Willen der

USA, die ihre Haltung nach Abtritt Präsident Eisenhowers und während der Kennedy-Administration zu ändern begannen, hatten Franz Josef Strauß und Schimon Peres von seiten der Verteidigungsministerien mit ihren Regierungschefs die deutsch-israelische Waffenhilfe vorbereitet. Seit der Suezkampagne des Jahres 1956 hatte sie sich angebahnt. Der Anfang 1963 vollzogene Wechsel an der Spitze des Bundesministeriums der Verteidigung von Strauß zu von Hassel änderte an der Zusammenarbeit nichts. Die Ablösung von Brentanos durch Schröder im Auswärtigen Amt erschwerte allerdings den reibungslosen Vollzug.

Im Mai 1964 drängten die USA und Großbritannien die Bundesregierung, Israel noch mehr Waffen zu liefern, vor allem Panzer. Adenauers Nachfolger im Bundeskanzleramt, Ludwig Erhard, schwankte zunächst. Dann überzeugte ihn US-Präsident Johnson. Kanzler Erhard, Bundesminister und Kanzleramtschef Westrick, der Fraktionsvorsitzende der CDU/CSU im Bundestag, Heinrich Krone, sowie Verteidigungsminister von Hassel setzten am 26. Juni 1964 auf einer internen Besprechung die Entscheidung gegen Außenminister Schröder durch. Anfang der sechziger Jahre waren für Bonn die Waffenlieferungen an Israel geschichtspolitisch nützlich, 1964/65 türmten sie für Adenauers Nachfolger Erhard einen Berg von tagespolitischen Problemen auf.

Über die Weisheit der Waffenlieferungen mag man durchaus streiten. Daß sie von Adenauer geschichtspolitisch, von Strauß regionalpolitisch im Rahmen der Ost-West-Auseinandersetzung motiviert waren, wird man einräumen müssen. Trotzdem geriet die Front seit 1962/63 ins Wanken. Deutsche Raketenexperten arbeiteten seit Jahren in Ägypten, was Israel als militärische Bedrohung und als historische Provokation empfand. Ben-Gurion mahnte seine Landsleute zur Geduld gegenüber Bonn, das sich um eine auch Israel genehme Lösung bemühe. Das brach ihm 1963 politisch das Genick.

Kurz danach begann die Debatte über die Verjährung von Mord. Sie betraf natürlich in erster Linie die Problematik der NS-Mörder. Bis zum März 1965 erregte sie bundesdeutsche und ausländische Gemüter.

Ludwig Erhard hatte ein geschichtspolitisches Bündel übernommen, das schwere tagespolitische Lasten enthielt. Keine dieser Lasten war verordnet; einige waren freiwillig von Adenauer übernommen und dann von Erhard weitergetragen worden, manche durch Ungeschicktheiten oder Fehler entstanden; auf andere, wie zum Beispiel das Problem der Raketenexperten oder Israels Forderung, die finanziellen Wiedergutmachungsleistungen zu verlängern, hatte man zu reagieren; die Entscheidung über die Verjährungsfrage von Mord war terminbedingt. Die Frist wurde verlängert. Zunächst bis 1969, dann bis 1979, und schließlich wurde sie ganz aufgehoben.

Im Herbst 1964 geriet Bonn immer mehr in die Defensive. Am 20. Oktober 1964 bestritt Ben-Gurions Nachfolger Eschkol »der deutschen Politik die moralische Grundlage«. Wenige Tage später veröffentlichten die *Frankfurter Rundschau* sowie die *New York Times* Einzelheiten über das deutsch-israelische Waffengeschäft und die diesbezügliche amerikanisch-italienische Kumpanei. Hatte jemand in Bonn – als Trotzreaktion auf Israels überzogene und aggressiv vorgetragene Kritik? – die Informationen an die Presse weitergeleitet? Ich neige zu dieser Schlußfolgerung und lokalisiere die Quelle der Indiskretion im Bonner Auswärtigen Amt. Sensationell war die Enthüllung keineswegs, denn schon vorher hätte man aus diversen Zeitungsmeldungen den Sachverhalt zumindest vermuten, eigentlich sogar erkennen können.

Nach der Veröffentlichung gerieten die Akteure in Zugzwang, die Nahostkrise 1964/65 hatte begonnen. Möglicherweise wollte Außenminister Schröder die Israelis von der Offensive in die Defensive drängen – obwohl er im Kabinett Jerusalem für die Indiskretion verantwortlich machte. Scheinbar galt jetzt nur noch Tagespolitik. Eine Fortsetzung der Waffenlieferungen an Israel schien ausgeschlossen, denn Bonn mußte befürchten, daß die arabischen Staaten als Vergeltung die DDR aufwerten oder sogar anerkennen würden. Diesen entscheidenden Schritt unternahmen sie nicht. Statt dessen wurde der DDR-Staatsratsvorsitzende Walter Ulbricht am 27. Januar 1964 vom Staatspräsidenten nach Ägypten eingeladen. Vom 24. Februar bis zum 2. März 1965 besuchte Ulbricht den Nilstaat. Die von Bonn am 10. Februar offiziell bekanntgegebene Beendigung der Waffenlieferungen an Israel hatte die Visite nicht verhindern können. Israel hatte eine Ohrfeige erhalten, Bonn war gedemütigt, obwohl zwischen Kairo und Ost-Berlin keine diplomatischen Beziehungen aufgenommen wurden. Allein der Besuch Ulbrichts war ein deutschlandpolitischer Schlag ins Bonner Gesicht.

Das Bild der Bundesregierung hatte erhebliche Kratzer abbekommen. Das Kabinett Erhard schien nur noch mit dem Reparieren von Pannen, nicht aber mit der Gestaltung der eigenen Nahost-, Deutschland- oder gar Geschichtspolitik beschäftigt zu sein. Minister und Regierungsfraktionen sägten am Stuhl des Kanzlers, der eher Zick-Zack steuerte als Richtlinien bestimmte, während Außenminister Schröder genau wußte, was er wollte: keine Waffen mehr an und noch keine Beziehungen zu Israel: »Die Auswirkungen werden nur dann begrenzt sein, wenn fest steht, daß an Israel keine Waffen mehr geliefert werden. Setzen wir die Waffenlieferungen fort, dann werden alle 13 arabischen Staaten ihre Solidarität mit Kairo durch ihren sofortigen Abbruch der diplomatischen Beziehungen zu uns dokumentieren«, erklärte Außenminister Schröder (CDU) am 4. März 1965 im Bundeskabinett. Seine Empfehlungen: »Die Wirtschaftshilfe für Ägypten wird eingestellt, ... die Waffenlieferungen an Israel werden eingestellt.«

Diesen Vorschlägen schloß sich Verteidigungsminister von Hassel an. Er fügte noch einen weiteren hinzu: »Die Hilfsprogramme für militärische Ausrüstung werden in Zukunft auf die Partner der NATO oder auf Regelungen begrenzt, die von der NATO oder Teilen der Allianz beschlossen werden.« Das ging allen Teilnehmern der Kabinettsrunde zu weit. Vehement lehnte Schröder einen Abbruch der diplomatischen Beziehungen zu Ägypten als Reaktion auf Einladung und Besuch des DDR-Staatsratsvorsitzenden Ulbricht ab: dann würden »die anderen eindringen. Moskau und Ulbricht werden die Gewinner sein.« Daß die »deutsche Ostzone und der Weltkommunismus ... die unverdienten Nutznießer« der Lage sein würden, befürchtete auch der Nah- und Mittelostverein, also die deutsche Industrie.

Der Abbruch der Beziehungen zu Kairo, so Schröder, wäre nicht notwendig, weil erkennbar sei, daß Nasser trotz der Aufwertung der DDR durch den Ulbricht-Besuch »zunächst nicht die Absicht hat, diplomatische Beziehungen (zu Ost-Berlin; M. W.) aufzunehmen«. Zu prüfen sei allerdings, »ob nicht die Tatsachen dieses Besuches mit Salut, Orden usw. den Besuch in den Rang eines reinen Staatsbesuches heben und damit praktisch die Anerkennung der ›DDR‹ bedeuten«. Immerhin sei Nasser »nach Pankow« eingeladen worden, und zudem solle dort ein ägyptisches Generalkonsulat eingerichtet werden. Trotz der ebenso einseitigen wie eindeutigen Betonung der tagespolitischen Dimension deutete der Außenminister die geschichtspolitische an, indem er das »schwierige israelitische Problem« erwähnte. (Schröder verwechselte »israelisch« mit israelitisch, was ein Ersatzwort für »jüdisch« ist.) Außenminister Schröders Trostpflaster für Jerusalem: »Wir sind bereit, mit Israel einen konsularischen Austausch vorzunehmen.«

Die politischen Risiken jeder Entscheidung erkannten die Minister durchaus, und mit wirtschaftlichen Nachteilen rechneten sie ebensowenig wie Bundeskanzler Erhard: »Was die Einstellung nur der Wirtschaftshilfe (an Ägypten; M. W.) anbelangt, so würden die Ein- und Ausfuhren durch deutsche Firmen weiter laufen. Wir stehen bekanntlich hinter den USA an zweiter Stelle.« Verärgert war Erhard darüber, daß »Nasser ... entgegen seinen Versicherungen vorher zum spanischen Unterhändler De Nerva den Ulbricht-Besuch nicht heruntergespielt« habe. Das zeige »Geist und wahre Absicht« Nassers.

Walter Scheel (FDP), später ostpolitischer Avantgardist und Bundespräsident, 1965 Minister für Wirtschaftliche Zusammenarbeit, befürchtete wirtschaftliche Nachteile: Die »westlichen Verbündeten werden in den Handel einspringen; sie werden nicht daran denken, ihre Politik im Nahen Osten zu ändern«. Verteidigungsminister von Hassel (CDU), der die Waffenlieferungen von seinem Vorgänger Strauß zu übernehmen hatte, bewertete die Gefahren ähnlich wie Scheel. In der VAR (= Ägypten) drohten »die Beschlagnahme deutschen Vermögens, ... die sofortige Diskriminierung bedeutender deutscher Firmen, die Stornierung von Aufträgen nach Deutschland, möglicherweise die Sperrung des Suezkanals für deutsche Schiffe, Landeverbot für die Lufthansa«.

Wie der Kanzler schätzte aber Wirtschaftsminister Schmücker (CDU) die Risiken im Außenhandel gering ein. Er analysierte »die Entwicklung in den anderen arabischen Staaten« und kam zu der Überzeugung, »daß die Eskalation keine größeren Formen annimmt, da einige Staaten an Apfelsinen-Abkommen lebhaft interessiert sind bzw. Algier als assoziierter Staat der EWG beizutreten wünscht. Für Algier ist dies eine Frage auf Leben und Tod.« Schmücker gab sich so gelassen, daß er sogar »einen Abbruch der Beziehungen« zu Kairo empfahl. Altbundeskanzler Adenauer hatte einen Tag vorher Erhard das gleiche vorgeschlagen. Dem Vorschlag Schmückers schlossen sich Familienminister Heck und Wohnungsbauminister Lücke (beide CDU) an. Lücke wurde noch viel grundsätzlicher und geschichtspolitisch: Er plädierte »entschiedener noch als Schmücker für einen Abbruch. Er erklärte gleichzeitig, daß wir unsere Verträge mit Israel zu halten hätten, vor allem auch wegen der Auswirkung auf das Weltjudentum«, lesen wir in den Aufzeichnungen von Hassels über die Sitzung des Bundeskabinetts.

Ähnlich hatte Konrad Adenauer in den frühen fünfziger Jahren zugunsten der Wiedergutmachung argumentiert: Eine Mischung aus Sühnebereitschaft und einem kräftigen Schuß Realpolitik hatte er dem Kabinett seinerzeit präsentiert. In bezug auf die Überschätzung der tatsächlichen Macht des »Weltjudentums« war er, ebenso wie später Lücke, obwohl über jeden Antisemitismusverdacht erhaben, ein Kind seiner Zeit.

Vertriebenenminister Ernst Lemmer (CDU) trat »leidenschaftlich für einen Abbruch der Beziehungen« zu Ägypten ein. Was im Zusammenhang mit dem Ulbricht-Besuch in Kairo geschehen ist, sei »mehr als eine Anerkennung der ›DDR‹, es ist für uns geradezu eine Demütigung . . . Mir ist es lieber, wenn in einigen Ländern Deutschland allein durch Pankow vertreten wird, als daß beide nebeneinander auftreten«, verkündete er im tagespolitischen Teil seiner Stellungnahme. »Eine Kettenreaktion würde nur eintreten, wenn wir alsdann Israel stark helfen würden.« Und dann eindeutige Vergangenheitsbewältigung: Ihm komme »diese Diskussion wie die Entwicklung vor dem Ermächtigungsgesetz des Jahres 1933 vor. Er hätte damals seine Zustimmung zum Ermächtigungsgesetz gegeben in der Hoffnung, daß man Schlimmeres verhüten kann. ›Wir glaubten damals, damit etwas zu lösen; das war der größte Fehler.‹«

Zwei der vier CSU-Minister beteiligten sich an der Diskussion: Bundesratsminister Niederalt und Innenminister Höcherl. Niederalt schloß sich Lücke und Heck an. »Seine größte Sorge: Unsere Politik wird suspekt, wenn wir nicht klipp und klar handeln. Das gilt auch für die innerpolitischen Konsequenzen, die daraus entstehen.« Sein Parteifreund, Innenminister Höcherl, »hielt es für sehr schlecht, wenn wir weiter (Waffen an Israel; M. W.) liefern würden. Wenn aber Geld geschenkt wird, käme das aufs selbe heraus. Wir müßten in Kauf nehmen, wenn andere Länder Nasser mit dem Abbruch der Beziehungen folgen würden . . . Bei diesem Dickicht ist der einzige Kompaß Recht und Moral, die moralische Linie bedeutet abbrechen und den Botschafter nicht nach Kairo zurückschicken.« Allerdings hat sich Höcherl »im späteren Verlauf« der Sitzung plötzlich »stark gegen einen Abbruch ausgesprochen«.

Walter Scheel war gegen die Brüskierung Ägyptens: »Brechen wir mit Kairo ab, werden wir bald in 20 Staaten nicht mehr vertreten sein.« Eine Änderung der Politik verlangte er. »Man kann das aber jetzt nicht, man müßte daher hinhaltenden Widerstand leisten. Das aber würde heißen: ›Zu Kreuze kriechen.‹ Die Waffenhilfe an Israel war ein kapitaler Fehler, dadurch hat Nasser an Stärke gewonnen. Man muß daher mit beiden verhandeln, mit Israel und mit Nasser. Man muß zu einem Deal kommen. Man kann nicht den Schaden in der Welt durch wirtschaftliche Boykottmaßnahmen ausgleichen.«

Wieder argumentierte der Verteidigungsminister ähnlich wie Scheel. Er rechnete mit der arabischen »Solidarität gegen uns« sowie mit der Vergeltung »afrikanischer und asiatischer Staaten«. Dabei nannte er Indonesien, Ceylon, Ghana und Mali ausdrücklich. »In diesen Staaten hat das Deutschtum großes Ansehen; man unterscheidet aber leider nicht zwischen Westdeutschen und Ostdeutschen. Man wirft sie mehr oder weniger in einen Topf.« »Die Kritik an uns in Deutschland wird damit begründet, das alles wäre nicht nötig, wenn ihr Deutschen nicht Waffen an Israel geliefert hättet«, schloß der Verteidigungsminister.

Am 5. März setzte das Bundeskabinett seine Beratungen vom Vortage fort. Zuvor hatte der Kanzler unter anderem Carlo Schmid und Fritz Erler von der SPD befragt. Jener forderte »harte Konsequenzen . . . der de-facto-Anerkennung (der DDR; M. W.) . . . und eine Fortsetzung der Hilfe an Israel«. Erler blieb »unklar«, da »er nicht alle Zusammenhänge, Hintergründe, Möglichkeiten kennt«. Daraus folgerte der Kanzler, daß die SPD »keine offene Feldschlacht gegen die Regierung führen, wenn der Abbruch (der Beziehungen zu Kairo; M. W.) vollzogen würde«.

Der Minister für Fragen des Bundesverteidigungsrates, Heinrich Krone (CDU), stellte sich hinter Außenminister Schröder, Verkehrsminister Seebohm (CDU) stand auf der Seite des Kanzlers. Neue Argumente traten, Erhards Fazit zufolge, während dieser Sitzung nicht mehr auf. Alle hätten sich »ehrlich bemüht, auf der Grundlage des Alleinvertretungsrechtes eine Lösung zu finden. Patentlösungen aber gibt es nicht; denn erst in Jahren wird man feststellen können, das war richtig – das war falsch.« Schröder dachte schon laut über konkrete Maßnahmen für den Fall eines Abbruchs der diplomatischen Beziehungen zu Ägypten nach. Offenbar rechnete der Kanzler auch mit der Möglichkeit, daß Nasser die Beziehungen zu Bonn abbrechen könnte, »und daß damit die Stellung der Regierung unhaltbar« würde. Dem widersprach von Hassel: »Zunächst glaubte ich nicht, daß er so reagieren würde. Ich würde aber in keiner Weise einen Zwang sehen, daß die BRD (sic; M. W.) zurücktreten müßte, wenn Nasser zu uns die Beziehung abbräche. Das würde ja bedeuten, daß wir es Nasser überlassen, ob die deutsche Regierung gestürzt würde oder nicht.«[35]

Erhard, Schmücker, Heck, Lücke, Höcherl, Niederalt und Lemmer waren die Exponenten des einen Regierungsflügels; Schröder, von Hassel und Scheel bildeten das Gegengewicht, wobei die drei übrigen FDP-Minister wohl Scheel vorschickten.

Die Entscheidung trafen dann Bundeskanzler Erhard und der Fraktionsvorsitzende der CDU/CSU, Rainer Barzel, ohne und gegen Außenminister Schröder am 7. März, einem Sonntag: Zu Israel wollte man diplomatische Beziehungen knüpfen, zu Ägypten nicht abbrechen. Lediglich die Wirtschaftshilfe an den Nilstaat sollte eingestellt werden. Alle Mitglieder der Regierung mußten nachgeben, keiner gewann oder verlor ganz. Adenauer und Strauß konnten die Entscheidung zugunsten der Beziehungen mit Israel als Erfolg buchen, wenngleich die deutschen Waffenlieferungen eingestellt wurden. Hier sprangen die USA ein. Doch das war im März 1965 keineswegs absehbar, denn zunächst schien die Johnson-Administration die Bundesregierung im politischen Regen stehen lassen zu wollen. Nur »ganz intensives Drängen der Amerikaner« hatte Anfang Juni 1964 Bundeskanzler Erhard dazu gebracht, die Waffenlieferungen an Israel zu erweitern. Vor seinem Treffen mit dem amerikanischen Präsidenten hatte Erhard noch Ablehnung signalisiert.

Wenige Tage vor der Begegnung zwischen dem Kanzler und dem US-Präsidenten hatte Israels Ministerpräsident Eschkol Lyndon Johnson um mehr Waffen gebeten. Hierzu waren die USA nicht bereit. Nun sollte die Bundesrepublik Deutschland in die Bresche springen. Nach seiner Visite bei Johnson willigte der ursprünglich zögernde Kanzler am 26. Juni 1964 ein. Das gab man auch in der Johnson-Administration zu: »Wir haben mehr getan, als diesem Geschäft nur zuzustimmen. Wir befürworteten es, und wir wollten es«, äußerte David Klein vom Weißen Haus gegenüber George McBondy vom Nationalen Sicherheitsrat. Weil die Bundesdeutschen ähnlich wie 1956/57 »die einzige wirtschaftlich einigermaßen potente Macht waren, die dort überhaupt noch einigermaßen Standing hat, um die arabische Welt so etwas bei der westlichen Stange zu halten«, hatte Washingtons Botschafter in Bonn, George McGhee, »ganz klare Weisung seiner Regierung, daß«, wie Erhard dem Kabinett berichtete, »wir nicht abbrechen und keine Position preisgeben sollen«. Die britische Haltung »deckt sich ... mit der der Vereinigten Staaten«. Frankreich verhielt sich ebenso.

Die Einschätzung von Sonderbotschafter Birrenbach war nüchtern und realistisch: »Die Vereinigten Staaten und England könnten sich mit uns nicht solidarisch erklären, da sie andere – Öl – Interessen hätten. Sie müßten auch daran denken, daß das Hinterland der Türkei gleichzeitig Randraum des Centopaktes wäre. Wirksam wäre nur, wenn die sechs Partner der EWG sich mit uns solidarisch erklären würden. Daran glaube er aber nicht.«

Fazit: Von den Westmächten verordnet, eher empfohlen, wurde der Bundesregierung der bequemere tagespolitische Weg. Ein ähnliches Muster kennen wir aus der Phase der Wiedergutmachung und der Suezkrise der Jahre 1956/57. Wie einst Adenauer und sein Kabinett entschieden sich Bundeskanzler Erhard und die meisten CDU/CSU-Minister – mit Ausnahme von Schröder, von Hassel und Krone – für den dornigeren geschichtspolitischen Pfad. Sie orientierten sich nicht an den interessenbezogenen, kurzfristigen Empfehlungen der Westmächte. Der bundesdeutsche Schüler übertraf seinen einstigen Geschichtslehrer – in bezug auf die vermeintliche Lehre der Geschichte.

Krone und von Hassel hatten zunächst den unangenehmsten Teil der geheimen Waffenlieferungen an Israel mitzutragen und mitzuverantworten. Ihre Haltung ist durchaus verständlich. Die fast nur tagespolitische Sichtweise Schröders läßt psychologisches und historisches Gespür vermissen. Die eisige Kälte des Außenministers dokumentiert ein Brief, den er im Dezember 1964 an den Vorsitzenden des Rates der Evangelischen Kiche in Deutschland (EKD), Kurt Scharf, richtete: Er räumte zwar ein, daß sich die Haltung Deutschlands »angesichts der Vergangenheit ... gegenüber dem Judentum ... stets nach moralischen Prinzipien« richten müsse, doch die »wichtigste menschliche und moralische Aufgabe« sei die »Politik der Wiedervereinigung in Freiheit«. Seine Prioritäten in bezug auf Vergangenheitsbewältigung waren eindeutig: Deutschland zuerst. Bewältigung?

Die Zurückhaltung der FDP-Minister kann man historisch einordnen. Sie überrascht nicht, denn damals war die FDP eher rechts- und nationalliberal. In der gleichzeitig geführten Verjährungsdebatte ließen freidemokratische Politiker, allen voran Justizminister Bucher, harsche Töne erklingen. Zwei Wochen nach einer Demonstration amerikanischer Juden gegen die Verjährung nationalsozialistischer Verbrechen hatte sich Ende Januar 1965 Bucher entschieden gegen einen, wie er es nannte, »Druck von außen« in dieser Frage gewandt. Gegen die vom Bundestag am 25. März 1965 verabschiedete Kompromißformel stellte sich die FDP geschlossen, und Bucher machte wahr, was er bereits im Januar jenes Jahres für diesen Fall angekündigt hatte: Er nahm seinen Hut.

Die eher unsensible Argumentation Walter Scheels sollte man schon in den späteren Bezugsrahmen der sozialliberalen Koalition stellen. In der Juden und Israel betreffenden Geschichtspolitik war er auch in den Jahren 1969 bis 1974 eher für das Grobe zuständig. Kontinuität im Wandel. Insgesamt erkennen wir in der Regierung Erhard

eindrucksvoll freiwillige und keineswegs verordnete Vergangenheitsbewältigung. Des Kanzlers Entscheidung ist um so eindrucksvoller,
wenn man bedenkt, wie massiv und teilweise verleumderisch einige
der Verbal-Attacken aus Israel waren.

In jenen Märztagen des Jahres 1965 hatten die bundesdeutschen Politiker – Regierung und Opposition – noch ein zusätzliches, geschichtspolitisches Problemknäuel zu entwirren: die drohende Verjährung na-
tionalsozialistischer Verbrechen. Diese Art der Vergangenheitsbewältigung war gewiß nicht freiwillig, sondern durch Termine der
gesetzlichen Vorschriften bestimmt. Auch sie war untrennbarer Be-
standteil des deutsch-jüdisch-israelischen Knotens. Am 10. März de-
battierte der Bundestag über diese Frage. Wieder standen sich nicht
gute und schlechte Deutsche gegenüber. Sie unterschieden sich vielmehr in bezug auf die Prioritäten: Die einen – die Mehrheit der CDU
und die SPD – waren eher geschichtspolitisch orientiert, die anderen –
CSU und noch mehr FDP – argumentierten mehr rechtspolitisch.
    Einmal mehr bewies Konrad Adenauer, daß er wie kaum ein ande-
rer Grundsätzliches und Pragmatisches miteinander verbinden
konnte: Der vom Bundestag schließlich verabschiedete Vorschlag, die
Zeitspanne der Verjährung nicht 1945, sondern fünf Jahre später beginnen zu lassen, stammte von ihm.

Zwei Richtungen in der CDU/CSU
– Noch eine historische Fallstudie –

Schon während der Wiedergutmachungsphase wurde in der CDU/
CSU kontroverser als in SPD und FDP über den richtigen Kurs der Vergangenheitsbewältigung gestritten. Die SPD hatte als Partei so gut wie
keine braune Last zu bewältigen. Die FDP war sicherlich nicht braun,
aber zweifellos stramm nationalliberal und vielleicht sogar eher
deutschnational. Die große historisch-politische, ideologische und so-
ziologische Bandbreite der Union, ihre Struktur als Volkspartei, zeigte
sich auch in der geschichtspolitischen Problematik. Anhand der in der
Union 1965 geführten Debatte über die Verjährung nationalsozialistischer Verbrechen könnte man das Spektrum verdeutlichen. Hier ob-
siegte die geschichtspolitisch-moralische Orientierung. Weil diese spätere Diskussion jedoch weitgehend öffentlich geführt wurde und
deshalb gut dokumentiert ist, wollen wir hier die weniger bekannten

Auseinandersetzungen zwischen einem der ersten und einsatzfreudigen deutsch-jüdischen Brückenbauer, Franz Böhm (CDU), und seinem Gegenspieler Fritz Schäffer (CSU) skizzieren. Sie fand 1957/58 statt, und hier gewannen die Realpolitiker.[36]

Schon in den Jahren 1951 bis 1953 hatten Böhm und Schäffer darüber gestritten, ob geschichts- oder tagespolitische Überlegungen den bundesdeutschen Kurs leiten sollten. Böhm, der Leiter der westdeutschen Delegation bei den Wiedergutmachungsverhandlungen, betonte das Prinzipielle: Schäffer achtete als Bundesfinanzminister auf das Pragmatische. Er hatte seinerzeit nahezu alles versucht, um Abschluß und Ratifizierung des Wiedergutmachungsabkommens zu verhindern. Geschichtspolitisch sensibler war zweifellos Franz Böhm, der Schwiegersohn von Ricarda Huch. Die Auseinandersetzungen der beiden waren schon damals nicht sonderlich freundlich. Dennoch hatte sich Böhm eher zurückgehalten als sein Stellvertreter Otto Küster, der Schäffer im Rundfunk indirekt antisemitische Motive unterstellt hatte.

Schäffers heftige Reaktion ließ nicht lange auf sich warten. Empört wies er den Vorwurf zurück. Hinter den Kulissen unterstellte Adenauers Vertrauter und Böhms Partner im Wiedergutmachungsgerangel, Ministerialdirektor Herbert Blankenhorn vom Bundeskanzleramt, in einem Gespräch mit dem britischen Hochkommissar Anfang 1953 Fritz Schäffer ebenfalls eine »beachtliche Portion Antisemitismus«. Die *New York Times* sah Schäffer in freundlicherem Licht. Der tatsächliche oder vermeintliche Antisemitismus Schäffers war damals jedoch kein öffentlicher Streitgegenstand. Ganz anders 1957/58.

Am 17. Dezember 1957 hatte Fritz Schäffer in Plattling vor Vertretern des niederbayerischen Parteibezirks der CSU eine Brandrede gegen die Wiedergutmachung gehalten. Gemeint hatte er die Entschädigung. Aber in der Öffentlichkeit wurde die Wiedergutmachung an den Staat Israel sowie die diasporajüdischen Organisationen häufig mit der Entschädigung an Einzelpersonen verwechselt. Die Entschädigungszahlungen, so Schäffer (der von »Wiedergutmachung« sprach), würden voraussichtlich 27 Milliarden DM erfordern und könnten daher zu einer Gefährdung der Währung führen. »Auslandsanwälte bereichern sich«, erklärte er am 19. Dezember im West-Berliner *Kurier*, was diese Tageszeitung als Balkenüberschrift auf der ersten Seite meldete. Er nehme an, »daß es nicht Sinn des Wiedergutmachungsverfahrens« sei, »die soziale Lage der Anwälte in allen Ländern der Welt zu bessern«, fügte Schäffer hinzu.

Franz Böhm witterte eine »neue Offensive gegen die Wiedergutmachung«, die »zur Hauptsache von der Länderbürokratie betrieben« würde. »Führend« schien ihm dabei »diejenige von Rheinland-Pfalz zu sein«. Diese habe den neu gewählten rheinland-pfälzischen CDU-Bundestagsabgeordneten Jakob Diel mit »Material versorgt ... Dazu kommt die Rede des Bundesjustizministers Dr. Schäffer in Plattling«, vertraute Böhm seinem neuen Fraktionskollegen Ernst Benda an.

Böhm blieb nicht untätig. Als Erwiderung auf die grundsätzlichen Vorwürfe Diels verfaßte er eine Denkschrift über die Wiedergutmachung, die er am 27. Dezember 1957 den Mitgliedern der CDU/CSU-Fraktion im Bundestag zusandte. Diel reagierte am 29. Dezember. Ernst Benda (späterer Innenminister und Präsident des Bundesverfassungsgerichtes) hatte »einen Teil der Ausführungen des Herrn Kollegen Diel so erschreckend gefunden«, daß er sich »veranlaßt sah, deswegen an den Herrn Fraktionsvorsitzenden Dr. Krone zu schreiben«. Daß »Herr Kollege Diel ... dem Wiedergutmachungsausschuß (des Bundestages; M. W.) als stellvertretendes Mitglied« angehörte, vermerkte Benda mit unverhohlener Verärgerung. »Sein Schreiben enthält Formulierungen, die ich erschreckend finde, weil aus ihnen Auffassungen sprechen, die ich im deutschen Volke, ganz bestimmt aber in der CDU/CSU, nicht mehr zu finden hoffte. Oder ist es eine geeignete Definition des Wesens der Wiedergutmachung ..., wenn Herr Kollege Diel von dem spricht, ›was wir in einer außerordentlichen Großzügigkeit u. a. den Kommunisten, den Asozialen und Kriminellen im Inland und den bekannten rassisch Staatenlosen im Ausland gewähren‹ ... Ich würde es für eine Pflicht unserer Fraktion halten, vor der Öffentlichkeit, der die Ausführungen des Herrn Kollegen Diel hoffentlich nicht bekannt geworden sind, niemals den Eindruck entstehen (zu) lassen, als ob sich an unserer bisher doch wohl eindeutigen Einstellung zur sittlichen und rechtlichen Pflicht der Wiedergutmachung etwas geändert hätte.«

Freilich scheint Ernst Benda damals nicht mehr oder noch nicht gewußt zu haben, mit welchen Geburtswehen 1953 die Ratifizierung des Wiedergutmachungsabkommens in der CDU, noch mehr in der CSU, verbunden war.

Franz Böhm erhielt eine Abschrift dieses Briefes, in dem Benda ihm zudem »als ein neues und junges Mitglied der Fraktion« Unterstützung in bezug auf das »Anliegen der Wiedergutmachung« versprach. Zwischen Böhm (Jahrgang 1895), Schäffer (Jahrgang 1887) und Diel (Jahrgang 1886) wurde ein Konflikt in der Sache ausgetragen; zwischen Benda (Jahrgang 1925) und Diel wurde zudem ein Konflikt der biologischen und politischen Generationen ausgetragen.

Am 13. März 1958, auf einem Kongreß der Gesellschaften für Christlich-Jüdische Zusammenarbeit in München, sprach Böhm über das Thema »Antisemitismus«. Er wurde offensiv: »Wird nicht, wenn von den Gefahren, die möglicherweise von unseren hohen Staatsausgaben für die Währung ausgehen können, mit Vorliebe nur eine einzige Ausgabe genannt, nämlich die Ausgaben für die Wiedergutmachung? . . . Herr Schäffer kennt unseren Etat genau . . . Warum greift er sich immer wieder die Wiedergutmachung heraus? . . . Man hat offenbar Verständnis für die Sünder von anno 33 bis 45. Bei der Wiedergutmachung aber, so vermutet man, liegen die Dinge anders. Hier sieht – so sagt man – das Volk scheel und würde am liebsten jeden Pfennig nachrechnen, den ein Verfolgter bekommt.« Auf derselben Veranstaltung wies Max Wiener aus London auf die »verheerende Wirkung« hin, die Schäffers Äußerungen im Ausland gehabt hätten.

Schäffer war über Böhm empört und beantragte wenige Tage später, am 20. März, beim Vorstand der CDU/CSU-Bundestagsfraktion »die Einleitung eines Ehrenverfahrens« – obwohl eine Ehrengerichtsordnung noch nicht und das frühere Ehrengericht in seiner Zusammensetzung nicht mehr bestand. Einzig Robert Pferdmenges, enger Vertrauter Adenauers, personifizierte ehrengerichtliche Kontinuität in der Unionsfraktion. Nach Absprache mit Heinrich Krone, dem Fraktionsvorsitzenden, improvisierte man ein neues Dreiergremium aus den Herren Pferdmenges, Hoogen und Weber. Schäffer drohte an, »weitestgehende Konsequenzen« zu ziehen, sollte sich das Ehrengericht nicht auf seinen Standpunkt stellen. »Es erstaunt mich etwas, daß Sie offenbar angenommen haben, ich werde mich ruhig verhalten, wenn in der Öffentlichkeit Stimmung gegen die Wiedergutmachung gemacht wird«, schrieb Böhm an Schäffer einen Tag danach. Ihre Meinungsverschiedenheit betreffe nicht die Sparvorschläge. »Es geht um eine ganz andere Frage . . ., ob und wie das Wiedergutmachungsproblem in der Öffentlichkeit zur Sprache gebracht werden soll . . . Was mich indessen zu meinem eigenen Auftreten veranlaßt hat, das waren nicht die Spekulationen über Ihre Absichten . . ., sondern die tatsächlich eingetretene Wirkung und die Einschätzung der untergründigen Stimmung im Volk . . . Ich will nicht, daß die SPD zur Wiedergutmachungspartei und wir zu einer, sagen wir einmal: wiedergutmachungskritischen Partei werden.«

Seinen Vorstoß hielt er für unbedingt notwendig, in einer »Zeit, in der unser Fraktionskollege Diel bereits wieder von ›Galiziern‹ und von ›gefundenem Geld‹ spricht und der Ministerpräsident Altmeier von Rheinland-Pfalz erklärt, das BEG (= Bundesentschädigungsgesetz; M. W.) leiste in seiner derzeitigen Gestalt ›Gaunereien‹ Vorschub . . . Bei unserer letzten Unterredung im vergangenen Sommer habe ich den Eindruck gewonnen, daß Sie diese Wirkungen einer von prominenter Seite geäußerten Wiedergutmachungskritik, die Natur der Lautverstärker und die Beschaffenheit der Unterströmungen sehr genau kennen. Sie sagten mir nämlich, wir müßten damit rechnen, daß die Wiedergutmachung ›nicht beliebt‹ sei, daß sie dazu angetan sei, den Antisemitismus wieder aufleben zu lassen. Sie fügten hinzu, zur Zeit traue sich bloß niemand, etwas zu sagen aus Angst vor dem Weltjudentum. Aber es brauche nur ein anerkannter Politiker zu kommen, dann könne er bei der öffentlichen Meinung mit dem breitesten Widerhall rechnen.«

»Antisemiten, alte Nazis, Mißvergnügte aller Art wittern Morgenluft«, befürchtete Böhm. Dagegen stemmte sich der Pionier der deutsch-jüdischen Aussöhnung. Für ihn war es eine der »Situationen, in denen wichtigere Dinge auf dem Spiele stehen als die kollegiale Rücksichtnahme auf Fraktionsfreude«.

Die Entscheidung des Ehrengerichts fiel am 1. Juli 1958: Böhm hätte Schäffers Erläuterungen zur »Kenntnis genommen und erklärt, daß damit jedem Vorwurf gegenüber Schäffer der Boden entzogen ist«. Außerdem bedauere Böhm, »daß er sich nicht vor seiner Erklärung vom 10. März (es dürfte der 13. März gemeint gewesen sein; M. W.) mit Herrn Schäffer ins Benehmen gesetzt . . . hat. Es wäre dann kein Anlaß gewesen, gegen Herrn Schäffer später noch Vorwürfe zu erheben.«

Keine Frage, Schäffer hatte sich durchgesetzt. Mehr noch: »Aus Anlaß dieses Vorfalls« regte »das Ehrengericht grundsätzlich an, daß in der Fraktion ein Beschluß dahingehend gefaßt wird, daß kein Fraktionsmitglied berechtigt ist, in der Öffentlichkeit ein anderes Fraktionsmitglied oder ein Mitglied der Bundesregierung anzugreifen, wenn es sich nicht vorher mit diesem ins Benehmen gesetzt und, falls eine Einigung nicht erzielt wird, eine Entscheidung des Fraktionsvorstandes herbeigeführt hat.« Publizität wollte das Ehrengericht offensichtlich meiden. Es sei »nicht notwendig, daß Herr Böhm seine Erklärung öffentlich abgibt«. Allein der Fraktionsvorsitzende würde »unterrichtet werden«, teilte Pferdmenges den beiden Widersachern mit.

Bei der Entscheidung des Ehrengerichtes passierte »leider ein Betriebsunfall«: »Auf Drängen von Herrn Schäffer« wurde im Bundeshaus »das Ehrengericht ... während des Plenums improvisiert einberufen ..., ohne daß vorher eine Ladung stattgefunden hätte«, beschwerte sich Böhm nachträglich. Da man Böhm, wie ihm Hermann Höcherl von der CSU nachher mitteilte, »im Hause nicht fand«, tagte man in seiner Abwesenheit. Er hätte »mit Leichtigkeit erreicht werden können«, wandte Böhm später ein. Kein Wunder, daß er beim Fraktionsvorsitzenden Einspruch gegen den Spruch des Ehrengerichts erhob. Dieses hätte keine echte Entscheidung gefällt, »sondern so etwas wie einen Zwangsvergleich in Abwesenheit«. Nach den Parlamentsferien solle noch einmal verhandelt werden, schlug Böhm vor.

Der Urlaub hat die Wogen wohl zumindest oberflächlich geglättet, denn weder in den Unterlagen Schäffers noch Böhms kann man mehr über diese Kontroverse nachlesen. Eine aufschlußreiche Kontroverse, in der sich die Realpolitiker durchsetzten. Sie allein ergäbe ebenso wie die alleinige Dokumentation der geschichtspolitisch bestimmten Verjährungsdiskussion ein unvollständiges Bild über die »Vergangenheitsbewältigung« in der CDU/CSU.

Rundblick: Das Umfeld der Politik

Literatur: Die seit der zweiten Hälfte der fünfziger und vor allem zu Beginn der sechziger Jahre intensivere, weniger ritualisierte und durchaus auch freiwillige Beschäftigung mit der deutschen Vergangenheit blieb freilich nicht auf den politischen Bereich beschränkt. Aus der literarischen Umwelt kamen kräftige Impulse: Bereits 1950 hatte der Heidelberger Verlag Lambert und Schneider eine erste Ausgabe des Tagebuches der Anne Frank veröffentlicht. Kaum einer kaufte oder las es damals. Ein Publikumserfolg wurde das Buch erst im Sommer 1955. Dann wurde es zu einem moralisch-historischen Urereignis. Dieses Buch vermittelte nicht nur mehr Wissen über die deutsche, besonders die deutsch-jüdische Vergangenheit, es brachte die Leser zum Weinen und bewegte sie zu eindeutigem Werten und politisch-moralischem Wollen. Ein Jahr später folgte die Bühnenfassung, eine Übersetzung aus dem Englischen. Allein 1956 erlebte sie 1420 Vorstellungen in 44 verschiedenen Inszenierungen; ein deutlicher Beweis für das Interesse des bundesdeutschen Publikums.

Gewiß, schon die Gruppe 47 oder andere Schriftsteller hatten Dramen, Erzählungen oder Romane veröffentlicht, die das Problem der

Vergangenheit und ihrer Bewältigung direkt oder indirekt thematisierten. Aber die breite Öffentlichkeit reagierte hierauf bis Mitte der fünfziger Jahre so gut wie gar nicht. Nichts regte sich diesbezüglich, nichts erregte.

Paukenschlag, 1959: »Auftritt Oskar Matzerath« (Hans Mayer), also *Die Blechtrommel* von Günter Grass. »Ein Wendepunkt« in der Entwicklung der bundesdeutschen Nachkriegsliteratur; zugleich ein packendes und zupackendes Stück Vergangenheitsbewältigung. 1959: *Katz und Maus*.

Um 1960 begann die »zweite Phase« der deutschsprachigen, nicht nur der bundesdeutschen Literatur (Hans Mayer). Sie wurde durch eine jüngere Generation geprägt; eben durch Günter Grass, Uwe Johnson, Martin Walser, Hans Magnus Enzensberger oder Peter Weiss; in der DDR durch Johannes Bobrowski, Wolf Biermann, Christa Wolf, Günter Kunert und Heiner Müller. Auch aus der Schweiz kamen wichtige Impulse für die bundesdeutsche Diskussion: Friedrich Dürrenmatts *Besuch der alten Dame* sowie Max Frischs *Biedermann und die Brandstifter* (beide 1958) warfen allgemeine Fragen auf, deren historischer Bezug offenkundig war: Opportunismus und Mitläufertum, politische Blindheit. Frischs *Andorra* (1961) behandelte die sensibelste Problematik: das Verhältnis zu den Juden.

1963 schlägt eine weitere literarisch-politisch-historische Bombe ein: Rolf Hochhuths *Stellvertreter*. Heiner Kipphardts *Oppenheimer* und *Joel Brand* bewegten die Gemüter in den Jahren 1964 und 1965. Das waren Großereignisse. Sie blieben nicht auf Randgruppen beschränkt, und natürlich polarisierten sie die Öffentlichkeit. Aber: Die Vergangenheit war inzwischen ein Thema. Sie war das Thema.

Nicht vergessen darf man *Die Ermittlung* von Peter Weiss, seinen 1965 unternommenen Versuch, den Auschwitz-Prozeß auf die Bühne zu bringen.

Der Bühne nahe und in der Entwicklung ähnlich: der Film. Auch hier begann Mitte der fünfziger Jahre eine intensivere Beschäftigung mit der Vergangenheit. Einige der wichtigeren und beim Publikum erfolgreichen, also damit auch politisch gewichtigen Produktionen seien erwähnt: *08/15* nach dem Roman von Hans Hellmut Kirst (1954); *Des Teufels General* 1955 nach Carl Zuckmayer; auch 1955 (allerdings bei CCC, also eher mit jüdischer Nachhilfe von Artur Brauner, der jedoch ebenso für deutsche Heimat- und Liebesschnulzen gut war, also marktorientiert arbeitete) *Der 20. Juli;* 1958 *Wir Wunderkinder* nach Hugo Hartung; Wolfgang Staudtes *Rosen für den Staatsanwalt* richtete sich 1959 gegen die personelle Kontinuität in der deutschen Justiz, und Bernhard Wickis *Die Brücke*, ebenfalls 1959, war einer der Höhepunkte bundesdeutscher Filmgeschichte.

Universitäten und politische Bildung: Bundesdeutsche Historiker packten nun intensiver und nationalkritischer heißere Eisen an. Fritz Fischers *Griff nach der Weltmacht* löst 1961 eine jahrelange Kontroverse aus. Ihr Gegenstand war zwar der Erste Weltkrieg, aber hier ging es um die Kontinuität deutscher Geschichte und besonders deutscher Schuld. 1963 erschien Ernst Noltes monumentales Werk über den *Faschismus in seiner Epoche.* National und international galt diese Studie als bahnbrechend. Noch heute setzt sie Maßstäbe der vergleichenden Faschismusforschung. Derselbe Ernst Nolte wurde seit 1986 im Zusammenhang mit dem »Historikerstreit« in die rechtsnostalgische Schublade geschoben. Einer der Bewältigungspioniere als Verdränger?

»Neben der Politikwissenschaft, die vor allem Demokratiewissenschaft sein sollte, wurde an den Universitäten seit den 50er Jahren auch die Zeitgeschichte als eine historische Sonderdisziplin heimisch. Sie sollte die Geschichte der jeweils lebenden Generation(en) erhellen.« Im Jahre 1949/50 wurde das Institut für Zeitgeschichte gegründet. Seit 1953 veröffentlicht es die *Vierteljahreshefte für Zeitgeschichte.*

In Göttingen hatten bereits 1955 Studenten und einzelne Hochschullehrer gestreikt. Sie protestierten gegen die Berufung Schlüters zum neuen niedersächsischen Kultusminister, eines Mannes, dessen Weste mehr braune Flecke als neudeutsches Weiß aufwies. Dieser »Streik« ließ kommende Dinge ahnen: die Studentenrevolte der 68er.

»Gemeinschaftskunde« wurde in der zweiten Hälfte der fünfziger Jahre als neues Schulfach eingeführt, und die Bundeszentrale für politische Bildung begann 1963 mit ihren zahlreichen Israelfahrten.

Die Medien: Auch die Medien standen nicht abseits. Das Fernsehen strahlte 1958 Waldemar Bessons zwölfteilige Serie über das Dritte Reich aus. Ausführlich und häufig berichteten 1959/60 Zeitungen, Radio und Fernsehen über die antisemitischen Schmierereien und 1961 über den Eichmann-Prozeß aus Jerusalem.

Die *Kirchen* öffneten sich der deutsch-jüdischen Problematik: 1956 fand die »Woche der Brüderlicherkeit« erstmals in der gesamten Bundesrepublik statt. 1958 stellte der Evangelische Kirchentag die Weichen für die »Aktion Sühnezeichen«. In der katholischen Kirche brachte das Zweite Vatikanische Konzil eine entscheidende Wende. Sie betraf keineswegs nur die zwölf problematischen katholisch-jüdischen Jahre während der NS-Zeit, sondern eine zweitausend Jahre alte Gegnerschaft, ja sogar Feindschaft.

Die Bundeswehr: Deutsches Militär ist nach zwei entsetzlichen Weltkriegen gefürchtet. Wen wundert es? Die Wiederbewaffnung der beiden deutschen Staaten wurde deshalb im Rahmen von Bündnissen vollzogen. Diese Allianzen waren zwar gegeneinander gerichtet, aber in einem Punkt stimmten Ost- und Westmächte überein: Der zu ihnen zählende Teil Deutschlands sollte integriert, und das bedeutete: kontrolliert und domestiziert werden.

Die Deutschen in der DDR wurden nicht gefragt, und die Mehrheit der Westdeutschen ließ sich gerne domestizieren. Im Rahmen der Europäischen Verteidigungsgemeinschaft (EVG) hätte die Bundesrepublik 1952 sogar eine multinationale Streitmacht akzeptiert. Die französische Nationalversammlung lehnte 1954 diesen Plan ab. Gegenwärtig erfreuen sich vergleichbare Pläne für eine multinationale Streitmacht neuer Beliebtheit. Bekanntlich vollzog sich die Integration dann anders: Westdeutschlands nationale Armee, die Bundeswehr, wurde 1955 in die NATO, die Nationale Volksarmee der DDR in den Warschauer Pakt integriert. Die nationale Souveränität der beiden nachkriegsdeutschen Truppen war von Anfang an beschränkt. Das war verständlich, und es war gut und richtig.

Innerhalb und außerhalb Deutschlands denkt auch heute angesichts der deutschen Wiedervereinigung kein ernstzunehmender Mensch daran, auf das Prinzip der Domestizierung deutscher Streitkräfte zu verzichten. Nur so kann das Gleichgewicht und damit die Stabilität in Europa gesichert werden. Würde diese Domestizierung allein den deutschen Streitkräften gelten, wäre dies eine Diskriminierung. Diskriminierung verhindert aber Aussöhnung und Versöhnung. Sie führt zu Konflikten – die man gerade vermeiden möchte, sollte und muß. Deshalb muß eine Form der Integration gefunden werden, die wechselseitige Abhängigkeit bedeutet. Sie soll und kann den Ausbruch von Kampfhandlungen verhindern. Die Bestimmung der institutionellen Absicherung der Einzelheiten ist Sache der Fachleute.

Das Ziel der Integration deutscher Streitkräfte war und ist seit den frühen fünfziger Jahren unumstritten. Das war so, das ist so, das wird und soll so bleiben. Deshalb ist auch nichts gegen die weitere Stationierung amerikanischer Truppen in Deutschland und Europa einzuwenden. Im Gegenteil. Sie erhöhen die Sicherheit und sichern die wechselseitige Abhängigkeit aller Europäer – und der Amerikaner. Daß die Sowjetunion dabei zu Europa zählt, ist selbstverständlich, muß jedenfalls als selbstverständlich vorausgesetzt werden.

Zu Unrecht umstritten ist die personelle und konzeptionelle Bewältigungsbereitschaft der Bundeswehr. »Die Bundeswehr, von Nazigenerälen aufgebaut, ist ja leider in diesem lügenhaften Traditionsbild aufgezogen worden. Das gilt noch«, behauptete Ralph Giordano in der *Allgemeinen Jüdischen Wochenzeitung* vom 1. März 1990. Er irrt, weil er offenbar die Geschichte der Bundeswehr nicht gut kennt.

»Die als ›Innere Führung‹ bekanntgewordene Militärreform markierte den endgültigen Triumph liberaler ziviler Kräfte Deutschlands in ihrem Bemühen, das Militär zu kontrollieren – ein Kampf, der im 19. Jahrhundert gegen die preußische Krone begonnen hatte und in den 50er Jahren mit dem Aufbau der Bundeswehr endete.« Dies das Fazit des amerikanischen Historikers Donald Abenheim in seinem 1989 erschienenen Buch *Bundeswehr und Tradition.* Im Vorwort zu diesem Buch schreibt Gordon A. Craig, ein ausgewiesener Kenner und Kritiker preußisch-deutscher Militärtradition, es sei der Bundeswehr gelungen, »ihr Ideal . . . einer Armee von Bürgern in Uniform zu verwirklichen, ohne deren militärische Fähigkeiten in irgendeiner Weise zu beeinträchtigen«.

In keinem anderen Bereich des westdeutschen Staatsapparates wurde die persönliche und politische Vergangenheit ihrer Gründer so gründlich durchleuchtet wie in der Bundeswehr. Die Tätigkeit des hierfür zuständigen »Personalgutachterausschusses« hat Abenheim in seinem Buch ausführlich beschrieben. Die Gründer der Bundeswehr, so Abenheim, waren nicht zuletzt in bezug auf die Bewertung des Widerstands gegen Hitler »der deutschen Öffentlichkeit der 50er Jahre weit voraus«. Kein Wunder, denn diesem Personalgutachterausschuß gehörten unter anderen die Widerständler Fabian von Schlabrendorff und Annedore Leber an.

Zwei Traditionserlasse hat die politische Führung der Bundeswehr veröffentlicht: den einen im Juli 1965 (am Ende der »Achsenzeit«), den anderen im September 1982. Beide Traditionserlasse werden häufiger erwähnt als gelesen. Viele sprechen und schimpfen über sie, wenige kennen sie. Dabei lohnte die Lektüre durchaus. Sie belehrt Zweifler über das intensive und ernsthafte Ringen der deutschen Militärs mit ihrer Vergangenheit. Die »Traditionslüge«, von der Ralph Giordano sprach, ist eher eine Unterstellung als die Wiedergabe der historischen Wahrheit. Wir werden das Traditionsproblem im zehnten Kapitel erörtern; nicht zuletzt im deutsch-jüdischen Zusammenhang, der Giordano verständlicherweise besonders am Herzen liegt.

Das Rechtswesen: Furchtbare Juristen nannte Ingo Müller sein Buch über die »unbewältigte Vergangenheit unserer Justiz«. Von der »kalten Amnestie«, einer Amnestie von Juristen durch Juristen und für Juristen, spricht Jörg Friedrich. Hans-Peter Schwarz bilanziert ganz anders: »In keinem Land sind im 20. Jahrhundert die im Auftrag der eigenen Regierung und von eigenen Landsleuten begangenen Verbrechen über einen so langen Zeitraum und mit solcher Intensität geahndet worden.«

Beide Sichtweisen sind zum Teil richtig; aber eben nur zum Teil. Müller und Friedrich betonen zu Recht, daß es eine Selbstreinigung der Justiz nach der NS-Zeit in der Bundesrepublik nicht gab. Hans-Peter Schwarz hebt dagegen die juristische Verfolgung der kriminellen Schuld hervor. Wie glaubwürdig kann aber diese juristische Aufarbeitung sein, wenn die urteilenden Juristen selbst in nationalsozialistisches Unrecht verstrickt waren?

»Über Jahrzehnte hin waren nach 1945 die Themen der eigenen Verstrickung in das Unrechtssystem tabu. Das galt für Richter, Staatsanwälte« und andere, schreibt der Konstanzer Rechtsgelehrte Bernd Rüthers. Rüthers hat immer wieder bewiesen, daß er zu den bundesdeutschen Juristen zählt, die ihr Wissen über das NS-Regime mit Werten, symbolischem Weinen und vor allem mit neudeutschem Wollen verbinden. Daß er also Vergangenheitsbewältigung ernst meint, dokumentierte 1989 einmal mehr sein höchst bemerkenswertes Buch über *Carl Schmitt im Dritten Reich*.

In diesem Buch greift er in bezug auf die Vergangenheitsbewältigung bundesdeutscher Juristen wahrhaftig nicht zu geschichtspolitischen Sternen. Er verweist aber auch nicht nur auf den Abgrund. Er bleibt auf dem Boden der Wirklichkeit: »Wir dürfen dankbar sein, wenn uns vergleichbare Bewährungsproben, wie sie damals nahezu jeder aktive Jurist, jeder im öffentlichen Dienst oder unter den Augen der Öffentlichkeit Tätige zu bestehen hatte, erspart bleiben.« Weshalb? Weil wir in einem Rechtsstaat leben, jene in einem Unrechtsstaat wirkten. »Unrechtssysteme fordern – von Anhängern wie von Gegnern – heroisches Handeln. Dazu aber sind durchschnittliche Bürger aller Schichten, besonders aber Juristen, aus vielen Gründen nur bedingt geeignet. Die Aussichten, durch mutig handelnde Helden oder Märtyrer unter den Juristen ein einmal etabliertes Unrechtssystem zu beseitigen, müssen als gering eingeschätzt werden. Appelle, die in erster Linie die Moral in der Krisenlage einfordern, sind daher ein zweifelhaftes Rezept. Ein gesellschaftliches und politisches Organisationskonzept, das auf Helden und Heilige weitgehend verzichten kann, verspricht eher Erfolg. Es geht daher nicht um moralische Urteile über die Handelnden von damals, sondern um Vorkehrungen heute, vergleichbare Ausnahmelagen nicht entstehen zu lassen.«

Das genau ist durch das Grundgesetz geschehen. Nicht die Juristen, sondern die juristischen Rahmenbedingugnen wurden grundlegend verändert, das heißt: verbessert, bewältigt. Trotzdem bleibt man überwältigt, wenn man die bis 1958 mangelhafte Strafverfolgung von NS-Tätern betrachtet.

Bis 1949/50 war die Strafverfolgung tatsächlich eher Siegerjustiz. Und Siegerjustiz entspricht selten reinen juristischen Maßstäben. Damit diskreditiert sie sich selbst und verringert die ohnehin geringe Sühnebereitschaft der Besiegten. Ein Teufelskreis. Dabei war zahlenmäßig diese Siegerjustiz eher mild. Aufgrund der Quantität der Verurteilungen kann man durchaus auf die Qualität der Strafverfahren schließen. An der millionenfachen Vernichtung der Juden waren rund 100 000 Täter direkt beteiligt. Weil nicht nur Juden, sondern auch andere Völker von Deutschen ermordet wurden, dürfte die Zahl der unmittelbaren Tatbeteiligten mindestens doppelt so hoch sein.

Die westliche Siegerjustiz sprach rund 5000 Verurteilungen aus, darunter 806 Todesurteile. Es wurden bei weitem nicht alle vollstreckt. In der westdeutschen Öffentlichkeit aber blieb der Eindruck haften: Auf rechtlich bedenkliche Weise wurde Siegerjustiz ausgeübt. Das habe aufzuhören. Verurteilt werden könne nicht, was nachträglich verdammenswert schien, sondern nur, was zur Zeit der Tat als strafbar galt.

Die westlichen Siegermächte erkannten schon in den frühen fünfziger Jahren, daß sie sich selbst und der deutschen Vergangenheitsbewältigung einen Bärendienst erwiesen hatten. Wiederum viel zu abrupt wurde das Steuer herumgerissen. Straftäter, darunter Massenmörder, wurden amnestiert. Weder die eine noch die andere Linie der Siegerjustiz war hilfreich.

Aus politischen und militärischen Gründen paßte sich der Westen dem bundesdeutschen Zeitgeist im Rechtswesen an: Die politischen Entscheidungsträger rechneten fest damit, daß, wie in Korea, aus dem Kalten Krieg ein heißer werden könnte. Das war nicht nur Propaganda. Das war die tatsächliche Lagebeurteilung. Die heute zugänglichen Dokumente aus den USA, Großbritannien und Frankreich beweisen es. Man benötigte bundesdeutsche Soldaten, mußte Gegenwart und Zukunft bewältigen. Vergangenheitsbewältigung schien dabei Luxus zu sein. Nachträglich kann man diese Haltung freilich leicht als »unmoralisch« verurteilen. War sie es wirklich? Die Toten waren tot. Keine noch so intensive Bewältigung der Vergangenheit hätte die Toten wiederbelebt. Die handelnden Politiker mußten zuerst und vor allem für ihre lebenden Bürger sorgen, deren Überleben sichern. Dafür benötigte man Westdeutschland. War die Sicherung des Überlebens der Lebenden ein unmoralisches Ziel?

»Bei Öffnung der Archive des britischen Außenministeriums werden die Historiker mit Interesse die Handhabung des ganzen Kriegsverbrechergeschäftes (»war criminal business«) untersuchen. Es wird keine ehrenvolle Seite in unserer Geschichte sein, wenn dabei herauskommt, daß schäbige Erwägungen politischer Zweckmäßigkeit an die Stelle der britischen Rechtstradition getreten sind«, notierte der Britische Hochkommissar, Sir Ivone Kirkpatrick am 8. Dezember 1953 ebenso selbstkritisch wie zutreffend. Winston Churchill hatte sich viel früher und viel heftiger geäußert: »Vergeltende Verfolgung ist bösartigste Politik«, verkündete er 1948 und forderte ein Ende der Kriegsverbrecherprozesse.

Bundeskanzler Adenauer sah das differenzierter: Intern ließ er am 10. Januar 1951 wissen, er wolle »sich nicht für Leute verwenden, die, wie Pohl (Leiter des Wirtschafts- und Verwaltungshauptamtes der SS, dem die Verwaltung der Vernichtungslager oblag; M. W.) und Ohlendorf (Führer der Einsatzgruppe D; M. W.) anerkanntermaßen schlimme Verbrechen begangen haben.« Wirkliche Schwerverbrecher sollten »nicht in den Genuß des von dem Herrn Bundeskanzler erbetenen Gnadenerweises kommen«, notierte Adenauers Intimus Blankenhorn.

Der Westen brauchte Westdeutschland, und die rechtsradikale Propaganda in Deutschland bohrte immer wieder erfolgreich und schmerzhaft in der Wunde der westlichen Siegerjustiz. Das konnte weder im Sinne der Westmächte noch der demokratischen westdeutschen Politiker liegen. »All dies drängte zum Nachgeben, zum raschen

Begnadigen und Freilassen von Verurteilten«, schreibt Ulrich Broch-hagen in den bemerkenswerten Vorstudien zu seiner Dissertation über *Bundesdeutsche Vergangenheitsbewältigung aus der Sicht der Westmächte.* Diese Entscheidung bedeutete aber für die Westmächte Gesichtsverlust und eigentlich auch Geschichtsverlust.

Westdeutsche Gerichte hatten bis 1949 ebenfalls rund 4400 Täter verurteilt.[37] Sie verfügten dabei natürlich über geringere Zugriffs- und Durchführungsmöglichkeiten. Nach 1949 erlahmte der vergangen-heitsbewältigende Elan bundesdeutscher Juristen fast vollends – bis 1958. Der Ulmer Einsatzgruppenprozeß von 1958 leitete eine ge-schichtspolitische Wende im Bereich des bundesdeutschen Rechtswe-sens ein. Sie war eher reaktiv als aktiv eingeleitet worden. Daß und wie es dazu kam, zeigt die Defizite der juristischen Aufarbeitung bis 1958 – und die wiedergewonnene Dreistigkeit der einstigen Täter: Ein ehe-maliger Polizeidirektor wollte die ihm bis dahin verweigerte Wieder-einstellung in den öffentlichen Dienst gerichtlich durchsetzen. Aber einer seiner früheren Untergebenen klagte den Herrn Oberpolizisten an. Der Grund: Dieser sei für die Durchführung einer »Judenaktion«, also für Massenmorde, verantwortlich, die im Baltikum durchgeführt worden seien. Eine Lawine kam ins Rollen. Die Zahl der Angeklagten stieg, und zehn Jahre nach dem Nürnberger Einsatzgruppenprozeß zeigte sich die westdeutsche Öffentlichkeit willens, die Mordtaten die-ser Schreckenstruppe zu registrieren, zu diskutieren und praktische Schlußfolgerungen zu ziehen. »Die Mörder sind unter uns«, lautete die zutreffende, gängige Parole.

Am 5. Oktober 1958 gründeten die Justizminister der Bundesländer die »Zentrale Stelle der Landesjustizverwaltungen zur Verfolgung na-tionalsozialistischer Gewaltverbrechen«. Sitz der Dienststelle: Lud-wigsburg. Daher das Kürzel für das typisch deutsche Wortungetüm: »Ludwigsburger Zentralstelle«.

Zu spät. Viele Täter und vor allem Zeugen waren inzwischen so alt, daß Gedächtnislücken offenkundig wurden. Die Identifizierung der Täter und Taten wurde im Laufe der Jahre immer schwieriger. Die Wahrung der Rechtsstaatlichkeit der Gerichtsverfahren wurde immer schwieriger. Und auf Rechtsstaatlichkeit konnte und wollte der bun-desdeutsche Rechtsstaat nicht verzichten. Die Folge: unzureichende, unbefriedigende juristische Aufarbeitung der Verbrechen. Aber we-nigstens waren die politischen und damit erzieherischen Zeichen ge-setzt worden.

Immerhin: Bis 1990 wurden 98 042 Ermittlungsverfahren eingeleitet. Verurteilt wurden circa 6500 Personen. Die meisten der rund 200 000 Verbrecher blieben demnach unbehelligt. Moralisch und puristisch eine negative Bilanz. Realistisch die erzieherische, weichenstellende Wirkung des Grundgesetzes. Die Verfassungsväter hatten, an Bernd Rüthers sei erinnert, ein realistisches Menschenbild: An den Opportunismus, nicht an den Idealismus des Menschen haben sie geglaubt.

Aber auch im Rechtswesen gab und gibt es Persönlichkeiten, die geschichtspolitisch als Vorbilder der Vergangenheitsbewältigung gelten können: zum Beispiel Männer wie Adolf Arndt, Ernst Benda, Martin Hirsch oder Adalbert Rückerl.

Weiße Westen für braune Eliten?

Keine Gesprächsrunde in Deutschland über Deutschland, in der nicht von der »Republik der Globkes, Vialons, Filbingers, der Nazi-Generäle und Nazi-Wirtschaftskapitäne« gesprochen würde. Auf allen Posten und Pöstchen alte Nazis in neuen oder gar auch alten Positionen. Wer hätte darüber nicht gehört oder gelesen? Der amerikanische Politikwissenschaftler Lewis Edinger kam in einer der wenigen auf Zahlen fußenden Auswertungen für das Jahr 1956 zu dem Schluß, daß weder die alten NS-Eliten noch führende Widerständler in bundesdeutschen Spitzenpositionen zu finden waren. Die Mehrheit der bundesdeutschen Positionseliten war in der NS-Zeit nicht richtig »dafür«, aber auch nicht richtig »dagegen«. Je 20 Prozent waren eindeutige Gegner oder Anhänger des Nationalsozialismus. Zu den NS-Positionseliten zählten auch diese allerdings nicht. Zu den Überzeugten aber durchaus.

Kurzum: Die Mehrheit der bundesdeutschen Führung war kein Vorbild für Deutschland, kein Zerrblid von Deutschland, sondern eher Ebenbild der Deutschen. Konrad Adenauer (er selbst hatte in der NS-Zeit überwintert und seine Karriere unterbrochen) hat diese Wahrheit nüchtern erkannt und drastisch formuliert: Andere Deutsche standen ihm nicht zur Verfügung, besonders nicht im Bereich der Wirtschaft, Verwaltung und des Rechtswesens. In der Politik überwogen die Nicht-Nationalsozialisten ohnehin, auch in der Bundeswehr. Daß Westdeutschland die Republik der alten Nazis und Ewiggestrigen gewesen wäre, konnte freilich nur die Antipropaganda behaupten.

Die Jahre 1955 bis 1965 bedeuteten im Zusammenhang mit der Vergangenheitsbewältigung zweifellos einen wichtigen Einschnitt in der Geschichte der Bundesrepublik Deutschland. Natürlich: Neben dieser Bewältigungslyrik, außer diesem Licht blieb noch viel Schatten, aber es wurde trotzdem deutlich heller, weniger braun. Vergangenheitsbewältigung wurde nicht mehr nur von Spitzenpolitikern und Randgruppen betrieben, sie war ein Thema, vielleicht sogar das Thema deutscher Politik. Sicherlich wirkte hier der Wechsel der biologischen und politischen *Generationen*. Wir sahen dies zum Beispiel in der CDU/CSU-Fraktion (Benda), auch in der Literatur; natürlich ist er in den Umfragen erkennbar.

Die politische Generation der späten Fünfziger und frühen Sechziger dürfte die 68er mitgeprägt haben, an den Universitäten und Schulen. Der Aufbruch begann mit den 68ern, der Umbruch mit der vorherigen politischen Generation der frühen Sechziger. Abgesehen vom »Wechsel der Generationen« (Karl Mannheim) wäre zu überlegen, ob die Umbruchstimmung der frühen sechziger Jahre nicht auch psychologisch erklärt werden könnte: Erst durch den zeitlichen Abstand hatte man etwas mehr Distanz zu den Grauen der Vergangenheit.

Sozio-ökonomische Begründungen könnten auch weiterführen: Mitte der fünfziger Jahre verfügte man über einen beachtlichen Wohlstand, für Materielles war gesorgt, im Ideellen klafften Lücken. Außerdem galt es, die vermehrte Freizeit sinnvoll zu gestalten. Führungspolitische Überlegungen wären ebenfalls bedenkenswert: Im Jahre 1957 hatte Adenauer den Höhepunkt seines Ansehens erreicht, seit 1959 tobte für jedermann ersichtlich der »Kampf ums Kanzleramt« (Daniel Koerfer). Die Autorität des Kanzlers war verringert, die Gesellschaft in dieser Hinsicht führungsloser als zuvor. Sie mußte sich auf sich selbst besinnen. Vielleicht trug auch diese Tatsache dazu bei, daß sich in diesen Jahren die geschichtspolitische Lücke zwischen den staatlichen Entscheidungsträgern und der bundesdeutschen Gesellschaft schloß?

Schließlich bieten sich auch anthropologische Erwägungen zum feststellbaren Wandel an: Ist eine solch dynamische Periode nicht vielleicht überall und immer, bei Menschen überhaupt, eine Reaktion auf eine vorher eher statische Phase und diese statische Phase ihrerseits Reaktion auf vorangegangene Dynamik? Jeder Organismus – individuell oder kollektiv – benötigt nach Phasen der Anspannung Perioden der Abspannung. Können wir von historischen Zyklen sprechen? Mit dieser noch zaghaft geäußerten Vermutung über gesellschaftshistorische Zyklen nähern wir uns einer historischen Anthropologie, besser: einer historischen Humanethologie, also einer historisch ausgerichteten »Biologie des menschlichen Verhaltens« (Irenäus Eibl-Eibesfeldt). Wir sprengen den engen nationalen und fachlichen Rahmen. Interdisziplinäre Zusammenarbeit ist gefragt.

Warum wurde in diesem Kapitel die Vergangenheitsbewältigung der SED/DDR nicht erwähnt? Die Antwort ist einfach: In ostdeutsche Köpfe wurde nach 1945 »Antifaschismus« eingetrichtert. Er wurde die Lebens- und Geschichtslüge der SED/DDR, die niemals ernsthaft versuchte, die nationalsozialistische Vergangenheit zu bewältigen. In manche westdeutsche Köpfe drang diese Tatsache erst nach der Deutschen Oktoberrevolution des Jahres 1989 ein. Wer wissen wollte, konnte es freilich auch vorher wissen. In Sachbüchern oder auch in der schöngeistigen Literatur (zum Beispiel in Uwe Johnsons Jahrhundertroman *Jahrestage*) wäre nachzulesen gewesen, wie in der »Sowjetischen Besatzungszone« und der späteren DDR die vermeintliche Läuterung als Säuberung von »Klassenfeinden«, also als Massenmord, gehandhabt wurde.

Viele von denjenigen Bundesdeutschen, die völlig zu Recht den braunen Terror besonders heftig verfolgen wollten und Menschenrechte für Chilenen, schwarze Südafrikaner und andere anmahnten, sahen über den roten Terror aus ideologischen Gründen leichtfertig hinweg. Wie ihre Eltern und Großeltern im Nationalsozialismus wurden diese Bundesdeutschen durch Wegsehen moralisch schuldig. Denn: Gespaltene Moral ist moralische Schuld. Freilich gilt dieser Satz auch in bezug auf diejenigen Westdeutschen, die meinten, allein auf das Unrechtsregime der DDR hinweisen zu können, ohne gleichzeitig außerdeutsche Menschenrechtsverletzungen anprangern zu müssen. Daß Deutschen Menschenrechtsverletzungen in Deutschland näher lägen als außerdeutsche, darf nur geographisch gelten, nicht moralisch. Menschenrechte sind unteilbar, sie müssen weltweit gelten.

X. Ein neudeutsches Militär?

Für Deutschland kämpfen?

KEINE ANGST VOR dem gesamtdeutschen Militär, denn das Ziel der Integration deutscher Streitkräfte in ein politisch-militärisches Rahmenwerk war und ist nicht umstritten. Wir erwähnten es im Kapitel »Bewältigungslyrik« im Zusammenhang mit der Bundeswehr.

Aber: Im Oktober 1977 betrachtete zwar nicht die Mehrheit, aber doch eine beachtliche Minderheit im Ausland deutsches Militär mit Argwohn. In Schweden war es mit 51 Prozent sogar die Mehrheit. In Dänemark äußerten 41 Prozent Skepsis, in Griechenland 40, in den Niederlanden 34, in Frankreich 33, in Großbritannien 28, in den USA 22 und in Italien 21 Prozent.

Wie groß war der Anteil derer, die überhaupt keine Vorbehalte äußerten? Hier die Zahlenreihe: 51 Prozent in den USA, 47 Niederlande, 46 Großbritannien, 30 Dänemark und Frankreich, 24 Italien, 22 Schweden und 16 Prozent in Griechenland.[38]

Mehr als ein Drittel der niederländischen Parlamentarier (36 Prozent) wollten Anfang 1990 nicht ausschließen, daß ein vereinigtes Deutschland »militärisch expansionistisch« werden könnte.[39]

»Israelis, und nicht nur Israelis, sind über die mögliche Wiedergeburt einer deutschen Militärmacht besorgt.« Am 26. Juni 1990 war diese Äußerung in bundesdeutschen Tageszeitungen zu lesen. Am selben Tag stand in der gleichen Zeitung: »Bundeswehr für Freiwillige nicht mehr attraktiv. Bedarfsdeckung im Jahr 1990 ernsthaft gefährdet ... Die Zahlen des Jahres 1990 zeigen den tiefsten Einbruch der letzten fünf Jahre.« Ist das der »zunehmende Nationalismus«, den Elie Wiesel seit dem Herbst 1989 in beiden Teilen Deutschlands glaubte feststellen zu können?

Auch vor der Deutschen Oktoberrevolution jenes Jahres war die Wehrbereitschaft der Westdeutschen im internationalen Vergleich außerordentlich niedrig: »Wir hoffen alle, daß es nie mehr einen Krieg gibt. Aber wenn es dazu käme, wären Sie dann bereit, für Ihr Land zu kämpfen?« fragten 1981/82 namhafte Umfrage-Institute verschiedener Staaten im Rahmen der »Internationalen Wertestudie«. In der Bundesrepublik Deutschland waren hierzu nur 35 Prozent der Befragten bereit, aber in den USA 69 Prozent, in Schweden 78, in Großbritannien 62, in den Niederlanden 44 und in Frankreich 42 Prozent. Nur in Italien (28 Prozent) und Belgien (25 Prozent) wurde 1981/82 eine geringere Verteidigungsbereitschaft registriert.[40]

Bis zum Sommer 1989 nahm die Verteidigungsbereitschaft der Westdeutschen weiter ab: Sie sank auf 15 Prozent. Weitere 36 Prozent zeigten sich bedingt bereit.[41] Uneingeschränkt »Ja« zur Verteidigung des eigenen Landes sagten zur selben Zeit in den USA 77 Prozent, in der Sowjetunion 63, in Großbritannien 49 und in Frankreich 41 Prozent.[42]

In fast allen Siegerstaten des Zweiten Weltkrieges war die Verteidigungsbereitschaft 1989 ebenso wie in früheren Umfragen im allgemeinen deutlich höher als bei den Verlierern. Ausnahme hier: Italien. Auf der Apenninhalbinsel waren im Sommer 1989 34 Prozent uneingeschränkt bereit, »für ihr Land zu kämpfen«. In Japan nur 6 und in Österreich 17 Prozent. Japan und (West-)Deutschland waren eindeutig Schlußlichter der internationalen Rangliste von 32 Staaten, in denen während des Sommers 1989 nach der Wehrbereitschaft gefragt wurde.[43] Ein wichtiges Resultat.

Folgerichtig glaubten an die »Notwendigkeit einer starken nationalen Verteidigungsstreitmacht« im November 1989 in (West)-Deutschland nur 58 Prozent und in Italien sogar lediglich 55 Prozent der Bürger. Allein in Belgien (43 Prozent) und den Niederlanden (48 Prozent) wurden niedrigere Zustimmungsraten festgestellt. Spitzenreiter waren Griechenland (90 Prozent), Großbritannien (81 Prozent) und Frankreich mit 72 Prozent. Der EG-Durchschnittswert betrug 65 Prozent.[44]

Auch deshalb braucht man vor den Deutschen und ihrem Militär KEINE ANGST zu haben; eher Angst um das deutsche Militär, denn ohne Militär ist fast jeder Staat unfähig zur Politik; er wäre erpreßbar. Die Wehrbereitschaft ist heute in Deutschland also noch geringer als in anderen Staaten. Diese Tatsache mag man begrüßen oder beklagen, aber sie beweist, daß von deutschem Militarismus oder neu- und gesamtdeutscher Militärmacht keine Rede sein kann.

Wie »militaristisch« ist die politische Führung des neuen Deutschland? Der erste demokratisch legitimierte Ressortchef der »Nationalen Volksarmee« der DDR, Pfarrer Eppelmann, wurde nicht nur Verteidigungsminister, sondern »Minister für Abrüstung und Verteidigung«. Eppelmann war zudem ein »Ungedienter«, ist ein »praktizierender Pazifist« (Martin Walser).

Die Regierung des deutschen Westens beschloß im Juli 1990, den

Wehrdienst von 15 auf 12 Monate zu verkürzen und den Verteidigungshaushalt um 3 Prozent zu verringern. »Zahlentrickserei« nannte die SPD-Opposition die Planung des Wehretats. Vielleicht. Daß aber die Regierung meint, diesen vermeintlichen Trick anwenden zu müssen, beweist: Mehr Militär bedeutet im neuen Deutschland, anders als im alten, weniger Wählerstimmen. Militarismus?

Widerlegte das Jahr 1991, der Golfkrieg, diese Skizze? Mitnichten! Was erlebten wir? Nie war die Zahl derer so hoch, die es ablehnten, zur Bundeswehr zu gehen. Vergessen der altdeutsche Militarismus, versessen auf »Kriegsdienstverweigerung«. Das ist Deutschland heute. Das mag man begrüßen oder bedauern. Doch wissen muß, wer werten will.

Das Ende der allgemeinen Wehrpflicht?

Warum verweigern heute so viele den Wehrdienst? Immerhin sind es in der Bundesrepublik Deutschland derzeit zwölf Prozent eines Jahrgangs. Auch in anderen Staaten, in Ost und West, wird heftig an der allgemeinen Wehrpflicht gerüttelt. Die Krise der allgemeinen Wehrpflicht hat also offenbar nationale und internationale Ursachen. Welche?

Daß bei uns die Zahl der Wehrdienstverweigerer gegenwärtig so hoch ist, kann man keineswegs nur auf vermeintlich untüchtige Minister, Offiziere, auf Gammeldienst oder spätestens seit Gorbatschow verlorene Feindbilder zurückführen. »Nach allem, was in Deutschland, aus Deutschland und im deutschen Namen, von deutschen Streitkräften früher verbrochen wurde«, so ist immer wieder zu hören, könne man in einer alt-neuen (teil)deutschen Armee nicht mehr guten Gewissens dienen.

Nicht allein um die Wehrpflicht, sondern um die deutsche Geschichte wird also gerungen! Weil zwischen Deutschen keine Übereinstimmung in bezug auf die »Lehren aus der Geschichte« besteht, kann es keine Übereinstimmung in bezug auf die allgemeine Wehrpflicht geben. Die allgemeine Wehrpflicht ist deshalb nicht mehr allgemein. Die Befürworter der allgemeinen Wehrpflicht müssen sich eher rechtfertigen als die Kritiker. Doch die gegenwärtige Rechtfertigungskrise der Bundeswehr unterscheidet sich kaum von früheren. Sie ist so alt wie die Bundeswehr selbst. Nicht die Entspannung hat sie ausgelöst. Sie bestand schon in der spannungsreichen Zeit des Kalten Krieges. Wie hätte es nach dem Zweiten Weltkrieg auch anders sein können? Die Bundeswehr war eine neue deutsche Streitmacht, die bei der alten Wehrmacht Anleihen aufnehmen mußte, sowohl personell (wenngleich, und das wird oft übersehen, nach skrupulöser Überprüfung) als auch ideell.

Die Bundeswehr war die Armee eines neuen deutschen Teilstaates, der sich als Rechtsnachfolger des alten Gesamtstaates verstand, und stand damit in der Traditionslinie der Wehrmacht.

Die Abgrenzung zur Wehrmacht war von Anfang an ein ebenso politisches wie historisches, also ein geschichtspolitisches Problem. Tradition und Traditionsverständnis der Bundeswehr waren und blieben ein Politikum; besonders die Verstrickung der Wehrmacht in die Juden-, Polen- und Russenmorde sowie nicht zuletzt in die massenweisen Erschießungen auf dem Balkan.

Im heute geltenden, vom damals noch amtierenden sozialdemokratischen Verteidigungsminister Hans Apel unterzeichneten Traditionserlaß vom 20. September 1982 heißt es hierzu unter anderem: »In den Nationalsozialismus waren Streitkräfte teils schuldhaft verstrickt, teils wurden sie schuldlos mißbraucht. Ein Unrechtsregime wie das Dritte Reich kann Tradition nicht begründen.« In der Traditionspflege sei »besonderer Wert« auch auf das »Leiden der Verfolgten und Gedemütigten« zu legen.

Das ist nicht nur sehr gut formuliert, es ist politisch überzeugend, bezeugt die Fähigkeit zur Selbstkritik und trifft die historische Wahrheit genau. Die Bundeswehr beschönigt in ihrem Selbstverständnis nichts. Sie zieht damit einen ebenso deutlichen wie unmißverständlichen Trennungsstrich zur Wehrmacht. Der Streit um die Tradition kreist also offenbar nicht um die Kontinuität zwischen Wehrmacht und Bundeswehr. Tatsächlich gestritten wird um die Frage der Kontinuität der deutschen Schuld: der »kriminellen, politischen, moralischen oder metaphysischen Schuld« (Jaspers) der deutschen Gesellschaft, nicht nur der deutschen Streitkräfte.

Weil nicht nur die Verstrickung der deutschen Streitkräfte, sondern zumindest die Kontinuität der moralischen Schuld und Haftung der gesamten Gesellschaft immer wieder zu politischen Diskussionen führt, bleibt auch die Traditionsproblematik der verschiedenen Teile der Gesellschaft, also auch der Bundeswehr, in den Schlagzeilen und im ständigen Rechtfertigungszwang. Regierungen und Minister kommen und gehen, der Rechtfertigungszwang bleibt.

In Deutschland übersieht man oft, daß die allgemeine Wehrpflicht auch in anderen Nationen mit ganz verschiedenen Traditionen nicht mehr so allgemein ist. Warum zerbröselt auch dort das Prinzip der allgemeinen Wehrpflicht? Weil es auch außerhalb Deutschlands – freilich aus ganz anderen Gründen – keine allgemeingültige »Lehre aus der Geschichte« gibt. Auch dort wurde die allgemeine Wehrpflicht nicht nur politisch gebraucht, sondern auch mißbraucht.

Wo die allgemeingültigen Lehren aus der Geschichte umstritten sind, nimmt die Bereitschaft der Allgemeinheit zur allgemeinen Wehrpflicht natürlich ab. Wenn nicht alle mit allem einverstanden sind, wollen auch nicht alle dienen. So sehen es heute sehr viele. Früher sah man das zumindest zeitweilig anders: im Gefolge der Französischen Revolution entstand die allgemeine Wehrpflicht. Sie war zunächst eine demokratische Errungenschaft. Deshalb sträubten sich zum Beispiel preußische Reaktionäre gegen die Übernahme dieser Neuerung. Eine Gefährdung ihrer Macht befürchteten sie. Die Gewehrläufe der Untertanen, so ihr Alptraum, würden sich nicht nur nach außen, sondern auch nach innen richten: gegen die Herrschenden. Doch allmählich erkannten Politiker außerhalb und innerhalb Deutschlands, daß ihnen die allgemeine Wehrpflicht – anders als zuvor – Soldaten zum Nulltarif verschaffte.

Die Untertanen, aus denen Bürger wurden, erkannten ihrerseits, daß sie und ihr Idealismus oft mißbraucht wurden. Die Grundlage der allgemeinen Wehrpflicht zerbrach: das wechselseitige Vertrauen von Führung und Geführten und damit von Politik und Gesellschaft. Nicht nur bei uns, sondern auch bei den anderen.

Nicht nur national, auch international wird demnach um die Allgemeinheit der allgemeinen Wehrpflicht gerungen – sofern sie besteht.

Juden ins deutsche Militär?

Weil ich das Neue am neuen Deutschland kenne, schätze und fördern möchte, trat ich freiwillig wieder einmal in ein Fettnäpfchen. Zur Jahreswende 1988/89 wurde erneut die Frage diskutiert, ob deutsche Juden in der Bundeswehr dienen sollten. Im Fernsehmagazin *Panorama* nahm ich hierzu am 30. Januar 1989 und in der *Zeit* am 17. März 1989 Stellung. Hier sei der Text des Artikels aus der *Zeit* wiedergegeben.

Bürger, nicht nur Mitbürger

Fast hätte es wieder neue deutsch-jüdische Turbulenzen gegeben. Da mußte nämlich über eine Frage entschieden werden, die rechtlich geklärt schien: ob junge deutsche Juden in der Bundesrepublik wehrpflichtig sind. Vor wenigen Wochen ist die Entscheidung in Bonn gefallen: Sie sind es, in der Praxis wenigstens, nicht.

Schon vorher galt nach den Bestimmungen des Wehrpflicht-Gesetzes und des Bundesentschädigungs-Gesetzes, daß Wehrpflichtige vom Dienst in der Bundeswehr zu befreien sind, wenn »deren ältere Brüder oder, falls keine Brüder vorhanden waren, deren ältere Schwestern an den Folgen« der NS-Untaten gestorben sind. Die Praxis erweiterte diese Regelung stillschweigend: Wenn deutsche Juden dieser zweiten Generation sich nicht gerade in die Bundeswehr drängten, wurden sie freigestellt, ganz gleich, wie viele Familienangehörige im Holocaust umgekommen waren.

In einem Fall jedoch geschah das nicht. 1988 wurde ein junger Jude der dritten Generation, dessen Großeltern ebenso wie seine Eltern das Judenmorden überlebt hatten, einberufen. Er ging vor Gericht und verlor. Juden könnten nicht automatisch vom Wehrdienst befreit werden – aus Gründen der Rechtsgleichheit –, entschied ein Ansbacher Gericht im Oktober.

»Mit dieser Vergangenheit, die ich persönlich habe, kann ich es einfach nicht aushalten, in der Bundeswehr zu dienen, die sich als Nachfolgerin der Deutschen Wehrmacht versteht, die durch den ganzen Krieg, den sie geführt hat, die Endlösung erst möglich gemacht hat«, so begründete der vor Gericht unterlegene junge Mann seine Klage. Die jüdischen Gemeinden und der Zentralrat der Juden in Deutschland griffen das Thema auf. Auch die Enkel der Verfolgten seien von der allgemeinen Wehrpflicht freizustellen.

»Ein Sonderstatus ist aufgrund der geschichtlichen Ereignisse . . . schlicht und ergreifend da«, erklärte Hermann Alter, bis vor kurzem noch Direktionsmitglied des Zentralrates.

Vor wenigen Wochen beschlossen Bundeskanzler und Verteidigungsminister in Bonn entsprechend: Künftig werden auch die En-

kel der jüdischen Holocaust-Überlebenden vom Wehrdienst freigestellt. So ist denn die Entscheidung gefallen, aber ist sie auch richtig?

Einmal stimmt es ja nicht, daß die Bundeswehr in ihrer Tradition in der Kontinuität der Wehrmacht steht. Im heute gültigen, vom damaligen Verteidigungsminister Hans Apel herausgegebenen Traditionserlaß vom 20. September 1982 heißt es unter anderem: »In den Nationalismus waren Streitkräfte teils schuldhaft verstrickt, teils wurden sie schuldlos mißbraucht. Ein Unrechtsregime wie das Dritte Reich kann Tradition nicht begründen.« In der Traditionspflege sei »besonderer Wert« auch auf das »Leiden der Verfolgten und Gedemütigten« zu legen. Nur mit Personen oder Verbänden, »die in ihrer politischen Grundeinstellung den Werten und Zielvorstellungen unserer verfassungsmäßigen Ordnung verpflichtet sind«, dürften im Rahmen der Traditionspflege Begegnungen stattfinden. Gewiß, da gibt es Vollzugsdefizite, aber die Bundeswehr begreift sich gerade nicht als Fortsetzung der in die Schuld der Nationalsozialisten verstrickten Wehrmacht. Auch praktische Bedenken können nicht durchschlagen. Juden müßten freigestellt werden, heißt es hier und da, weil in der Bundeswehr kein Rabbiner für die jüdische Militärseelsorge und kein koscheres Essen eingeplant wäre. Unerträglich sei es für einen jungen Juden im übrigen, die Stube mit Männern zu teilen, die sich möglicherweise antisemitisch äußern könnten. Aber fehlende Rabbiner und koscheres Essen kann man organisieren, Stubenkameraden mit Hilfe der Vorgesetzten in die Schranken weisen.

Das eigentliche Problem liegt woanders: Können die Repräsentanten des bundesdeutschen Judentums wirklich Sonderrechte für Juden wollen? Rechtsgleichheit kennzeichnet den Rechtsstaat, Sondergesetze heben ihn auf. Genau das beweist die NS-Zeit. Wollen wir Juden im nachhinein Hitler tatsächlich den Triumph gönnen, daß es wieder Sondergesetze für Juden gibt? »Arische Abstammung ist eine Voraussetzung für den aktiven Wehrdienst«, hieß es in Paragraph 15 des Wehrgesetzes vom Mai 1935.

Anders als früher können wir Juden heute im Land unserer Wahl leben. Die Juden in der Bundesrepublik haben sich für dieses Land entschieden. Viele von uns lehnen deshalb die Bezeichnung »jüdische Mitbürger« ab. Wir sind deutsche Staatsbürger wie alle anderen, also Bürger – keine Mitbürger. Weshalb dann aber Sonderrechte?

Leid und Martyrium der Holocaust-Generation, der Großeltern und Eltern, kann und darf niemand bezweifeln. Aber sind wir Juden der zweiten und dritten Generation wirklich noch Märtyrer? Märty-

rertum ist, wie die Schuld auch, nicht erblich. Anders als unsere El-
tern und Großeltern leben wir in einem Staat, der uns schützt und
nicht verfolgt. Wenn wir uns als Märtyrer verstehen, entwürdigen wir
die wahren Opfer.

Diesen Artikel bezeichnete der bereits eingangs erwähnte freundliche
Mann aus Berlin in seinem Leserbrief an den *Aufbau* als »Forderung,
alle jungen Juden ohne Unterschied zur deutschen Armee einzuziehen«. Vergleichbar waren die Reaktionen der meisten deutschjüdischen Amtsträger. Mehr Reflex als Reflexion.

XI. Bilder von Deutschland und Deutschen

»Du sollst dir kein Bildnis machen«

»Du sollst dir kein Bildnis machen«, lesen wir bereits in den Zehn Geboten. Leider hielt man sich auch in der politischen Geschichte nicht an dieses Bilderverbot. Wen man nicht mag oder gar verabscheut, verflucht man. Dabei ist die Phantasie des Menschen erstaunlich begrenzt. Irenäus Eibl-Eibesfeldt hat es uns in seinen Veröffentlichungen immer wieder gezeigt: bei vermeintlich hochzivilisierten Europäern oder bei Menschenfressern im Urwald, überall und immer nur Variationen des gleichen Themas: Der Verfluchte ist zum Beispiel ein »Schwein« oder »Hund«, ein »Killer« oder »Dämon«. Ebenfalls beliebt sind Flüche über Genitalien. Was wunder, daß also »der Jude«, wenn beschimpft, seit dem 13. Jahrhundert zum »Judenschwein«, »der Deutsche«, wenn verflucht, »Killer« oder »Hunne« wurde und so weiter und so weiter. Sehr ärgerlich, wenig originell und noch weniger hilfreich bei der Lösung von innergesellschaftlichen oder zwischenstaatlichen Konflikten. Ähnlich phantasie- und gedankenlos die Karikaturen »vom Kapitalisten«, der stets eine dicke Zigarre raucht, einen noch dickeren Bauch zur Schau stellt und brutal aussieht.

Bilder können sowohl Informations- als auch Gefahrenquelle sein. Sie können den äußeren Stand der Dinge ebenso zeigen wie den inneren Zustand der Köpfe der Bildgestalter. Wenn sie den Stand der Dinge darstellen, geben sie die Wirklichkeit wieder, sind Realbilder. Ihr Betrachter erfährt einiges über die Wirklichkeit. Das Bild ist Informationsquelle. Der Bildgestalter kann den Bildgegenstand verschönern. Dann zeichnet er ein Idealbild. Es ist zugleich Abbild seiner eigenen Wünsche, also Wunschbild. Wir erfahren dadurch einiges über den Zustand im Kopf des Malers. Gleiches gilt in bezug auf häßliche Verzerrungen der Wirklichkeit. Ein Zerrbild dieser Art ist Abbild eines Feindbildes.

Zerr- und Idealbilder wirken gleichermaßen nachteilig. Deshalb sind sie eine Gefahrenquelle. Entspricht nämlich das Realbild nicht dem Idealbild, ist Enttäuschung die Folge. Und gleicht das Real- nicht dem Zerrbild, wird man beim Verzerrten Ärger, Trotz und Aggressionen auslösen. Deshalb ist es so wichtig, in bezug auf Einzelmenschen,

Gruppen und Staaten, also auch in bezug auf Deutschland und die Deutschen, Realbilder zu skizzieren. Es wäre gewiß reizvoll, Kontinuität und Wandel des Bildes vom Deutschen und von Deutschland nachzuzeichnen. Wir wollen uns hier nur auf einige Beispiele zeitgenössischer Deutschlandbilder beschränken. Sie wurden von Deutschen und Nichtdeutschen gemalt. Die Herkunft des politischen Malers ist nämlich weniger bedeutsam als die Qualität des Bildes.

Falsche Bilder sind in Geschichte und Politik so fatal wie Fehldiagnosen in der Medizin. Will der Arzt eine Therapie einleiten, muß er die Diagnose kennen. Ohne den richtigen Befund keine Heilung. Auf Geschichte und Politik übertragen: Wer die Wirklichkeit nicht richtig erkennt und beschreibt, kann keine erfolgreiche Politik gestalten. Wenn man gegen Gespenster kämpft, kann man den lebenden Gegner nicht erkennen. Zu erkennen gibt man dabei außerdem seine eigene geistige Unzulänglichkeit, denn: »Der Deutsche ist nicht auf alle Ewigkeit ein Nazi, außer für Dummköpfe« (André Glucksmann).

Wer das entstehende größere Deutschland automatisch mit dem untergegangenen größenwahnsinnigen Deutschen Reich gleichsetzt, sieht nicht die veränderte Wirklichkeit und betreibt falsche Politik. Er (oder sie) drängt die neuen Deutschen in die alte Ecke. Es dürfte leichter sein, die Deutschen in diese Ecke hineinzubringen, als sie dann wieder herauszubekommen. Aus unklugem, doch möglichem Trotz könnten sie in der Schmollecke verweilen. Wer die Bundesrepublik Deutschland allein als »Ellenbogengesellschaft« darstellte, ohne sozialstaatliche Netze zu zeigen, zeichnete ein Zerrbild, das Feindbild und zugleich Abbild seiner ideologischen Fundamentalkritik am deutschen Weststaat war. DDR-Propagandisten und wohlmeinende, doch schlecht wissende Westler haben den deutschen Osten während der achtziger Jahre in den schönsten und hellsten Farben gemalt. Diese Bilder vermittelten uns keine Informationen über die DDR, wohl aber über die Positionen der politisch Malenden. Nicht nur ihre politischen Bilder zerbrachen im Herbst 1989 an der Wirklichkeit, auch und vor allem ihre Politik.

Wer im und mit dem neuen Deutschland erfolgreiche Politik treiben möchte, muß demnach ein reales Bild von Deutschland und den Deutschen haben, muß sich von Klischees lösen.

Das Deutschland-Bild im Ausland

In der veröffentlichten Meinung über das neue Deutschland trifft man oft auf die alten Klischees, auf verstaubte Bilder, die vergangene Wirklichkeiten darstellen. Daß vor dem inneren Auge kritischer Ausländer und selbstkritischer Deutscher auch in bezug auf das neue Deutschland alte Bilder aufkommen, ist geschichtlich und psychologisch verständlich. Das macht aber aus falschen Bildern keine richtigen. Die alten und falschen Bilder zeigen keineswegs nur den Deutschen als Ewigen Nazi, Militaristen, Nationalisten oder Kraftmeier.

Die »Eckwerte« des Deutschlandbildes der US-Amerikaner hat Jörg von Uthmann in seinem Buch *Volk ohne Eigenschaften* umschrieben: Beethoven, Bier, BMW, Boris Becker. Umfragen in den USA ergänzen das Bild: Im März 1990 hielten 88 Prozent der US-Bürger die Deutschen für »diszipliniert«, 81 Prozent nannten sie »tüchtig«, 77 Prozent »aggressiv«, aber 69 Prozent sagten »einfühlsam«.[45] Wer die »einfühlsamen« Deutschen erwähnte, dachte wohl an das deutsche Gegenstück zu Disney World und Disney Land: Neuschwanstein und Herrenchiemsee. An »deutsche Gemütlichkeit« denkt man gerne, um der vermeintlichen oder tatsächlichen US-Hektik Angenehmeres gegenüberzustellen. Wie die Deutschen so gelten auch die Japaner in den USA als arbeitsbesessen, richtiger: als noch besessener. Daß die Japaner »diszipliniert« und »tüchtig« seien, meinten ebenfalls im März 1990 je 93 Prozent.[46] »Wahrnehmungen über Japan« hieß eine internationale Umfrage, die im März 1988 in den USA, Großbritannien, Westdeutschland, Frankreich und Japan organisiert wurde. Daß Japaner fleißig seien, meinten in Japan selbst nur 23 Prozent der Befragten, in den USA 37 Prozent, in England 29, in Westdeutschland 43 und in Frankreich 41 Prozent.[47] Große Unterschiede also zwischen der Selbst- und Fremdwahrnehmung. Nur die Daten aus England fallen etwas aus der Reihe. Und trotzdem: Die Daten, die dem Klischee entsprechen, fallen recht niedrig aus. Die tatsächliche öffentliche Meinung über Japan entspricht keineswegs den Erwartungen über sie. Das Bild von den Japanern hat deutliche Risse. Auch das vermeintliche Bild von Deutschland und den Deutschen. Wir wollen es beweisen:

Wer gerne arbeitet, ist auch auf seine Arbeit stolz. Weil die Deutschen gerne arbeiten, sind sie gewiß auf ihre Arbeit stolz, müßte man annehmen. Weit gefehlt! Die bereits erwähnte »Internationale Wertestudie«

ergab 1981/82, daß nur 15 Prozent der Westdeutschen auf ihre Arbeit »sehr stolz« waren. In den USA waren es 83 Prozent, in »Europa insgesamt« im Durchschnitt 36 Prozent. Großbritannien lag mit 79 Prozent an der Spitze, vor der Republik Irland mit 71 und Nordirland mit 70 Prozent.[48]

Als liebenswerte Faulenzer gelten die Italiener. Böses Erwachen! 72 Prozent der Italiener waren auf ihre Arbeit »sehr stolz« oder »ziemlich stolz«, doch nur 53 Prozent der Westdeutschen. So die »Internationale Wertestudie«.[49] In Italien lehnten es 65 Prozent ab, »die Arbeit weniger wichtig zu nehmen«, in Westdeutschland nur 53 Prozent.

Gemessen an alten deutschen Tugenden ist es mit den Bundesrepublikanern allmählich abwärts gegangen. Manche werden trauern, andere frohlocken, alle werden sich von alten Bildern trennen müssen. Die »liebsten Stunden« waren 1962 für 29 Prozent der befragten Westdeutschen die, »wenn ich nicht arbeite«. Doch dann kam es knüppeldick. 1975 sagten dies 39 Prozent, 1976 sogar 46 Prozent. Im März 1990 sank die Zahl auf 42 Prozent.[50] Die DDR-Bürger entsprachen, ebenfalls im März 1990, eher dem alten Bild: Hier waren für nur 23 Prozent die arbeitsfreien Stunden auch die »liebsten«.[51] Die Ossis werden sich gewiß den Wessis anpassen.

Risse im Bild von den fleißigen Deutschen zeigen auch Umfragen aus Großbritannien und Frankreich: 1984 hielten 54 Prozent der Franzosen die Deutschen für fleißig, doch nur 17 Prozent der Briten.[52] Ist die Zahl für Frankreich hoch? Ich meine nicht, denn ungefähr die Hälfte der Franzosen sieht die Deutschen anders als man sie zu sehen gewohnt war.

Und wieder eine Hiobsbotschaft für Vorurteilsbeladene: Auch der Untertanengeist geht in Deutschland nicht mehr so recht um. In Italien verlangten 1981 64 Prozent »mehr Achtung vor Autorität«, in Westdeutschland aber nur 44 Prozent.[53] In den USA waren es gar 84, in Großbritannien 73 Prozent. Den Rekord der Autoritären hielt Irland: Im Norden waren es 87, in der Republik Irland 85 Prozent. Spitzenreiter der Antiautoritären waren die Schweden mit 31 Prozent und die Dänen mit 39 Prozent. Der europäische Durchschnitt betrug 61 Prozent.[54]

Es kommt noch schlimmer für diejenigen, die an alte deutsche Tugenden glauben: 1981/82 gaben sich die jüngsten Deutschen (18 bis 24 Jahre) mit 19 Prozent fast so antiautoritär wie die schwedischen Jungrekordler mit 15 Prozent. Erst auf Platz drei die jüngsten Dänen mit 21 Prozent.[55]

Wie wenig das Bild von den nationalitischen oder national stolzen Deutschen zutrifft, haben wir bereits im Kapitel »Deutschland, Deutschland über alles?« erwähnt. Dort wurden mehr harte Umfragedaten als weiche Meinungen erwähnt.

Die aggressiven Deutschen als Holocaust-Volk?

»Die ganze Welt ist gegen uns!« jammern viele Deutsche von Flensburg bis Garmisch und von Magdeburg bis Frankfurt an der Oder. Schuld sei vor allem das ständige Erinnern an den millionenfachen Judenmord, an die KATASTROPHE, heißt es. Das Bild von den Deutschen als kämpferische Spät- oder Post-Germanen, auch als »Hunnen« (Winston Churchill), ist allgemein bekannt. Aber: Nur eine Minderheit im Ausland glaubt noch daran. Das Realbild hat sich vor das alte, auch selbst verschuldete (man vergesse das nicht!) Zerrbild geschoben. Daß »die Deutschen eigentlich von ihrer Natur aus besonders kriegerisch, besonders aggressiv« wären, meinten im Herbst 1989 in Italien 38 Prozent der Bürger, in Großbritannien 31, in den USA und den Niederlanden 26, in Schweden 20, in Frankreich 15 und in Japan lediglich 7 Prozent.[56]

Schon 1977 war der Anteil derer, die in den USA, Frankreich und Großbritannien glaubten, daß die »heutigen Menschen ... in Westdeutschland« so wären wie in Filmen »über das Hitler-Deutschland«, verschwindend gering: »Sie sind noch so«, sagten in den USA und Frankreich nur 4 Prozent, in Großbritannien 7 Prozent. In den wichtigsten westlichen Staaten hatte die große Mehrheit der Bevölkerung schon seit Jahren offenbar KEINE ANGST (mehr) VOR DEUTSCHLAND.

Es überrascht trotzdem nicht: »Der Holocaust prägt das Bild der Deutschen«, meinten im September und Oktober 1983 43 Prozent der Italiener, 41 Prozent in den USA, 35 in Großbritannien und den Niederlanden, 29 in Schweden, 24 in Spanien, 20 in Frankreich und 18 Prozent in Japan.[57]

Es überrascht doch! Denn die Mehrheit in all diesen acht Staaten sagte im Herbst 1989: »Es ist richtig, im Fernsehen sieht man immer wieder Filme, die in der Nazi-Zeit spielen. Aber das Bild von Deutschland wird davon nicht mehr geprägt.« Hier ist ebenso aufschlußreichen wie höchst aussagekräftigen und wichtigen Zahlen: Frankreich 68 Prozent, Schweden 58, Spanien 56, Großbritannien 50, Niederlande 48, Italien 41, USA 39 und Japan 33 Prozent.[58] Noch einmal, weil so wichtig: Die große Mehrheit in sechs der acht genannten Staaten meinte, das Deutschlandbild werde nicht mehr vom Holocaust geprägt. Allein in den USA und in Italien glaubte eine denkbar knappe Mehrheit an die Kraft des Holocaust-Bildes.[59] Damit ist nicht gesagt, daß das Deutschlandbild der Befragten selbst hiervon bestimmt wurde. In der Regel fallen die Meinungen über die Meinungen zu Deutschland für Deutschland nämlich deutlich ungünstiger aus. Wenn nach der Eigenmeinung gefragt wird, ergibt sich ein helles, freundliches Bild.

Ähnliche Ergebnisse wie 1989 zeitigte eine internationale Umfrage schon 12 Jahre vorher, im Oktober 1977. Sie wurde in den USA, Italien, Großbritannien, Schweden, Griechenland, den Niederlanden, Dänemark und Frankreich durchgeführt. Daß (West-)Deutschland »aufgrund der Nazizeit noch mit Mißtrauen zu begegnen« wäre, meinten damals in Frankreich 41 Prozent (viel, aber die Minderheit), in Großbritannien waren es 38, in den USA 31, in Schweden 29, in den Niederlanden 18, in Dänemark 16, in Italien 14 und in Griechenland 9 Prozent der Befragten.[60]

Vorbehalte gegenüber Deutschland gab und gibt es. Das ist mehr als verständlich. Aber die Mehrheit der öffentlichen Meinung im Ausland zeigte sich offen.

Sympathien in bundesdeutscher Spätzeit (Sommer 1989)

Im Sommer 1989, fast genau fünfzig Jahre nach dem Ausbruch des von Deutschland begonnenen Zweiten Weltkrieges, wollte das Internationale Gallup-Institut wissen, wie die Bevölkerungen ehemaliger Kriegsgegner, Kriegspartner und vormals Neutraler einander beurteilten. Das Image von 32 Staaten wurde dabei untersucht. Natürlich auch das Deutschlandbild in den übrigen 31 Ländern.[61] Das Ergebnis: Das Bild von Deutschland und seinen mehr oder weniger engen Kriegspartnern (Österreich, Italien, Japan, Ungarn, Finnland) war 1989 kaum von den Ereignissen des Zweiten Weltkrieges bestimmt. Gegenwartsbezogene Perspektiven, nicht vergangenheitsbedingte, prägten das Bild der Staaten. Diese Aussage gilt auch in bezug auf Deutschland.

Es gab freilich auch Ausnahmen. Die herausragende: Israel. Das überrascht nicht und ist verständlich. In den Niederlanden, besonders bei älteren Bürgern, traf man ebenfalls häufiger als woanders auf erhebliche Vorbehalte gegenüber Deutschland. Auch keine Sensation. Nicht durch den Gang des Krieges erklärlich: antideutsche Gefühle in Finnland und Italien. Ein »weiterer Beweis dafür, daß der Zweite Weltkrieg eben einfach Geschichte geworden ist«, meint Norman Webb von Gallup International. Das wäre die eine mögliche Interpretation. Die andere: Kompensation der eigenen Vergangenheit (ursprüngliche Partnerschaft mit Hitler-Deutschland) in der Gegenwart. Der Widerstand der Nachgeborenen, die nachträgliche und daher bequeme Art der Geschichtskorrektur. Auch dies also in bezug auf die Nachgeborenen kein exklusiv deutsches Phänomen; nicht erfreulich, die geschichtspolitischen Eitelkeiten der deutschen Nachgeborenen nicht entschuldigend, doch relativierend, weil offenbar eher allgemein menschlich als national bedingt.

Überdurchschnittlich oft fand Gallup auch in der Türkei und auf den Philippinen Distanz zu Deutschland. In bezug auf die Türkei drängt sich eine Vermutung auf: das Problem der türkischen Gastarbeiter in Deutschland. Eine naheliegende Vermutung, doch keine durch Daten gefestigte Aussage. Die Distanz gegenüber Deutschland hört allerdings in dem Moment auf, wenn Deutschland gebraucht wird, im Extremfall, also im Kriegsfall. Daß West-Deutschland dann der zuverlässigste Verbündete der Türkei wäre, meinten im März nämlich 29 Prozent der Türken. Über die USA sagten es 31 Prozent; weit abgeschlagen die Niederlande mit 12 Prozent.[62] Unklar bleibt die 1989 beobachtete Einstellung der Filipinos. Sollte sie von deutschen Sexmaklern beeinflußt worden sein? Hat man mit mehr finanzieller Hilfe aus Bonn gerechnet, nachdem Diktator Marcos gestürzt war? Fragen, keine Antworten.

Wer unbedingt genaue Zahlen erfahren möchte, kann die nun folgende Zahlenreihe auch noch lesen. Ansonsten überspringe sie der Leser.

»Ich mag die Deutschen sehr« oder »Ich mag die Deutschen einigermaßen«, sagten im Juni und Juli 1989 in den Staaten der ehemaligen Kriegsgegner 74 Prozent der Dänen, 59 Prozent der Menschen im Großraum Moskau[63] und in Südafrika, 57 in Estland, 56 in Frankreich, 51 in den USA, 50 in Indien, 45 in Australien, 43 in Kanada, 40 in Neuseeland, 37 in Großbritannien, 33 in Griechenland und den Niederlanden, 27 in Belgien und 10 Prozent in Hongkong.

Bei den einstigen oder zeitweiligen Kriegspartnern zeichnete sich ein vergleichsweise ungünstigeres Bild ab. Mit dem Widerstand der

Nachgeborenen haben wir diese Tatsache zu erklären versucht. Auf die gleiche Frage antworteten also 60 Prozent in Österreich, 52 in Ungarn, 37 in Finnland, 23 in Italien und 15 Prozent in Japan.

In der Gruppe der damals neutralen oder noch nicht existierenden Staaten wurden folgende Daten ermittelt: 42 Prozent in Mexiko, 41 in Argentinien und Brasilien, 40 in der Schweiz, 37 in Süd-Korea und Chile, 35 in Kolumbien, 33 in Luxemburg, 32 in der Türkei, 26 auf den Philippinen, 19 in Costa Rica und 11 Prozent in Israel.

Die vielen Daten lassen sich nicht eindeutig und unumstößlich interpretieren. Trotzdem ist die Tendenz unübersehbar, und sie wird vom Gallup-Team ausdrücklich hervorgehoben: Die Gegenwart bestimmt das jeweilige Image eines Staates mehr als die Vergangenheit. Auch das Deutschlandbild ist im Ausland kaum noch geschichtspolitisch bedingt.

Sogar aus Israel gibt es positive Daten über Deutschland: »Sind alle heute noch lebenden Deutschen schuld am Holocaust?« fragte das PORI-Institut im März 1982 einen repräsentativen Querschnitt der jüdischen Bevölkerung des Landes. Die überwältigende Mehrheit, nämlich 41 Prozent, verneinte die Frage nach der deutschen Kollektivschuld. Nur 9 Prozent stimmten ihr zu.

Im Mai 1981 hatte der damalige Ministerpräsident Israels, Menachem Begin, die Kollektivschuldthese aus der erfreulicherweise verstaubten Schublade herausgeholt: Seinen deutschen Amtskollegen, Bundeskanzler Helmut Schmidt, und das deutsche Volk in seiner Gesamtheit griff er heftig an. Sie wären an den Greueltaten der Nationalsozialisten schuldig. Daß die Bundesrepublik Deutschland »ein anderes Deutschland als das nationalsozialistische« sei, glaubten trotzdem einen Monat später die meisten Israelis, nämlich 43 Prozent. Nur 28 Prozent sahen es in dieser aufgereizten Phase anders. Schon im März 1982 schien der deutschlandpolitische Zorn der Israelis verraucht: 64 Prozent glaubten an das »neue Deutschland«.[64] Andere und spätere Umfragen, auch Verhaltensweisen der Israelis haben es bewiesen: Das Deutschlandbild der Israelis ist so ungünstig nicht.[65]

Voreilige Aha-Ergebnisse und -Erlebnise sind auch in bezug auf das Deutschlandbild der Niederländer unangebracht. Im September/Oktober 1989 sagten nämlich 56 Prozent, daß sie »die Deutschen mögen«, nur 27 Prozent mochten sie nicht und 16 Prozent äußerten keine Meinung.[66]

Diese Beispiele mögen in bezug auf das Deutschlandbild des Auslands während der bundesdeutschen Spätzeit genügen. Wie sah es in
der bundesdeutschen Antike aus?

Sympathiedaten aus der bundesdeutschen Antike

Sogar die Ausgangslage Deutschlands war in den *Vereinigten Staaten von Amerika* erstaunlicherweise keinesfalls schlecht, jedenfalls
weit besser als die Japans. Mit den Deutschen würden sie wohl nach
dem Krieg eher auskommen als mit den Japanern, meinten im Frühjahr 1943 (kurz nach Stalingrad!) 67 Prozent der US-Bürger.[67] Daß die
Japaner »grausamer« als die Deutschen seien, meinten im Mai 1945
83 Prozent.[68] Schon im Januar 1947 (also vor der Berliner Blockade
und der Luftbrücke) stand fast die Hälfte der US-Bevölkerung »dem
Deutschen Volk als Ganzem« wieder freundlich (»friendly«) gegenüber. Nur 28 Prozent gaben sich »unfriendly«.[69] Trotz dieser erstaunli-
chen Freundlichkeit verlangte 1944/45 die amerikanische Öffentlichkeit eine Bestrafung Deutschlands.[70]

Vier Jahre später aber, im Juli 1949, eine geradezu sensationelle
Milde: 53 Prozent der Amerikaner fanden, Deutschland sei »für seinen Anteil am Zweiten Weltkrieg genug bestraft« worden. Nur 29 Prozent bekundeten eine abweichende und 18 Prozent gar keine Ansicht.[71] Wir zählen diese 18 Prozent der Ansichtslosen zu den 53
Prozent, die für ein Ende der Bestrafung eintraten. Der Grund ist einfach: Deutschland war für die Ansichtslosen offenbar kein Reizthema.

Wir können deshalb bilanzierend feststellen: 82 Prozent der Amerikaner plädierten schon im Sommer 1949 letztlich für deutschlandpolitische Milde. Besonders aufschlußreich ist dabei die Tatsache, daß
diese Meinungen in den USA rund ein Jahr vor Ausbruch des Korea-
Kriegs, mehr als drei Jahre vor dem deutsch-jüdisch-israelischen Wiedergutmachungsabkommen und vier Jahre vor Verabschiedung des
deutschen Entschädigungsgesetzes geäußert wurden. Im Klartext:
1949 wußte die amerikanische Öffentlichkeit noch gar nicht, daß man
Westdeutschland bald militärisch benötigen würde, um den Westen
weltpolitisch zu stärken. Sie konnte auch nicht ahnen, daß Bonn finanzielle Wiedergutmachung leisten wollte.

Noch günstiger gewogen gaben sich die US-Bürger im Februar
1953: Ein »Wiederaufleben des Nazismus« in (West-)Deutschland
hielten 56 Prozent für »wenig chancenreich«.[72] Wieder ist der Zeit-

punkt der Umfrage alles andere als unwichtig: Das Wiedergutmachungsabkommen mit Israel und den diasporajüdischen Organisationen war noch nicht vom Bundestag ratifiziert worden. Mit anderen Worten: Die Mehrheit der Amerikaner verband ihr Bild vom neuen Deutschland nicht mit judenpolitischen Bedingungen.

Für Deutschlands westeuropäische Nachbarn war in den frühen fünfziger Jahren natürlich »Wiederbewaffnung« das entscheidende Reizwort. In *Großbritannien* wurden zwischen 1950 und 1954 unterschiedlich stark ausgeprägte Befürchtungen bei Umfragen gemessen. Wenn man die Bildteile zu einem Gesamtbild vergröbert, kann man sagen: Rund 40 Prozent, manchmal sogar die Hälfte der Briten, befürworteten einen westdeutschen Wehrbeitrag im Rahmen einer gesamtwestlichen Allianz.[73] Im Februar 1954 lehnten nur noch 22 Prozent jegliche deutsche Streitmacht ab.[74]

Erstaunliche Zahlen so kurze Zeit nach dem Zweiten Weltkrieg. »Deutschland wurde gebraucht«, werden manche einwenden. Ich antworte: Das schon, aber immerhin mußte man erwarten, daß einem Großteil der Briten bis 1954 bei dem Gedanken an deutsches Militär durchaus noch mulmig würde.

Und *Frankreich*? Ungünstige Ausgangsbedingungen: Im Juli 1949 wurde den befragten Franzosen eine Liste vorgelegt, auf der verschiedene Staaten genannt waren. Sie sollten sagen, welchen sie »am wenigsten mögen«. 70 Prozent antworteten: Deutschland. Auf Plazt zwei, mit weitem Abstand Italien mit 10, auf Platz drei »Rußland« mit 5 Prozent.[75]

Doch schon im Februar 1950 (also vor Beginn des Korea-Krieges!) befürwortete knapp ein Drittel aller Franzosen »herzliche Beziehungen« zu eben diesem (West-)Deutschland. Das zweite Drittel lehnte dies ab, das dritte bezog keine Stellung.[76] Man kann auch sagen: Zwei Drittel der Franzosen hatten bereits im Februar 1950 nicht nur nichts gegen einfache »Beziehungen«, sondern sogar nichts gegen »herzliche« Beziehungen. Eigentlich sensationell.

Ob wohl die »politische Philosophie« der westdeutschen Regierung »eine Weltaggression auslösen« könnte, wollte Gallup im Mai 1952 von den Franzosen wissen. Den Rekord der Bejaher eroberten Anhänger der Kommunistischen Partei. Der Wert: 3 Prozent. Bei Sozialisten und Gaullisten wurde je 1 Prozent ermittelt. Mit anderen Worten: Für die Franzosen war schon im Frühjahr 1952 dieses Deutschlandklischee schlicht unsinnig. »Rußland« war für die Franzosen im allgemeinen der Bösewicht; in den Augen der Kommunisten Frankreichs waren es die USA.[77]

Ein »Unsicherheitsfaktor für Frankreich« wäre eine Bewaffnung (West-)Deutschlands, meinte noch im Oktober 1950 fast die Hälfte der Franzosen.[78] Im Dezember 1955 interessierte sich kaum noch 1 Prozent für die am 5. 5. 55 vollzogene Tatsache.[79]

Fazit: Die bundesdeutsche Gegenwart hatte sich in den Augen der westlichen Welt deutlich vor die Vergangenheit geschoben. (West-)Deutschland war zwar der Rechtsnachfolger des Deutschen Reiches, also auch des Dritten, aber dieses Deutschland war für die Bürger der westlichen Staaten nicht mehr »Nazi-Deutschland«.

Die Gründe: Kalter Krieg in heißer Phase, also die Wende von Korea? Wiedergutmachung an die Juden? Weder noch. Bereits vor Korea-Krieg und Wiedergutmachung hatte sich das deutsche Image erheblich gebessert – weil (West-)Deutschland eine Demokratie war. Nicht nur für die US-Politiker, auch für die Öffentlichkeit der westlichen Staaten war dies der entscheidende Punkt deutscher Vergangenheitsbewältigung. Sie erwarteten weniger politische Philosophie als pragmatische Politik, betrachteten den Output deutscher Politik, nicht den Input. Der eher philosophisch (oft pseudo-philosophisch) orientierten politischen Kultur Deutschlands entspricht diese Denk- und Vorgehensweise weniger. Ironie der Geschichte: Gerade Deutschland und die Deutschen haben von ihr profitiert. Sie hat den Deutschen den Weg in die Völkergemeinschaft geebnet.

Vom bundesdeutschen Mittelalter über die Neuzeit zur Spätzeit

Der Häßliche Deutsche ist tot. Es lebe der schöne und beliebte, freilich nicht geliebte Deutsche. So kraß, wie viele Bundesdeutsche oft meinten, war der Liebesentzug des Auslands nicht. Weder in der bundesdeutschen Antike noch im Mittelalter oder gar in der Neu- und Spätzeit der westdeutschen und wirklich demokratischen Republik. Ganz im Gegenteil.

Was die Bürger der *USA, Großbritanniens und Frankreichs* von »den Deutschen« hielten, wollte das Allensbacher Institut für Demoskopie in den Jahren 1976, 1984 und 1989 wissen. Ob man uns mochte, wurde »ganz allgemein« gefragt.

Die Mehrheit der Franzosen hat sich in die Deutschen geradezu verliebt. 1976 mochten 45 Prozent der Franzosen die Deutschen, 1984 waren es nur 44 Prozent, aber kurz vor dem politischen Fall der Mauer, in bundesdeutscher Spätzeit, waren es 52 Prozent.

Die amerikanische Leidenschaft für Deutschland nahm etwas ab, blieb jedoch außerordentlich heftig: 1984 sagten 71 Prozent der US-Amerikaner, daß sie »die Deutschen mögen«. Im Herbst 1989 betrug der Anteil 65 Prozent. Wahrhaftig kein dramatischer Rückgang.

Was dachten die Briten über Deutschland? 1962 mochten 46 Prozent die Deutschen, 1965 waren es sogar 53, 1976 nur 46, doch 1979 wieder 54 Prozent.[80] Es ging dann wieder und weiter abwärts: 1984 mochten 42 Prozent die Deutschen »ganz allgemein« und 1989 waren es lediglich 39 Prozent.[81]

Mindestens ebenso wichtig dürfte aber die Antwort sein: »Ich mag die Deutschen nicht besonders.« Spiegelbildlich zu den Sympathien nahmen die Antipathien in den drei Staaten ab oder zu. Entscheidend: 1989 gab es in den USA lediglich 11 Prozent, die erklärten, die Deutschen »ganz allgemein« nicht zu mögen. In Frankreich waren es 26 und in Großbritannien 25 Prozent. Wahrhaftig keine schlechten Werte für die Deutschen.

Wirklich aussagekräftig sind nur Vergleichsdaten. Waren andere Nationen beliebter? Vertraute man anderen Staaten mehr als Deutschland? Zwischen 1981 und 1987 »vertraute« fast ein Drittel der US-Bürger Westdeutschland. Spitzenreiter waren Kanada und Großbritannien. Kanada vertrauten drei Viertel, Großbritannien ungefähr die Hälfte aller US-Bürger. Vor der Bundesrepublik Deutschland lagen aber nur noch Australien, die Schweiz und Schweden. Deutschland (West) wurde ebenso viel Vertrauen entgegengebracht wie dem Kriegsverbündeten Frankreich.[82] Weit abgeschlagen auf der Liste des Vertrauens: der vermeintliche Liebling, das angebliche Hätschelkind der USA: Israel. Für den jüdischen Staat wurden Werte zwischen 12 und 17 Prozent festgestellt. Am Klischee orientiert: Dem Staat der Täter vertrauten die Amerikaner mehr als dem Staat der Opfer. Man kann diese Tatsache unterschiedlich bewerten. An ihr selbst kommt keiner vorbei.

Auf der amerikanischen Rangliste der »US-Freunde« lag Westdeutschland nach dem Fall der Mauer, im März 1990, mit 60 Prozent hinter Großbritannien (85 Prozent) auf Platz zwei, weit vor Israel (23 Prozent).[83]

In Großbritannien lag die Bundesrepublik im Frühjahr 1982 auf der Liste der vertrauenswürdigen Staaten mit 11 Prozent hinter Kanada und den USA auf Platz drei, in Frankreich mit 18 Prozent ebenfalls hinter Kanada und den USA wieder auf Platz drei und in Japan mit 9 Prozent hinter den Vereinigten Staaten auf Platz zwei.[84]

»Welche Staaten sind Frankreichs beste Freunde?«, fragte das namhafte Pariser SOFRES-Institut im Mai 1983 und Oktober 1988 die eigenen Landsleute. Westdeutschland war Spitzenreiter. 1983 nannten 48 Prozent und 1988 54 Prozent der Franzosen die Westdeutschen ihre »besten Freunde«.[85]

Hier noch einige Zusatzinformationen, die das Bild vervollständigen: Im Mai 1983 landete Westdeutschland mit 48 Prozent unangefochten auf Platz eins. Der Zweitplazierte, Belgien, erhielt nur 38 Prozent, die USA 33, Italien und Großbritannien 16 und die UdSSR 2 Prozent.[86] Es ist darüber hinaus bemerkenswert, daß 1983 in Deutschland die USA mit 77 Prozent auf Platz eins vor Frankreich mit 53 Prozent gelangten.[87] Das änderte sich allerdings bis zum Oktober 1988 grundlegend: Frankreich war mit 67 Prozent nun der beste Freund der Westdeutschen, die den USA nur noch 57 Prozent gaben.[88]

Als »besten Freund« bezeichneten die Briten sowohl 1967 als auch 1984 die USA. Allerdings verringerte sich dieser Anteil von 45 auf 39 Prozent. Westdeutschland verbesserte sich von 3 auf 9 Prozent und kam damit auf den zweiten Platz, vor Australien.[89] Auch bei der Frage nach »guten Freunden Großbritanniens« landete die Bundesrepublik Deutschland 1967 und 1984 auf dem zweiten Platz. Wieder nannten Briten die USA am häufigsten, und wieder ging der Anteil zurück, allerdings geringfügig. 1967 erhielten die USA 57 Prozent, 1984 noch 53. Und die Bundesrepublik Deutschland? Sie verbesserte sich von 12 auf 25 Prozent und übertraf Australien, Kanada, die Niederlande.[90] Im März 1986 ein weitgehend unverändertes Bild.[91] Israel hatte 1967 noch 3 Prozent erhalten. 1984 0, 1986 gerade noch 1 Prozent.[92]

Wie in den USA war also der Staat der Täter in Großbritannien beliebter als der Staat der Opfer. Gewiß, Tagespolitik, also der Nahostkonflikt, trug zu dem schlechten Image Israels in den USA und in Großbritannien bei. Aber genau diese Feststellung ist das entscheidende Ergebnis. Es gilt nämlich im Umkehrschluß in bezug auf Deutschland: Nicht Geschichtspolitik, sondern Tagespolitik prägt die öffentliche Meinung des Auslands.

Unabhängig von Sympathien und Vertrauen schnitt die Bundesrepublik auch in bezug auf den politischen Alltag in den USA besonders gut ab. Ja, um es mit Ludwig Erhard zu sagen: »Wir sind wieder wer«: Bei der Wahrnehmung der weltpolitischen Interessen – hier wird es also geschäftsmäßig – waren 1978 85 Prozent und 1979 86 Prozent der Amerikaner der Meinung, es sei »wichtig« oder sogar »sehr wichtig!«, mit Westdeutschland, wie es hieß, »gut auszukommen«.[93] Das bedeutete 1978 Platz vier und 1979 Platz fünf der Hitliste – 1979 gemeinsam mit Israel und Saudi-Arabien.[94]

Unter Helmut Schmidt ging die sozialliberale Koalition auf Distanz zu den USA. Seit seinem Amtsantritt im Oktober 1982 bemühte sich Helmut Kohl um Wiederannäherung. Die zeitweilige Entfernung spiegelte sich in amerikanischen Umfragen wider: Daß die Bundes*regierung* unter Helmut Schmidt den USA gegenüber »kooperativ und freundlich« sei, meinten im März 1982 nur 55 Prozent der Amerikaner; 63 Prozent räumten jedoch ein, daß die *Politik* Westdeutschlands den USA gegenüber »kooperativ und freundlich« sei.[95]

Im Klartext: Die Bürger der USA unterschieden zwischen der Einstellung der Bundesregierung und ihrem tatsächlichen Verhalten, und das Verhalten bewerteten sie positiver als die Einstellung; ein differenziertes und sicherlich nicht unzutreffendes Bild. Damit lag die Bundesrepublik hinter Japan, doch vor Frankreich.

In den *Niederlanden* brachte die öffentliche Meinung den Westdeutschen wesentlich mehr »Sympathie« entgegen als man aufgrund des Klischees annehmen könnte. So lag im Januar 1983 die Schweiz mit 35 Prozent an der Spitze der Beliebtheitsskala. Mit einem Sympathiewert von 28 Prozent erreichten Schweden und Österreich die Ränge zwei und drei, während Westdeutschland mit 24 Prozent noch vor Belgien (23) und den USA, Frankreich sowie Dänemark (je 21 Prozent) auf Platz vier zu finden war.[96]

Als »engsten Verbündeten« bezeichneten im Juni 1987 drei Viertel der Niederländer ihren belgischen Nachbarn. Auf Platz zwei mit 53 Prozent (West-)Deutschland, vor Großbritannien (49), Frankreich (44) und den USA mit 39 Prozent.[97]

Daß im Oktober 1989 immerhin 56 Prozent der Niederländer die Deutschen »ganz allgemein« mochten, haben wir bereits erwähnt. Vorwegnehmend sollte man darauf hinweisen, daß die öffentliche Meinung in den Niederlanden auch der deutschen Wiedervereinigung wohlwollend gegenüberstand und -steht. Im Abschnitt »Wiedervereinigung: ›Nein danke‹?«« werden hierzu einige Zahlen präsentiert.

Volksmeinung gegen Volksvertreter: Anders als ihr Volk dachten die niederländischen Volksvertreter zum Jahresbeginn 1990. Fast zwei

Drittel (65 Prozent) der Parlamentarier räumten ein, sie hätten »antideutsche Gefühle«. Von »aktiver Geschichte« war dabei die Rede. Konkret: Die Jahre der Besatzung von 1940 bis 1945 prägten das Deutschlandbild der Abgeordneten.[98] Diese geschichtspolitische Selbstgefälligkeit der Politiker hob sich deutlich von der nationalgeschichtlichen Selbstkritik ab, die in der Öffentlichkeit im Mai 1990 anläßlich des 45. Jahrestages der Befreiung geäußert wurde. Nachdenklich, doch energischer und häufiger als in früheren Jahren wurde der erschreckend und erstaunlich hohe Anteil der damaligen niederländischen Kollaboration an den Pranger gestellt.[99]

In der *Schweiz* trauten die Bürger im November 1989 den Niederländern am meisten. (West-)Deutschland lag außerdem hinter Dänemark, Luxemburg, Belgien und den USA an sechster Stelle, doch zum Beispiel noch vor Frankreich, Großbritannien, Italien, Spanien.[100]

Auch außerhalb Europas existiert ein gutes Image von (West-)Deutschland: In *Indien* wurde West-Deutschland sowohl 1968 als auch 1978 mit je 49 Prozent auf Platz drei der Sympathieränge gesetzt.[101] 1986 und 1987 fand man Deutschland immerhin auf Platz vier, hinter der Sowjetunion, Japan und den USA.[102]

Auch in *Afrika* (ohne die Republik Südafrika, wohlbemerkt) erreichte die Bundesrepublik 1978 Rang drei.[103] Dabei waren die Werte südlich der Sahara besser als nördlich.

In *Japan* konnte die Bundesrepublik zwischen 1978 und 1980 ihr Image aufpolieren, doch blieb sie in der dortigen Rangskala der »vertrauenswürdigsten« Staaten hinter den USA, der VR China, Großbritannien, Kanada und der Schweiz auf Platz sechs, lag aber vor Frankreich, Australien, Brasilien und Italien. Zur Verdeutlichung seien die Prozentzahlen genannt: 1978 hielten 41 Prozent der Japaner die USA für den vertrauenswürdigsten Staat, 1979 waren es 46 und 1980 sogar 59 Prozent. Die Werte für Westdeutschland lagen in denselben Jahren bei 20, 22 und 25 Prozent.[104]

Einen weit höheren Rang erreichte die Bundesrepublik dagegen in *Taiwan*, was wahrscheinlich der eine erfreuter als der andere registrieren wird. Im Januar 1983 mochten die Taiwanesen die Schweiz mit 18 Prozent am meisten, Westdeutschland und die USA mit je 11 Prozent folgten auf Rang zwei vor Frankreich mit 8, Großbritannien mit 6 und Japan mit 5 Prozent. Weil die USA zugleich von 10 Prozent, wie es hieß, »am stärksten abgelehnt« wurden, die Westdeutschen dagegen von 0 Prozent, lagen sie unangefochten auf Platz zwei.[105]

Fazit: Deutschlandklischee und Deutschlandbild

Deutschland ist weder »über alles in der Welt« noch unter alles in der Welt. Für die öffentliche Meinung in der Welt ist Deutschland inzwischen ein ganz normaler Staat geworden; ein Staat wie viele andere auch. Schlechte Zeiten für Anhänger deutscher Auserwähltheit, positiver ebenso wie negativer Auserwähltheit. Der Großteil der Außenwelt sah und sieht das neue als ein wirklich erneuertes Deutschland. Das alte hat es freilich nicht vergessen. Wie könnte es? Wie sollte es? Wie könnten wir es? Wie sollten wir es? Und das Wir schließt Nichtjuden wie Juden ein. Die entscheidende Botschaft: Das heutige Deutschland wird von der öffentlichen Meinung im Ausland nicht mit dem alten, nationalsozialistischen gleichgesetzt. Die von den Deutschen in Deutschland vollzogenen Veränderungen werden von der Welt anerkannt. Keiner kann den Deutschen sagen: »Ihr habt alles wiedergutgemacht.« Aber erfreulich viele sagen zu Recht: »Das habt ihr gut gemacht.«

Die tatsächliche Beliebtheit der (West-)Deutschen steht allerdings in einem unübersehbaren Gegensatz zur vermeintlichen Unbeliebtheit. Genauer: Sowohl Deutsche als auch Nicht-Deutsche glauben in ihrer Umwelt die Unbeliebtheit der Deutschen wahrnehmen zu können. Mit anderen Worten: Die Wahrnehmung ist ein Deutschlandklischee. Dieses Deutschlandklischee stimmt weder mit der Wirklichkeit des Deutschlandbildes noch mit der eigenen Einstellung zu Deutschland überein. Deutschlandklischee und Deutschlandbild; zwei Schlüsselbegriffe zum Verständnis der öffentlichen Meinung über Deutschland. Klischees dokumentieren eine eher statische Weltsicht, reale Bilder eine dynamische. Wer sich von Klischees leiten läßt, übersieht, daß Geschichte, jede Geschichte, also auch die deutsche Geschichte, dynamisch ist. Wie jeder Entwicklungsvorgang hört Geschichte nicht auf. Die Wirklichkeit verändert sich und mit ihr das Bild von der Wirklichkeit, das Realbild. Wer den Bilderwechsel nicht wahrnimmt, wird an der Wirklichkeit scheitern.

Einige Zahlen mögen den Unterschied zwischen Deutschlandklischee und Deutschlandbild zusätzlich erklären: Im September/Oktober 1989 wurden Bürger in acht Staaten gefragt: »Einmal ganz allgemein . . .: Mögen Sie eigentlich die Deutschen, oder mögen Sie sie nicht besonders?« Am beliebtesten waren die Deutschen in den USA: mit 65 Prozent. Dann – jawohl – in den Niederlanden und Schweden mit 56 Prozent, in Frankreich mit 52, Spanien mit 47, Großbritannien mit 39, Italien mit 34 und Japan mit 7 Prozent.

Abgesehen davon, daß die ehemaligen Kriegspartner Deutschlands die Deutschen am wenigsten mochten (wieder der Widerstand der Nachgeborenen), stellten die Meinungsforscher zugleich fest, daß die erwarteten Meinungen über die Deutschen wesentlich ungünstiger ausfielen: »Glauben Sie, daß die meisten Leute in . . . die Deutschen mögen, oder mögen sie die nicht besonders?« lautete die Frage. In fünf der acht Staaten überwog die Vermutung, daß die Deutschen bei den meisten der eigenen Landsleute unbeliebt wären. In den Niederlanden glaubten dies 54 Prozent, in Italien 53, in Schweden und Großbritannien 44 und in Japan 20 Prozent.[106]

Die tatsächlich vorhandenen Meinungen über Deutschland und die Deutschen sind wesentlich besser als das Meinungsklima, das Deutschlandbild besser als das Deutschlandklischee.

Das deutsche Klagen über den vermeintlichen Liebesentzug des Auslands enthüllt etwas Erfreuliches: ein neues Deutschland. Einst hieß es hierzulande: »Viel Feind', viel Ehr'!« Heute weinen Deutsche, weil sie nicht genug geliebt werden. Wir rufen dem Deutschen Michel auf Berlinerisch zu: »Mein Jott, watt haste dir verändert! – Nicht zum Schlechtesten.« Nicht aggressiv, doch offensiv heißt auch hier unser Fazit, das zugleich Mehrheitsmeinung der ausländischen Öffentlichkeit ist: KEINE ANGST VOR DEUTSCHLAND!

Sind deutsche Gene häßlich?

Die öffentliche Meinung über Deutschland war und blieb offenbar nüchtern, realistisch und gegenwartsbezogen. Anders große Teile der veröffentlichten Meinung. Hier war und ist wegen der deutschen Vergangenheit in der Gegenwart und für die Zukunft ANGST VOR DEUTSCHLAND anzutreffen. Nach dem politischen Fall der Mauer in Berlin zeichnete die veröffentlichte Meinung im Ausland nicht selten ein alt-neues Zerrbild Deutschlands. Vom »Vierten Reich« war die Rede, und Bundeskanzler Helmut Kohl wurde von einem Karikaturisten der *Los Angeles Times* als neuer Hitler dargestellt. Hunderte von Provinzblättern druckten dieses Bild nach.

Auch in Europa schlug dieser vermeintliche Geistesblitz ein. Das britische Wochenmagazin *Spectator* präsentierte am 12. Juli 1990 seinen Lesern eine ähnliche Karikatur. Dieses Zerrbild war die Beigabe zu einem Interview mit dem britischen Handels- und Industrieminister Nicholas Ridley. Auf ein an sich schon infames Stichwort reagierte Herr Ridley mit einer kaum zu überbietenden Infamie. Herr Kohl sei »doch sicherlich Herrn Hitler vorzuziehen, er wird uns schließlich nicht bombardieren«, meinte der Fragesteller. Darauf Ridley: »Ich weiß nicht, ob ich nicht lieber die Luftschutzkeller und die Möglichkeit zur Gegenwehr hätte, als mich einfach von der Wirtschaftskraft überrollen zu lassen.« Auch in Großbritannien brach ein Sturm der Entrüstung los, und nur zwei Tage nach Veröffentlichung des Gespräches mußte der Minister zurücktreten. Falsche Bilder führen eben zu erfolgloser Politik.

Wie absurd das Deutschlandbild von Ridley war, konnte zur gleichen Zeit woanders beobachtet werden: in Albanien. Fluchtwillige Albaner strömten in den ersten Julitagen 1990 in ausländische Botschaftsgebäude, vor allem in die Vertretung Frankreichs und der Bundesrepublik Deutschland. Sie wollten nicht mehr länger in ihrem Land versklavt sein und erwarteten gerade von Frankreich und West-Deutschland tätige Hilfe auf ihrem Weg in die Freiheit. Ihr Deutschlandbild war demnach von der bundesdeutschen Gegenwart geprägt, nicht mehr von der schrecklichen Zeit deutscher Besatzung während des Zweiten Weltkrieges. Das neue Realbild hatte sich vor das alte geschoben. Offensichtlich fällt es dem eher ungebildeten Mann (und der Frau) »auf der Straße« leichter, Realbilder wahrzunehmen, als Zerr- oder Idealbilder zu zeichnen. Bildung scheint manchmal auch zu verbilden, zumindest die Wahrnehmung von Realbildern zu erschweren. Vor zu weitreichenden Schlußfolgerungen sei jedoch unverzüglich gewarnt: Das vermeintlich »gesunde Volksempfinden« wäre ebenfalls ein gefährlicher Kompaß. Er könnte in den Abgrund führen.

William Safire, Kolumnist der *New York Times*, hat sich schon vor dem Fall der Mauer um die deutsch-amerikanischen Beziehungen auf seine Weise verdient gemacht: »Auschwitz in der Wüste«. Diese Formulierung war Anfang 1989 seine Erfindung. Gemeint hatte Safire die Giftgasfabrik im libyschen Rabita. Gegen bestehende deutsche Gesetze hatte ein westdeutscher Unternehmer verstoßen und dem libyschen Diktator das Teufelswerk errichtet. Auf amerikanische Hinweise reagierte die Bundesregierung sicherlich nicht schnell und energisch genug. Ihr jedoch mehr oder weniger offen zu unterstellen, sie fördere auf diese Weise gegen Israel gerichtete Vernichtungspläne des libyschen Wüstenstaates (daher »Auschwitz in der Wüste«), bedeutete letztlich auch eine unakzeptable Gleichsetzung der Bundesregierung Kohls mit der Mörderbande Hitlers. Safires deutschlandpolitische Bezüge waren sicherlich originell. Aber das Original von Hitlers Deutschland wollte keine Bundesregierung kopieren. Nur wer Zerrbilder vom heutigen Deutschland betrachtet oder zeichnet, kann Verbindungen zwischen Auschwitz und der Bundesrepublik herstellen.

»Was die Menschen in der ganzen Welt nervös macht, ist ein kollektiver Charakterfehler der Deutschen: die Tendenz allzu vieler, persönlich integrer Deutscher wegzusehen, wenn moralische Werte bedroht sind«, schrieb Safire im April 1990.[107] Welche Menschen meint er? Wie repräsentativ sind diese »Menschen in der ganzen Welt«? Sind sie repräsentativer als repräsentative Umfragen in (fast) der ganzen Welt? Setzt Safire da nicht seine persönlichen Beobachtungen und die eigene politische Umwelt (im Jargon: »Subkultur«) mit der »ganzen Welt« gleich? Ist das zulässig? Methodisch? Politisch? Moralisch? Wohl kaum. »Kollektiver Charakterfehler.« Erinnert dieser Begriff nicht an den politischen Biologismus der Nationalsozialisten? Die Verwendung dieser Vokabeln aus dem Wörterbuch des Unmenschen durch einen journalistischen Salonlöwen wie Safire macht diesen Begriff nicht salonfähig. Entscheidend ist nämlich nicht, wer etwas sagt, sondern was gesagt wird.

Einen zweiten Zerrbild-Meister wollen wir noch vorstellen: A. M. Rosenthal, lange Zeit leitender Redakteur, heute ebenfalls Kolumnist der *New York Times*. Ein ausgewiesener Kenner Deutschlands: Bis 1990 kam er nur zu »drei unvermeidlichen Besuchen« in die Bundesrepublik.[108] Trotzdem kannte und wußte er offenbar alles sehr genau: Am 4. Februar 1990 ließ er die Leser der *New York Times* wissen, daß er in den »zahllosen Zeitungsartikeln über die bevorstehende deutsche Einheit die Wörter nicht finden« könne, die er eigentlich suchte: »Das sind einige der Wörter: Jude, Auschwitz, Rotterdam, polnische Untermenschen, Leningrad, Sklavenarbeit, Krematorium, Holocaust, Nazi.« Hatte Rosenthal die deutsche Diskussion jemals wirklich registriert? Man kann über die inflationäre Verwendung der Auschwitz-Keule streiten. Daß aber gerade in der innerdeutschen Diskussion Auschwitz als das angeblich entscheidende Argument gegen die Wiedervereinigung gebracht und gebraucht wurde, mußte jedermannn wissen, der die Ereignisse in und um Deutschland verfolgte.

Die deutschen Sünden, so Rosenthal weiter, seien von den deutschen Vätern verübt worden. Und »viele von diesen Vätern laufen noch herum«. Kann dies schreiben, wer die Alterspyramide Deutschlands kennt? Wie viele dieser Väter leben noch? Wenige sind strafrechtlich verfolgt worden, zu wenige. Das wissen wir. Das sagten wir, das bedauern und verurteilen wir. Aber die Väter, die Rosenthal meint, bestimmen weder quantitativ-demographisch noch qualitativ-ideologisch die heutige deutsche Politik. Wird hier nicht unter umgekehrten Vorzeichen auch politischer Biologismus gepredigt, den die Nürnberger Unrechtsgesetze 1935 im nationalsozialistischen Deutschland zu geltendem Recht machten? Ist diese Behauptung Rosenthals nicht auch eine Variante, eine auf Deutschland bezogene Variante, der einst gegen die Juden gerichteten Legende vom »Volk der Christusmörder«? Antigermanismus ist so dumm wie Antisemitismus. Wann hört endlich der Unsinn vom Volkscharakter auf, der zu so vielen blutigen Untaten geführt hat? Der Glaube an schöne oder häßliche Gene eines ganzen Volkes ist ungefähr so glaubwürdig wie die Vorstellung vom Klapperstorch, der für das Kinderkriegen zuständig sein soll.

Die Auschwitz-Keule und der Weimar-Hammer

Hobby-Historiker und Profi-Moralisten im In- und Ausland schwingen die Auschwitz-Keule, wenn ihnen kein wirklich stichhaltiges Argument mehr gegen die Wiedervereinigung Deutschlands einfällt. Nur wer (wie A. M. Rosenthal von der *New York Times*) die deutsche Wirklichkeit nicht kennt und trotzdem über sie schreibt, wird Auschwitz zu den in Deutschland und von Deutschen versteckten Worten zählen. Auschwitz bedeutet den K.O.-Schlag. Wenn jemand »Auschwitz« sagt, ist jedes Gespräch beendet, jedes Argument überflüssig, jede dynamische (also die einzig zuverlässige) Betrachtungsweise der Geschichte unmöglich.

Geschicktere Profi-Moralisten erinnern sich der Profi-Historiker. Sie holen scheinbar keine Keule und zaubern einen Hammer hervor, den

Weimar-Hammer. Sie warnen: Durch die Wiedervereinigung würde das stabile Bonner Parteiensystem ähnlich instabil wie seinerzeit das Weimarer Parteiengefüge. Wie die Weimarer würde deshalb auch Deutschlands wiedervereinigte Demokratie scheitern. Bei näherer Betrachtung ist der Weimar-Hammer nichts anderes als die Auschwitz-Keule. Denn: Nach Weimar kam bekanntlich Hitler und mit Hitler begann der Weg nach Auschwitz.

Gute Gründe schienen tatsächlich lange für die Aufrechterhaltung der deutschen Teilung zu sprechen: Die Angst vor Deutschland war eines der Bindemittel der internationalen Staatenordnung nach 1945; wahrscheinlich das beste, auf jeden Fall das wirkungsvollste. Nicht moral-, sondern machtpolitische Überlegungen, natürlich auch ideologische Rivalitäten, führten zur Teilung Deutschlands. Wenn Deutschland nicht wegen Auschwitz geteilt wurde, kann die Vereinigung Deutschlands auch nicht wegen Auschwitz verhindert werden

Auschwitz macht stumm; aus gutem Grund. Die manipulative Instrumentalisierung von Auschwitz aber schändet das Andenken der millionenfachen Opfer nationalsozialistisch-deutscher Schandtaten. Mosche Zimmermann, Professor für Deutsche Geschichte an der Hebräischen Universität in Jerusalem, über den manipulativen Gebrauch der KATASTROPHE des Holocaust durch den jüdischen Staat: »Wir stellen die Knochen auf die Straße und versuchen sogar, sie zu verkaufen.«[109]

Im Februar 1990 führten Günter Grass und Rudolf Augstein ein Streitgespräch im Fernsehen. Schon nach wenigen Sätzen holte Günter Grass die Auschwitz-Keule hervor: »Auschwitz ist die große Schwelle, die Schamschwelle, die mitgededacht werden muß, wenn wir ... die Chance bekommen, Deutschland neu zu gestalten.« Die »Unmöglichkeit der Wiedervereinigung« wollte er durch Auschwitz beweisen.[110] Seine Poetik-Vorlesung in Frankfurt erwähnte Auschwitz oft. Am Ende durfte der Hinweis auf Auschwitz natürlich erst recht nicht fehlen: ». . . dem Schreiben nach Auschwitz kann kein Ende versprochen werden, es sei denn, das Menschengeschlecht gäbe sich auf.«[111]

Ähnlich auch Walter Jens. Sein »Plädoyer gegen die Preisgabe der DDR-Kultur« endet ebenso effektvoll wie die Poetik-Vorlesung von Grass – natürlich mit Auschwitz: »Eingedenken tut not und kein geschichtsferner Traum von einer Wieder-Vereinigung, die in Wahrheit, da es Auschwitz gab, undenkbar ist.«[112]

Richtig: »Eingedenken tut not.« Wer wollte das ernsthaft bestreiten? Legitim, wenngleich nicht meine eigene Position: die Ablehnung der Wiedervereinigung. Objektiv schamlos, wenngleich subjektiv und gewiß aufrichtig von »Schamschwelle« redend: die instrumentelle Verwendung von Auschwitz. Auschwitz als Stil- und Kunstmittel, als politisches Mittel zum Kauf von Seelen gegen die Wiedervereinigung. Skandalös! Sollen die Befürworter der Wiedervereinigung als Rechtfertiger von Auschwitz gebrandmarkt werden? Grotesk. Ein Zerrbild Deutschlands und der Deutschen.

Und weil es so grotesk ist, kann man darüber schon wieder lachen. Ich fühlte mich an eine Erzählung Ephraim Kishons erinnert. Ort der Handlung: Israel. Zeit: ungefähr Ende der fünfziger Jahre. Damals hatte der israelische Ministerpräsident David Ben-Gurion den Höhepunkt seiner Laufbahn erreicht. Unangefochten schien er die Politik seines Landes zu bestimmen. Handlung: zwei Israelis spielen Poker. Der eine beschummelt den anderen ständig und gewinnt natürlich. Und wieder scheint der Dauergewinner zu siegen. Schon greift er zum eingesetzten Geld, um es in seine Tasche zu stecken. »Halt!« ruft der vermeintliche Verlierer und legt seine Hand auf die des Gegners und schreit ihm triumphierend »Ben-Gurion« entgegen. »Ich habe gewonnen.« Der andere fragt: »Wieso?« Antwort: »Wer Ben-Gurion sagt, hat in Israel immer gewonnen. Ben-Gurion ist der Joker.«

Bekanntlich sind die Nachredner und Nachschreiber längst nicht so anregend und geistvoll wie die Vorredner und Vorschreiber. Nicht alle also, die Argumente und Gedanken von Walter Jens und Günter Grass nachreden oder nachschreiben, sind ähnlich hörenswert und lesenswert, oder bemerkenswert und des Ärgers wert. Auf die Nachredner und Nachschreiber bezogen, hätte dann die Abwandlung eines bösen Reimes von Alfred Kerr zu gelten: Und fällt dem Esel nichts mehr ein, dann fällt gewiß ihm Auschwitz ein. Soll die Gedenkkultur so sehr verrohen?

WER AUSCHWITZ ALS MITTEL ZUM POLITISCHEN ZWECK MISSBRAUCHT, BETREIBT GEISTIGE GRABSCHÄNDUNG.

XII. Wer hat Angst vor einem vereinten Deutschland?

Die Welt?

Die Teilung Deutschlands nach dem Zweiten Weltkrieg war keineswegs nur durch die Teilung der Welt in einen östlich-sowjetisch und westlich-amerikanisch bestimmten Einflußbereich bedingt. Sie entsprach vielmehr dem gemeinsamen Willen aller Siegermächte. Die angelsächsischen Mächte, freilich auch Frankreich, waren entschlossen, »eine nochmalige Wiederholung der von Deutschland ausgehenden Bedrohung für den Frieden Europas und der Welt zu verhindern und den Kampf gegen das nationalsozialistische und ›militaristische‹ Reich konsequent nicht nur bis zu seiner militärischen, sondern auch bis zu seiner staatlich-politischen Kapitulation fortzuführen.«[113] Die Sowjetunion wollte »durch einen Vorstoß der Roten Armee bis ins Zentrum Europas für immer« die Situation ausschließen, die sie 1941 »an den Rand des Ruins« geführt hatte.[114]

Anders als 1918/19 gelang es den Siegermächten, nach 1945 in der europäischen Mitte einen Puffer zwischen den Flügelmächten beziehungsweise den Flügelblöcken zu errichten. Ein Gefüge, das der Ordnung Europas zwischen 1815 und 1866/71 ähnelte, also der Zeit zwischen dem Wiener Kongreß und der Gründung des Bismarck-Reiches.[115] Machtpolitisch interpretiert könnte man sogar behaupten, daß eine modifizierte Wiederherstellung des frühneuzeitlichen Staatengefüges in Mitteleuropa angestrebt wurde. In der Frühen Neuzeit hatte nämlich das Heilige Römische Reich Deutscher Nation »ohne machtpolitisches Eigengewicht, wohl aber als ›Puffer‹ zwischen den Großmächten im Westen und Osten Europas einen wichtigen Platz eingenommen«.[116]

Hitler versuchte die geographische Mittellage Deutschlands militärisch zu verändern, indem er immer größere Gebiete Europas eroberte. Politisch änderte sich an der Mittellage Deutschlands nichts. Es war nämlich auch nach den Eroberungen auf allen Seiten von fremden Staaten umgeben. Aus Gegnern und sogar aus Freunden hatte Hitler Feinde Deutschlands gemacht.

Die deutsche Mittellage ist keineswegs einzigartig. Auch geographische Randgebiete können politisch in der Mitte liegen: Korea zum Beispiel. Die Koreanische Halbinsel befand sich stets in der Mitte zwischen China und Japan. Aus den verschiedensten Gründen konnte es hierauf im allgemeinen nur defensiv reagieren. Ganz anders Deutschlands Offensiven im 20. Jahrhundert. Nicht nur wegen Hitler, sondern auch wegen Hitler sollte also nach 1945 die Mitte Europas, Deutschland, wie schon seit Jahrhunderten, wieder kontrollierbar werden. Der Faktor Hitler wird in diesem Zusammenhang oft überschätzt.

Die Nachkriegsordnung

Selbst ein (tatsächlich oder vermeintlich) so »Kalter Krieger« wie Präsident Eisenhowers Außenminister John Foster Dulles zog noch 1952 ein sowjetisiertes Deutschland einem neutralisierten Deutschland vor. Und zu Willy Brandt sagte Dulles einmal, daß es bei allen Differenzen zwischen den USA und der UdSSR ein gemeinsames Interesse gebe, »Deutschland nicht in eine Position zu bringen, wo es eine neutrale, unabhängige, bewaffnete Macht wäre, die sozusagen zwischen den Frontlinien einhermarschierte«.[117]

In geradezu brutaler Offenheit schreibt Henry Kissinger im ersten Band seiner Memoiren über die vermeintliche Notwendigkeit der deutschen Teilung: »Durch einen brutalen Gewaltakt hat die Sowjetunion dem östlichen Drittel des Landes gegen den Willen der Bevölkerung ein kommunistisches Regime aufgezwungen. Es war in der Tat absurd, daß die Gemeinschaft der Völker es hinnehmen, ja sogar unterstützen sollte, daß in Mitteleuropa, wo der Nationalismus seinen Ursprung hatte, fremde Truppen die Einsetzung eines Regimes erzwangen, das niemals freie Wahlen hätte gewinnen können. Der gleiche ›Imperialismus‹ in Asien oder Afrika hätte zu wütenden Protesten und Demonstrationen geführt. In Mitteleuropa war es ein Zeichen der Vernunft, es beim Status quo zu belassen . . . Die westlichen Verbündeten . . . wollten für die Wiedervereinigung keine großen Risiken eingehen – zum Teil auch deshalb, weil ein wiedervereinigtes Deutschland bei vielen Westeuropäern und einigen Amerikanern Befürchtungen im Hinblick auf eine deutsche Vorherrschaft weckte.«[118] Wirksamstes Mittel, um sich gegen etwaige deutsche Alleingänge zu schützen, war und blieb Berlin – für alle vier Siegermächte, vermerkte Kissinger an anderer Stelle seiner Erinnerungen.

Die Nachkriegsordnung Europas und erst recht Deutschlands peilte Stabilität an, nicht Gerechtigkeit.

Wiedervereinigung: »Nein danke«?

Als Kissinger westliche Vorbehalte gegenüber einer deutschen Wiedervereinigung schilderte, bezog er sich auf Willen und Meinungen der Politiker. Was meinte die internationale Öffentlichkeit? Und wie nahmen die Deutschen die Meinung der internationalen Öffentlichkeit wahr?

Im Jahre 1964 nannten 60 Prozent der Franzosen die deutsche Teilung »wünschenswert«.[119] Noch 1979 waren in Frankreich 36 Prozent der Befragten der Meinung, daß eine Wiedervereinigung Deutschlands eine Gefahr für den Frieden sei, 33 Prozent wollten sich nicht äußern, und nur 31 Prozent hätten die deutsche Wiedervereinigung als »Chance für den Frieden« begrüßt.[120]

Fünf Jahre später, 1984, lehnten zwar nur noch 25 Prozent die deutsche Wiedervereinigung ab, und 32 waren unentschieden, aber weniger als die Hälfte der Franzosen, nämlich 43 Prozent, sprachen sich dafür aus. Jedoch: 50 Prozent der Befragten unter dreißig Jahren waren für die Wiedervereinigung und nur 29 Prozent der Franzosen, die älter als sechzig Jahre waren.[121]

In den USA lag der Anteil der Befürworter einer deutschen Wiedervereinigung mit 54 Prozent, die ebenfalls Anfang 1984 ermittelt wurden, knapp über der Hälfte, doch um 3 Prozent höher als in Großbritannien, wo 51 Prozent für die Wiedervereinigung waren.[122]

Nicht begeistert, aber eigentlich nicht ablehnend. Das war die eher allgemeine Einschätzung. Die große Ausnahme: Polen. Im Oktober 1987 waren 27 Prozent der Polen für und 47 Prozent gegen die Wiedervereinigung Deutschlands.

Die Antworten hingen, wie so oft, von der Formulierung der Fragen ab: Wenn die »Einstellung zur Wiedervereinigung auf friedlichem Wege« ermittelt werden sollte, erhielt man recht hohe Zustimmungsraten: Einem solchen Weg zur Wiedervereinigung stimmten 1977 in Schweden 87 Prozent der Bürger zu, in den Niederlanden 72, in Großbritannien und Griechenland 66, in den USA 65, in Dänemark 64, in Frankreich 58 und in Italien 49 Prozent.[123]

Nach allem, was wir inzwischen aufgrund der bereits zuvor erwähnten Umfragen wissen, sind wir sogar nicht einmal in bezug auf die Niederlande und Italien überrascht. Wir erinnern uns nämlich, daß die öffentliche Meinung der Niederlande Deutschland freundlicher gesonnen ist, als im allgemeinen angenommen. Auch daß in Italien der Mythos der Resistenza die faschistische Vergangenheit überdeckt, ist bekannt. Das entscheidende *Fazit:* Einer friedlichen Wiedervereinigung war die öffentliche Meinung des Auslands überraschend und überraschend früh wohlgesonnen.

Wie beurteilten die (West-)Deutschen die ausländischen Einstellungen zur Wiedervereinigung? Wie beantworteten sie die vom Allensbacher Institut für Demoskopie gestellte Frage: »Glauben Sie, daß Amerika (England/Italien/Frankreich) für die deutsche Wiedervereinigung ist, oder glauben Sie das nicht?«

Daß die USA die Wiedervereinigung wollten, meinten 1967 noch 39 Prozent und 1969 nur 37 Prozent der Westdeutschen.[124]

Noch skeptischer wurde die Haltung der Franzosen beurteilt: Nur 20 Prozent der Bundesdeutschen glaubten 1967, daß »Frankreich . . . für die Wiedervereinigung« sei. Bis 1969 stieg allerdings der Anteil der Optimisten auf 28 Prozent.

Etwas mehr Optimismus bei grundsätzlicher Skepsis wurde gegenüber Großbritannien festgestellt: Daß »England für die Wiedervereinigung« sei, meinten 1967 noch 25 Prozent, 1969 aber 32 Prozent. Berechtigte, wachsende Zweifel in bezug auf die Bewohner der Apenninhalbinsel: Daß die Italiener die Wiedervereinigung wollten, meinten 1967 nur 22 Prozent, 1969 waren es noch weniger: 20 Prozent.[125]

»Die Deutschen fühlten sich . . . allein gelassen, im Stich gelassen, von ihren Verbündeten in der Wiedervereinigungsfrage – und das entgegen den tatsächlichen Ansichten«, bilanziert Wolfgang Bergsdorf zutreffend.[126]

KEINE ANGST VOR DEUTSCHLAND! Auch nicht vor einem wiedervereinigten Deutschland. Das ist die Meinung der ausländischen Öffentlichkeit. Mehr noch: Die Deutsche Revolution hat die ohnehin kaum vorhandene Angst in den meisten Staaten offenbar zusätzlich verringert. Das Realbild von Deutschland, von der Sanften Revolution, hat auf die Meinungen gewirkt – nicht die erwähnten Zerrbilder in- und ausländischer Meinungsverkünder. Diese Meinungsverkünder sind eben doch nur bedingt Meinungsmacher. Trotzdem gibt es Ausnahmen von dieser Regel. Polen ist die auffallendste.

Zunächst die internationalen Umfragen des Instituts für Demoskopie Allensbach. Wer kennt es nicht? Wer wüßte nicht gerne, was Allensbach alles ermittelte?

»Für den Frieden in der Welt« wäre »ein wiedervereinigtes Deutschland besser«, meinte man im September/Oktober 1989 in den meisten der folgenden acht Staaten: In Schweden (71 Prozent), Frankreich (68 Prozent), Italien (66 Prozent; eine echte Überraschung angesichts früherer und anderer Daten), Großbritannien und Niederlande (62 Prozent; wieder ein freundliches Bild aus Holland), Spanien (45 Prozent), Japan (38 Prozent) und USA (36 Prozent).[127]

Wie immer sollte man bei Umfragedaten nicht nur auf einen Zeitpunkt, sondern, wenn möglich, auch auf einen Zeitraum achten. Über die USA, Großbritannien und Frankreich liegen uns frühere Befragungen vor. Die Zeitraumbetrachtung zeigt, daß die Zustimmung zur friedlichen Wiedervereinigung in den USA schwächer geworden ist: Noch 1984 betrug sie 54 Prozent, im Herbst 1989 eben nur noch 36 Prozent.

Anders in Großbritannien und Frankreich. Im Jahre 1984 stimmten 51 Prozent der Briten einer friedlichen Wiedervereinigung Deutschlands zu, im Herbst 1989 aber 62 Prozent. Und in Frankreich? Dort stieg die Befürwortung eindrucksvoll: von 43 Prozent im Jahre 1984 auf 68 Prozent im Herbst 1989.[128]

Die Deutsche Revolution vom Herbst 1989 hat nicht nur die Mauer weggefegt. Sie hat die ausländische Befürwortung der deutschen Wiedervereinigung erheblich gestärkt. Zwischen dem 12. Oktober und dem 22. November 1989 wurden die spanischen Deutschland-Skeptiker zu den glühendsten Anhängern der Vereinigung: 84 Prozent der Spanier stimmten ihr nun zu. In Portugal und Griechenland waren es 83 Prozent, in Irland 81, in Frankreich und Italien 80 (weitere Entkrampfung), in den Niederlanden 76 (das überrascht den Leser nun nicht mehr), Belgien und Großbritannien 71, Luxemburg 63 und in Dänemark 59 Prozent. Der EG-Durchschnitt betrug 78 Prozent, und das entsprach genau dem in der Bundesrepublik Deutschland ermittelten Wert. Diese Daten ermittelte der »Eurobarometer« der Europäischen Kommission.[129]

Eine groteske Situation war entstanden: Viele AUSLÄNDER gaben sich im Spätherbst 1989 DEUTSCHER ALS DIE (WEST-)DEUTSCHEN!!!

Im Frühjahr 1990 hatte die überschwengliche Begeisterung etwas abgenommen. Die Leidenschaft für Deutschland war geflohen. Daß

Liebe bleiben würde, wäre eine vermessene Erwartung, die Staaten ungebührlich überhöhte. Aber die Sympathie scheint dauerhaft zu sein. Der EG-Durchschnitt lag im Frühjahr 1990 bei 71 Prozent. Spanien blieb mit 81 Prozent Spitzenreiter, Dänemark tauschte mit Luxemburg den letzten Platz, und die Bundesrepublik Deutschland lag mit 77 Prozent etwas über dem EG-Durchschnitt.[130]

Auch in den USA waren die bis zum Oktober 1989 feststellbaren Zweifel danach wie weggeblasen; allerdings mehr bei dem einfachen Amerikaner auf der Straße als bei Akademikern: Daß Deutschland wiedervereinigt werden sollte, meinten im späten November des Revolutionsjahres 57 Prozent der Collegeabsolventen und 72 Prozent der US-Bürger, die nur auf einer High-School gelernt hatten.[131] Es ging aber weiter aufwärts: Im Januar 1990 befürworteten 61 Prozent der US-Bürger die deutsche Wiedervereinigung. Nur 13 Prozent lehnten sie ab.[132] Wie im Falle Spaniens schlug Skepsis offensichtlich in ungebrochenen Optimismus um, denn auch in bezug auf mögliche Gefahren einer deutschen Wiedervereinigung zeigten sich die Amerikaner nun weniger besorgt als sogar Engländer und Franzosen.[133]

Je länger, desto lieber. So schienen die US-Amerikaner zu denken. Noch höhere Zustimmungsraten ermittelte nämlich im März 1990 das Institute for Social Research der Universität Michigan: Genau zwei Drittel (66 Prozent) waren für die Vereinigung Deutschlands.[134] Den Meinungsumschwung dürfte vor allem die Haltung der Bush-Administration beeinflußt haben. Früh und vorbehaltlos unterstützte sie die deutsche Einigung. Präsident Bush im April 1990: Für die »Vergebung der Massenmorde an den Juden« sei die Zeit gekommen, meinte er.[135] Hier kam der Präsident der Schlußstrich-Mentalität sehr weit entgegen. Zu weit, wie mir scheint. Bei der Bestimmung des Begriffes »Vergangenheitsbewältigung« habe ich versucht, diese Bewertung zu begründen.

Denken die *Osteuropäer* anders über die Wiedervereinigung als westliche Staaten? Mitte Januar 1990 wurden Befragungen in der Sowjetunion, in Ungarn und Polen durchgeführt. Für die Wiedervereinigung Deutschlands sprachen sich aus: 68 Prozent der Ungarn, 51 Prozent der Sowjetbürger und nur 26 Prozent der Polen.[136] Gegen die Wiedervereinigung waren in Ungarn 22 Prozent, in der Sowjetunion 30 und in Polen 64 Prozent.[137]

Die vom britischen MORI-Institut zur gleichen Zeit, also Mitte Januar 1990, organisierte Umfrage in Polen ergab ein ganz anderes Verhältnis zwischen Mehrheit und Minderheit. Zwar ermittelte auch MORI eine Mehrheit gegen die Wiedervereinigung, aber eine deutlich knappere. 44 Prozent der Polen waren hier gegen die Wiedervereinigung, 41 Prozent aber dafür.[138]

Der polnische Rundfunk OBOP ließ im Oktober 1987, im November 1989 sowie im März 1990 Umfragen zum Thema der deutschen Wiedervereinigung durchführen.[139] Die Ergebnisse sind im allgemeinen politischen Zusammenhang und erst recht im besonderen Vergleich zu den übrigen Daten aus Polen geradezu sensationell. Auf die Frage, ob die beiden deutschen Staaten vereinigt werden sollten, antworteten mit »entschieden ja« oder »eher ja« im März 1990 48 Prozent, im November 1989 47 Prozent, im Oktober 1987 27 Prozent.

»Entschieden nein« oder »eher nein« sagten im März 1990 39 Prozent, im November 1989 32 Prozent, in Oktober 1987 aber 47 Prozent. Vom November 1989 bis zum März 1990 stieg der Anteil der Vereinigungsgegner nicht unerheblich, aber fast die Hälfte der Polen befürwortete, OBOP zufolge, das Zusammenwachsen der beiden deutschen Staaten. Seit dem Herbst 1989 nahm also die Polarisierung der Befürworter und Ablehner zu. Die Mehrheit blieb jedoch der Vereinigung gegenüber wohlgesonnen.

Dieses Ergebnis ist um so überraschender als die Zahl derer erheblich wuchs, die aufgrund der deutschen Wiedervereinigung Nachteile für Polen befürchteten: im Oktober 1987 59 Prozent, im November 1989 45 Prozent und im März 1990 sogar 67 Prozent. Die Ängste schienen sehr tief zu sitzen: Im vereinigten Deutschland sahen eine »Gefahr für die polnischen Grenzen« 69 Prozent, keine Gefahr aber nur 17 Prozent.

Aus Angst vor Deutschland wollten sogar 47 Prozent der Polen den Abzug der verhaßten sowjetischen Truppen »von der Entwicklung in Deutschland abhängig« machen. Nur 23 Prozent verlangten einen unverzüglichen Rückzug der Roten Armee.

Und trotzdem: Eine »engere Zusammenarbeit« mit der Bundesrepublik Deutschland wollten 67 Prozent der Polen. Distanz aber auch zur neuen DDR: Nur 36 Prozent wollten auch mit ihr eine »engere Zusammenarbeit«. Spitzenreiter waren die USA (95 Prozent), Großbritannien (89), Japan (88), Frankreich (88), Schweden (83) sowie Italien (83 Prozent).

Aus Einsicht in die Notwendigkeit, nicht aus Sympathie scheinen die Polen die »engere Zusammenarbeit« befürwortet zu haben. Auf einer »Temperaturskala« von + 50 bis – 50 plazierten die Polen nämlich die beiden deutschen Staaten im Minusfeld, an letzter Stelle – sogar hinter Kuba, China, Israel und die Sowjetunion.

Hier die Umfrage-Temperatur der Polen in bezug auf USA 28, Italien 23, Frankreich 22, Japan und Großbritannien 21, Ungarn 20, UdSSR 8, Israel – 2, China – 5, Kuba – 6, Bundesrepublik Deutschland – 6 und DDR – 11.

Fast ein Jahr nach dem Massaker auf dem »Platz des Himmlischen Friedens« lag die Volksrepublik China vor beiden deutschen Staaten, in denen nun wirklich ein geradezu himmlischer Frieden herrscht. Nationalpsychologische, historisch erklärliche Tiefenschichten der Polen werden erkennbar. Das überlieferte Erinnerungsbild vom alten und mörderischen Deutschland verzerrt das Realbild vom neuen und friedlichen deutschen Gemeinwesen. Diese Sichtweise ist verständlich, aber trotzdem ist das Bild falsch. Ein geradezu klassisches Beispiel dafür, wie Lehren aus der Vergangenheit die Politik der Gegenwart erschweren.

Eine polemische Schluß- und Randbemerkung zu Polen scheint angebracht: Polnischer Antigermanismus ist heute unbegründet, aber historisch verständlich. Historisch unverständlich und moralisch verwerflich sind die immer noch und immer wieder vernehmbaren Antisemitismen aus Polen. Es ist Zeit, daß in Polen nicht nur von anderen Nationen Vergangenheitsbewältigung angemahnt und nicht mehr geschichtspolitische Schizophrenie praktiziert wird.

Zu Recht verlangt Polen von Deutschland Vergangenheitsbewältigung wegen der antipolnischen Greuel im Zweiten Weltkrieg und von der Sowjetunion zum Beispiel wegen Katyn und anderer Verbrechen. Wo aber bleibt die selbstkritische, schmerzhafte und daher selbstquälerische Aufarbeitung polnischer Mitbeteiligung an der KATASTROPHE des nationalsozialistisch-deutschen Judenmordens? Wer könnte oder wollte es bestreiten: Der Tod war »ein Meister aus Deutschland«. Aber der polnische Gehilfe war in die Untaten des Meisters verstrickt – und zugleich selbst auch Opfer dieses Mordmeisters. Nach der Niederlage des Meisters, im Juli 1946, kam es in Polen zu mörderischen Aktionen gegen jüdische Überlebende der Vernichtungslager. Reiz(w)ort: Kielce. Hat man sich in Polen inzwischen mit den antisemitischen Kampagnen der Jahre 1951 bis 1953 und 1967/68 ernsthaft beschäftigt? In den Ohren klingen noch heute die schrill antisemitischen Töne von Kardinal Glemp: Im August 1989, auf dem Höhepunkt der katholisch-jüdischen Kontroverse um das Auschwitz-Kloster, griff er tief in die antijüdische Mottenkiste. Zehntausende zollten ihm dafür in Tschenstochau Beifall. Wir erinnern uns: »Juden raus«, schrie polnischer Pöbel auf Deutsch in der Innenstadt von Krakau im Juli 1989, als und weil jüdische Eiferer (auch sie unerträglich in ihrem national-exklusiven Märtyreranspruch) gegen das Nonnenkloster auf dem Auschwitz-Gelände protestiert hatten.

Der 1990 ausgetragene Machtkampf in der »Solidarität« blieb auch nicht frei von antisemitischen Zwischentönen: Boreslaw Geremek und Adam Michnik zogen die Pfeile der Kritiker nicht nur deshalb auf sich, weil sie Ministerpräsident Mazowiecki und den Regierungsflügel der »Solidarität« unterstützten. Von Lech Walesa wurde berichtet, er hörte schon Stimmen, daß sich eine »vermutlich aus Juden bestehende Bande« an die »Futtertröge gedrängt« hätte.[140] In einem Fernsehinterview nannte er zwar keine Namen, soll aber gefragt haben, weshalb seine Gegner (eben vor allem Geremek und Michnik), sich nicht offen als Juden zu erkennen gäben.[141] Antisemitischen Pöbel gibt es leider überall und immer. Hier aber war Antisemitismus ein Mittel der politischen und geistlichen Führung.

Daß und wie sehr Polen im Zweiten Weltkrieg gelitten hat, wird kein Mensch bestreiten. Polen war Opfer schrecklichster Verbrechen, die von Deutschen im deutschen Namen verübt wurden. Diese Verbrechen von Deutschen berechtigten aber nicht zu verbrecherischen Vergeltungsaktionen an Deutschen. Es gibt kein Recht auf Rache. Für nichts und niemanden.

Der Deutsche Bundestag hat im Juni 1990 in seiner Entschließung zur Endgültigkeit der Oder-Neiße-Grenze die deutschen Untaten zutreffend als »Verbrechen«, die grausame Vertreibung und Ermordung von Deutschen aus Polen als »Unrecht« bezeichnet. Das war politisch ratsam und einfühlsam, denn der Tod war früher ein »Meister aus Deutschland«. Er hatte das Urverbrechen begonnen und begangen. Aber die späteren Verbrechen anderer waren trotzdem ebenfalls Verbrechen. Mit einem solchen Hinweis hätte der Bundestag recht gehabt, aber die Wirkung wäre rechthaberisch, also schädlich gewesen. Verbrechen sind kein Gegenstand nationalgeschichtlicher Buchhaltung.

Der Bundestag zeigte also Vernunft, Augenmaß, Feingefühl und außerordentliches Entgegenkommen. Wäre da nicht eine ähnlich noble Geste wie die des tschechoslowakischen Präsidenten Havel angebracht gewesen, der unmittelbar zu Beginn seiner Amtszeit die am Ende des Zweiten Weltkrieges erfolgte Vertreibung und Ermordung von Deutschen aus seinem Land verurteilte? Statt dessen vernahm man aus Polen viel Selbstgerechtigkeit und wenig Selbstkritik. Vielleicht auch deshalb, weil die Kinder und Kindeskinder wegen der Untaten der Eltern und Großeltern ein schlechtes Gewissen plagt? Kann aber die Entlastung des eigenen Gewissens durch die Belastung anderer erfolgen?

Es gibt Urverbrechen und Verbrechen. Urverbrechen sind in ihren Dimensionen und Proportionen ungeheuerlich und nur durch negative Superlative zu beschreiben, wenn überhaupt. Verbrechen bleiben Verbrechen, auch wenn ihnen ein Urverbrechen vorausging. Das von Deutschen an Polen im Zweiten Weltkrieg begangene Urverbrechen rechtfertigte nicht das Verbrechen von Polen an Deutschen nach dem Krieg. Und das von Deutschen verursachte Inferno von Rotterdam und Coventry rechtfertigte nicht die Hölle von Dresden. Kaum eine Nation, die aufgrund ihrer Geschichte nicht irgendwie durch irgendwas im Glashaus säße. Was tun? Die unteilbaren Menschen- und Bürgerrechte nicht künstlich teilen. Auf andere keine Steine werfen und das eigene Glashaus niederreißen. So, wie es mit der Mauer geschehen ist. Nicht einmal sie konnte ihre Bauherren schützen.

Die Umfragen aus Polen sind in ihren Ergebnissen höchst widersprüchlich; viel widersprüchlicher und verwirrender als in bezug auf alle anderen Staaten. Über die Gründe hierfür können und werden sich Meinungsforscher den Kopf zerbrechen müssen. Ob zudem allein aus politischen und daher letztlich auch methodischen Gründen die Daten vor der Erneuerung (1987) mit denen danach (1989 und 1990) miteinander verglichen werden können, ist fraglich.

Wir haben in vielen anderen Staaten festgestellt, daß Volkes Meinung oft erheblich abweicht von den Einstellungen der Volksvertreter und Meinungsverkünder. Vielleicht entspricht Volkes Meinung auch im erneuerten Polen nicht den Positionen der Volksvertreter? Gibt es für diese Vermutung Hinweise? Durchaus. Zum Beispiel die Tatsache, daß Tausende von Polen nach Deutschland strömen. Sie kaufen hier nicht nur Westwaren ein oder verkaufen eigene Produkte, sondern wollen auch in Deutschland leben und sich einbürgern lassen. Sie treffen diese Entscheidung wohl nicht, um ihre politische und nationale Seele zu zerfleischen, auch nicht der deutschen Fleischtöpfe wegen. Sie kommen, weil sie sehr genau wissen, daß Deutschland ein lebenswerter Staat ist. In diesem und mit diesem Staat kann man gut und friedlich leben. Viele Polen haben schon vor der demokratischen Wende eine deutschlandpolitische Abstimmung mit den Füßen vollzogen. Ist diese Abstimmung weniger aufschlußreich als die in Umfragen wiedergegebene Stimmung? Wohl kaum. Denn durch Umfragen erfahren wir eher unverbindliche Meinungen. Die Abstimmung mit den Füßen, das Verlassen der polnischen Heimat, der Wechsel nach Deutschland (»ausgerechnet nach Deutschland«, müßte man historisch argumentieren), bedeutet dagegen für die Polen einen tiefen Einschnitt in ihrem Leben.

Ähnlich wie manche der nachgeborenen Juden gefallen sich offenbar auch ihre polnischen Generationsgenossen in der Rolle des angeborenen, ererbten Märtyrertums. In bezug auf die jüdische Seite kann und darf ich mir ein Urteil erlauben. Die polnische Problematik kenne ich nicht gut genug. Der große polnische Schriftsteller Andrzej Szczypiorski hat sie aber in seinem einzigartigen Buch *Die schöne Frau Seidenman* ebenso klar beschrieben wie bewertet: »Die Menschen (in Warschau), die nach Jahren auf den Knochen von Henryk Fichtelbaum (einem von den Deutschen in der KATASTROPHE ermordeten polnischen Juden) wohnten, dachten recht selten an ihn, und wenn, dann mit einer gewissen Hoffart und Eitelkeit, als wären sie die größten Märtyrer unter der Sonne. Sie irrten sich doppelt. Erstens aus dem Grunde, daß Märtyrertum kein Adel ist, den man erben kann wie Wappen oder Ländereien. Diejenigen, die auf Henryk Fichtelbaums Knochen wohnten, waren überhaupt keine Märtyrer, sie schnitten höchstens Coupons ab von andererleuts Märtyrertum, was immer töricht und unwürdig ist. Zweitens bemerkten sie nicht, daß die Welt sich weiter entwickelt und die Geschichte des Krieges mit Adolf Hitler weit hinter sich gelassen hatte.«

Etwas unbehaglich fühlten sich angesichts der deutschen Einheit freilich auch andere Nationen. Sie waren dabei keineswegs allein. Die Deutschen selbst leisteten ihnen Gesellschaft. Die Westdeutschen fürchteten um ihre Mark, die Ostdeutschen den Markt, und auch andere sorgten sich wegen der Wirtschaft. Sogar in Frankreich, wo die Befürwortung der Wiedervereinigung besonders energisch war, meinten im April 1990 immerhin 54 Prozent der Bürger, daß die deutsche Einheit »der französischen Wirtschaft eher Schwierigkeiten bereiten« könnte. Gleichzeitig aber zeigten sie sich in bezug auf den »beschleunigten Aufbau Europas« außerordentlich zuversichtlich: Er würde durch die »Entwicklung in Osteuropa« (also auch DDR) an Geschwindigkeit gewinnen, sahen 69 Prozent der Franzosen voraus.[142] Das waren die Zahlen, die das IPSOS-Institut ermittelte. Die Konkurrenz von SOFRES kam zu einem ganz anderen Ergebnis – allerdings bei einer etwas anderen Fragestellung: Daß die Wiedervereinigung Deutschlands die politische Union Europas »eher erschweren« würde, sagten im November 1989 40 Prozent der Franzosen, im April 1990 jedoch schon 43 Prozent.

Sagen die Zahlen also alles? Sagen sie nichts? Sagen sie alles und nichts? Sie zeigen, daß die Franzosen, wie andere Nationen auch, keine Hellseher sind, nicht wissen, was die Zukunft bringen wird. Die Daten dokumentieren eindeutig, daß die Franzosen die Wiedervereinigung befürworten. Was sie bringt, weiß keiner. Wie auch und vor allem die Deutschen selbst, machen sich andere Gedanken über die Zukunft, die sie nicht kennen. Die Vergangenheit ist bekannt. Weil sie vergangen ist und in bezug auf die Jahre 1933/39 bis 1945 mörderisch war, bleibt die doppelt angebrachte Trauer. Und weil Deutsche ebenso wie Nichtdeutsche die Zukunft nicht kennen, machen sie sich nicht nur Gedanken, sondern haben auch Sorgen, ja sogar Ängste. Nicht unbedingt Angst vor Deutschland, doch Angst vor der Zukunft. Menschliches, allzu Menschliches. Allzu? Ganz normal!

Fazit

»Zwanzig Jahre lang habe ich ständig etwas Falsches gesagt. Ich habe immer gesagt, Frankreich will die Einheit nur, solange sie nicht möglich ist«, gestand Alfred Grosser im Mai 1990. Nur wenige Fachleute und Konferenzprofis reagierten ebenso souverän wie er. Grosser war eine große Ausnahme.

Nach dem Aufdecken ihrer zahlreichen, doch menschlichen, also verzeihlichen Irrtümer hätten die Fachleute flach auf dem Boden liegen, zumindest Selbstkritik üben oder Selbstbescheidung zeigen müssen. Sollte man meinen. Weit gefehlt. Das Karussell der Konferenzen drehte sich nun erst richtig. Aus aller Welt telefonierte und (tele)faxte man die Experten zusammen, und sie jagten oder jetteten von einem Kongreß zum nächsten. Die »Herren Call Girls« (Arthur Koestler) lassen bitten. Fast alle wußten gestern über die kommenden Dinge gleich viel, nämlich nichts. Und heute wissen sie über morgen wieder alles. Angesichts der früheren Fehlerquote darf man skeptisch bleiben. Die Einstellung der ausländischen Öffentlichkeit zur deutschen Einheit wurde, trotz vorliegender Daten, eben auch falsch eingeschätzt. Zumindest in der politischen Diskussion wurde die veröffentlichte

Meinung oft mit der öffentlichen gleichgesetzt. Ein grundlegender Irrtum, wie wir sehen.

Die öffentliche Meinung des Auslands zeigte vor und besonders seit der Deutschen Oktoberrevolution fast überall erstaunlich wenig Abneigung gegen die Wiedervereinigung. Skepsis oder gar Ablehnung fand man zunächst weitaus häufiger in der veröffentlichten Meinung und in Verlautbarungen von Politikern. Die herausragende Ausnahme: US-Präsident Bush. Allmählich folgten auch Politiker anderer Staaten seinem Beispiel. Den deutschlandpolitischen Wetterumschwung hatte Bush ausgelöst. Wie beim *Besuch der alten Dame* von Friedrich Dürrenmatt vollzog sich der politische Meinungswechsel ...

Die Juden?

»Wir Juden können eine Vereinigung Deutschlands nicht in Betracht ziehen, ohne inneren Widerstand zu empfinden. Wir müssen zweimal über die Folgen nachdenken«, teilte Elie Wiesel dem *Spiegel* zur Jahreswende 1989/90 mit.[143] »Wir«? Plural also? Alle Juden? Die wirklichen jüdischen Märtyrer ebenso wie die nachgeborenen und nicht verfolgten Juden? Ist Elie Wiesel der gewählte Vertreter und Sprecher aller Juden? Ist er also politisch, demokratisch legitimiert, im Namen der Gesamtheit aller Juden zu sprechen? Nein!

Ist sein »Wir« moralisch gerechtfertigt? Ja, wenn man bedenkt, daß er in der Hölle von Auschwitz war und diese Hölle überlebt hat. Und trotzdem: Nein, denn erlittenes und vergangenes Leid bietet keine Gewähr dafür, daß der Märtyrer von gestern sich heute und morgen moralisch bewährt. Individuell mag dies sogar möglich sein; vielleicht bei Elie Wiesel als Person. Darüber kann und möchte ich nicht urteilen. Bei Kollektiven gibt es diese Sicherheit nicht. Wie jedes Kollektiv haben auch »wir« Juden unsere schwarzen Schafe. Ihre Schuld ist aber nicht unsere Schuld, wenngleich wir als Kollektiv für sie mithaften. Es geht uns dabei wie den Deutschen: Der einstige Widerstandskämpfer haftet für sein Volk ebenso wie der Mitläufer und erst recht der Mittäter.

Das jüdische Volk hat in seiner Geschichte vielleicht mehr gelitten als andere Völker. Aber es ist deshalb nicht besser – freilich auch nicht schlechter als andere. Auch »wir« verfügen über kein Moral-Monopol. Auch »wir« legen nicht selten unsere Hände auf Augen, Ohren und Mund; schauen weg, hören weg und schweigen. Andererseits gibt es unter »uns« auch andere: Sie sehen, sie hören, und sie protestieren. Auch »wir« sind eben Menschen und als Menschen sehr menschlich – mit allen schönen und unschönen Seiten des Menschseins. Seien wir also mit dem »Wir« etwas vorsichtiger. Manchmal ist es angenehm, manchmal nicht. Einige aktuelle Beispiele für »unser« Schweigen, Weghören und Wegsehen seien erwähnt. »Unser«?

Gewiß, viele südafrikanische Juden zählten zu den weißen Bürgerrechtlern. Aber die Repräsentanten des südafrikanischen Judentums haben die Apartheid erst 1985 verurteilt.[144]

»Auch wir haben geschwiegen«, als die Demonstranten im rumänischen Temeschwar niedergeknüppelt und abgeschossen wurden, klagte der israelische Historiker Mosche Zimmermann seine Landsleute und seine Regierung an.[145]

Der Oberrabbiner von Rumänien geizte bis zum Ende Ceauşescus im Dezember 1989 nicht mit Ergebenheitsadressen an den Diktator. Ebenso schleimig, unangenehm und letztlich unmoralisch die Verlautbarungen der jüdischen Vertreter in der DDR. Auch die internen Protokolle von Vorstandssitzungen der Ost-Berliner Jüdischen Gemeinde sind keine moralisch erbauliche Lektüre.

Der Rabbiner von Prag, Daniel Meyer, gestand im Juni 1990 öffentlich, ein bezahlter Agent des tschechoslowakischen Geheimdienstes gewesen zu sein.[146] »Alle Gemeindeführer befanden sich unter der Herrschaft der Kommunisten in der gleichen Lage«, ließ der Geschäftsführer der jüdischen Gemeinde von Budapest, Gustav Zoltai, daraufhin die Welt wissen.[147] Es blieb also nicht beim Wegsehen, Weghören, Schweigen und Mitlaufen. Mitgemacht haben »unsere« Gemeindevertreter. Zoltai erinnerte zu Recht an den talmudischen Spruch: »Verurteile niemals jemanden, solange du nicht an seiner Stelle gewesen bist.« Das sollten wir wirklich nicht. Wir können, ja, wir müssen das Mitmachen verstehen. Wer kann Diktaturen widerstehen? Nur Helden. Und Helden sind auch bei »uns« eher die Ausnahme. Auch wenn sie zu »uns« gehören, werden die Mitmacher keineswegs zu moralischen Vorbildern.

Ist »unsere« jüdisch-israelische Besatzungspolitik wirklich immer moralisch?

Solidarisieren »wir« »uns« in »unseren« »Holocaust-Gedenkstätten« auch genügend mit anderen Völkern, die millionenfach ermordet wurden, zum Beispiel mit den Armeniern? Wo waren US-jüdische Stimmen, als Senator Dole vorschlug, man möge im April 1990 des Völkermordes an den Armeniern gedenken? In den Jahren 1915 bis 1923 wurden von der Türkei ungefähr 1,5 Millionen Armenier brutal ermordet. Bis heute streitet die amtliche Türkei dieses Verbrechen ab. In einer konzertierten Aktion haben US-Präsident Bush, die israelische sowie die türkische Regierung und einige US-jüdische Vertreter den vorgeschlagenen Gedenktag verhindert. Sie alle hatten ihre »guten Gründe«. Diese Gründe waren politisch verständlich. Waren sie auch moralisch? Haben »wir« protestiert, Elie Wiesel? »Wir« wohl nicht, ich schon.[148] Bestenfalls also individuelle Entlastung, keine kollektive.

Heinz Galinski, führender Repräsentant des deutschen Judentums, spricht viel von Demokratie, praktiziert Autokratie und betreibt Personenkult; kaum eine Seite in der *Allgemeinen*, der jüdischen Wochenzeitung, in der Galinski nicht erwähnt würde, abgebildet wäre oder selbst einen Beitrag verfaßt hätte. Und weil dieser Personenkult lächerliche Züge trägt, lachen auch viele Juden darüber. Der Jüdische Witz lebt. Humor ist, wenn man trotzdem lacht: »Wer hat in diesem Jahrhundert länger regiert als Heinz Galinski?« Antwort: Kaiser Hirohito von Japan.

Fazit: Auch bei »uns« Juden fehlt es nicht an denen, die Wasser predigen und Wein trinken. Doch was soll diese beliebige Liste? Sie beweist doch nur eine läppische Tatsache: Daß auch »wir« Juden nur Menschen sind. Keiner ist immun gegen menschliche Schwächen. Einmal mehr und immer wieder: Auch wir sitzen im Glashaus. Jeder.

Mit der Zitatenschocktherapie läßt sich alles beweisen. Alles und nichts, denn für jedes Zitat findet man leicht ein Gegenzitat. Was wurde und wird nicht alles über die deutsche Wiedervereinigung gesagt und geschrieben? Auch von Juden, in der Diaspora und in Israel. Wir verzichten daher auf eine Sammlung jüdischer Stellungnahmen für oder gegen Deutschlands Einheit, zumal sie schon an anderer Stelle nachzulesen ist.[149]

Im Gewirr diasporajüdischer Stimmen und Stimmungen ist ein Muster erkennbar: Jüdische Amtsträger und engagierte Mitglieder jüdischer Gemeinden, also Amts- und Gemeindejuden, haben sich im allgemeinen distanzierter zur Wiedervereinigung geäußert als solche Juden, die zwar nicht im Traume daran denken, ihr Judentum zu verbergen, die jedoch nicht allein deshalb mit dem Strom schwimmen wollen, weil er jüdisch ist.

Es wäre viel zu leicht und billig, wollte man die Haltung der Amts- und Gemeindejuden verdammen. Auch wenn man sie nicht billigt, muß man sie verstehen. Als Amtsträger wirken sie innerhalb festgefügter, kollektiver Rahmenbedingungen. Wie jedes Kollektiv wollen die jüdischen Gemeinden als Kollektiv überleben. Als Kollektiv überleben kann aber gerade eine organisierte Minderheit nur, wenn sie intern keine grundsätzlichen Abweichler duldet, sich Neuerungen und Änderungen verschließt. Historischen Anschauungsunterricht liefert der »Fall Spinoza«. Baruch (Benedictus) de Spinoza (1632–1677), dieser überragende jüdische Denker, wurde von der Jüdischen Gemeinde Amsterdams mit dem Bannstrahl bedacht, weil er ein Abweichler war. Spinoza war ein gütiger Mann, ein genialer Denker, aber als solcher verunsicherte er weniger die Rabbiner als die Schar der Gemeindemitglieder. Mit vergleichbaren Problemen haben und hatten natürlich nicht nur »wir« Juden zu kämpfen.

»Nur für Dummköpfe ist der Deutsche der Ewige Nazi.« Undenkbar dieser Satz aus dem Munde oder der Feder eines jüdischen Amtsträgers. Der jüdisch-französische Philosoph André Glucksmann kann sich einen solchen Satz bedenkenlos leisten.[150] Als Individualist, Philosoph und Jude genießt er in einer mehrheitlich nichtjüdischen Gesellschaft Narrenfreiheit. Frei von Verbandszwängen und daher souverän und freudig konnten auf den Fall der Mauer auch prominente jüdische Einzelpersönlichkeiten wie der Politikwissenschaftler und Publizist Alfred Grosser oder die Musiker Yehudi Menuhin, Daniel Barenboim und Leonard Bernstein reagieren. Letztere dirigierten unmittelbar nach dem 9. November 1989 deutsche Festkonzerte. Beethovens Neunte Symphonie hatte Bernstein bezeichnenderweise ausgewählt. »Seid umschlungen Millionen ... Dieser Kuß der ganzen Welt«. Nicht allein der jüdischen oder deutschen, der ganzen Welt.

Diese prominenten jüdischen Individualisten sind alle nur für sich selbst verantwortlich, nicht für das Kollektiv jüdischer Diasporagemeinden, die ohnehin auf der Suche nach ihrer verlorenen Identität sind und sich deshalb verständlicherweise nicht zusätzlich verwirren lassen möchten. Trotzdem gibt es auch einzelne diasporajüdische Organisationen, die der deutschen Einheit alles andere als ablehnend gegenüberstehen. Zu ihnen zählen das Armonk-Institut und ein großer Teil des American Jewish Committee.

Auch der jüdische Staat, Israel, befindet sich in einer tiefen Identitätskrise und benötigt Identitätsstifter. Hierfür ist die jüdische Leidensgeschichte, ist besonders die KATASTROPHE des Holocaust ein wichtiges Instrument; vielleicht inzwischen sogar das wichtigste. Wir haben darauf hingewiesen. Wer die KATASTROPHE und damit Deutschland als Identitätsstifter benötigt, muß die deutsche Teilung zugleich als »Strafe« für den Völkermord an den Juden betrachten. Der Fall der Mauer und die deutsche Wiedervereinigung trüben diese funktionale Sichtweise. Die 1948 erfolgte Wiedergründung eines jüdischen Staates, also Israels, widersprach der orthodox altchristlichen Heils- und Geschichtsvorstellung vom »ewig verstoßenen Gottesvolk«.

Deutschland ist in doppelter Weise in eine jüdische Situation geraten: zum einen durch die KATASTROPHE des Holocaust, zum anderen durch die Wiedervereinigung. Im Zusammenhang mit der »Jüdischen Verkettung deutscher Identität« wurde auf die vergleichbare politische Mechanik hingewiesen, der die Juden lange ausgesetzt waren und der die Deutschen ausgesetzt sind. Die politische Mechanik in bezug auf die Juden löste bei der Außenwelt den absurden Vorwurf der »Christusmörder« aus. »Judenmörder« ist der Schlüsselbegriff der auf Deutschland angewandten politischen Mechanik. Ein Vergleich der politischen Mechanik besagt nichts über die Stichhaltigkeit des Vorwurfes, die Art und den Umfang des vermeintlichen oder tatsächlichen Verbrechens. Dessen Vergleichbarkeit wird ebenfalls nicht beurteilt. Festgestellt und beschrieben wird durch den Begriff der »politischen Mechanik« allein die Reaktionsweise der Außenwelt; eben die mechanische, die reflexive und nicht reflektive. Aus diesem politisch-historischen Reflex wurde eine Geschichtsinterpretation abgeleitet, welche die deutsche Situation erklären sollte: Deutschlands Strafe für den millionenfachen Judenmord wäre die Teilung gewesen.

Plötzlich aber wird Deutschland (wieder) vereinigt, und damit wäre die Strafe aufgehoben, die Welt auf den Kopf gestellt. Die Wiedervereinigung bringt Deutschland nun zum zweiten Mal in eine jüdische Situation: Sie widerspricht, wie die Wiederbegründung des Jüdischen Staates, der (un)heilsgeschichtlichen Interpretation der Gegner und Kritiker.

Wird die alte Weltsicht vom Kopf auf die Füße gestellt, findet eine Umdrehung statt. Es handelt sich, im wörtlichen Sinne, um eine Revolution, also um eine völlige Umkehrung der Dinge. Revolutionen kann niemand in wenigen Wochen oder Monaten geistig verarbeiten. Die Heils- beziehungsweise Unheilsgeschichte muß neu überdacht und dann umgeschrieben werden. Deshalb sollte man auch für die eine oder andere extreme Äußerung israelischer und diasporajüdischer Meinungsmacher oder Amtsträger Verständnis und Geduld aufbringen. Den Weltdeutern und Ideologen wurde unerwartet das Handwerkszeug entrissen. Sie benötigen neues und werden es herstellen. Jede Herausforderung findet ihre Antwort. Auch das liegt in der Natur des Menschen; des Juden wie des Nichtjuden. Daß sich zudem Opfer und Täter unverhofft und unerwartet in einer ähnlichen Situation befinden, ist schwer zu verstehen und zu verkraften.

Öffentliche Meinung und tatsächliches Verhalten
– Israel –

Auch in Israel reagierte die öffentliche Meinung auf die Sanfte Deutsche Oktoberrevolution wesentlich gelassener als die veröffentlichte Meinung des Landes. Von der anfänglichen Hysterie der Politiker war ebenfalls nichts zu spüren. Am Ende konnte man einen bemerkenswerten Steuerungsvorgang feststellen: Nicht die vorgesehenen Steuerleute, also die Meinungsmacher und Regierenden, sondern die vermeintlich Gesteuerten, also die Regierten, hatten eine Kursänderung bewirkt.

Die Regierenden reagierten. Sie reagierten auf die öffentliche Meinung, doch auch auf die Aktionen anderer, auf die Aktionen der politischen Gegner: Mitte März 1990 traf Staatsminister Schäfer vom Auswärtigen Amt mit den arabischen Botschaftern in Bonn zusammen. »Möge die Wiedervereinigung gelingen – zum Nutzen des Friedens und des deutschen Volkes«, erklärte der Doyen der arabischen Botschafter, der Repräsentant Khatars, al-Khal. Und er fügte hinzu: Auch die Palästinenser wollten endlich von ihrem Selbstbestimmungsrecht Gebrauch machen können. Wie in der Zeitung am nächsten Morgen zu lesen war, dankte der ohnehin als eher israelkritisch und proarabisch geltende Staatsminister den arabischen Staaten für ihre in den letzten Monaten gezeigte positive Haltung zum deutschen Einigungsprozeß.

Die Formulierung von Schäfers artigem Dank war kein »Wink mit dem Zaunpfahl«; eher mit dem unübersehbaren Funkturm. Aus der diplomatischen in die deutsche Sprache übertragen besagte sein Dank: Ihr versteht uns, die Israelis kritisieren uns. Dann redete Schäfer Tacheles: Die Veränderung in Deutschland und Osteuropa verstellten Bonn nicht den Blick auf die Probleme des Nahen Ostens. Notwendig sei der Beginn eines Dialogs zwischen Israelis und Palästinensern.[151] »Wir haben schon immer gesagt, daß israelische Siedlungen in den besetzten Gebieten illegal sind.« Schäfer verwies auf entsprechende EG-Erklärungen und forderte Israel auf, alles zu unterlassen, was den Friedensprozeß belaste. Zugleich appellierte er (auf diesem Wege!) an Israels Ministerpräsident Schamir, den Weg für einen Ausgleich und eine Verständigung mit den Palästinensern offenzuhalten.

Schäfer und die arabischen Botschafter zählten gewiß nicht zu den engeren politischen Partnern Israels in Bonn. Was aber, wenn in Deutschland auch andere, ansonsten wohlwollendere Politiker von Israel abrückten? Das mußte verhindert, dem mußte vorgebeugt werden. Geschichtspolitische Schelte war für Schamir eine, Realpolitik eine andere, die wichtigere Sache. Das entsprach der Tradition israelischer Deutschlandpolitik. Ben-Gurion war eigentlich der einzige Ministerpräsident des jüdischen Staates, der den einen Bereich nicht vom anderen trennte. Schamirs Botschafter in Bonn, Benjamin Navon, zeigte dagegen weit mehr Verständnis für deutsche Vereinigungsfreuden und festigte dadurch sicherlich Freundschaften.

Noch im November 1989 hatte Israels Ministerpräsident Schamir im US-Fernsehen den ewigen deutschen Teufel an die Wand gemalt. Ein vereinigtes Deutschland könnte versuchen, wieder Millionen Juden zu töten.[152] Im April 1990 hörte man ganz andere Töne: »Das jüdische Volk hat Erinnerungen, Zweifel und Fragen. Deshalb kann man schwer sagen, wir wären über den Gedanken an die deutsche Einheit begeistert. Trotzdem verstehen wir, daß die Zeit für die deutsche Einheit gekommen ist.«[153]

Wenige Tage vorher war eine Umfrage mit geradezu sensationellen Ergebnissen veröffentlicht worden: Im März 1990 erhoben zwei Drittel der jüdischen Bürger Israels keine Einwände gegen die Vereinigung Deutschlands. 26 Prozent befürworteten sie ausdrücklich, 41 Prozent waren unentschieden, und nur 33 Prozent lehnten sie ab.[154] Langfristig für die deutsch-israelischen Beziehungen noch wichtiger, weil politisch und gesellschaftlich wirksamer: Je jünger die Israelis, desto weniger Vorbehalte äußerten sie gegen die Wiedervereinigung. Die israelischen Juden orientalischer Herkunft (inzwischen die Mehrheit der Bevölkerung) zeigten sowohl aus geographischen als auch aus historischen und daher politisch-psychologischen Gründen mehr Gelassenheit. Von den Israelis euro-amerikanischer Herkunft sprachen sich 42 Prozent gegen die Wiedervereinigung aus. Bei ihren aus Nordafrika oder Westasien stammenden Landsleuten, den »orientalischen« Juden, waren es nur 24 Prozent.

Die Mehrheit der Israelis hat zu Beginn der neunziger Jahre generationelle und geographische Distanz zur KATASTROPHE gewonnen. Das meinte auch Professor Mosche Zimmermann. Nein, konterten Kritiker: Es sei methodisch nicht vertretbar, die 41 Prozent derer, die keine ausgeprägte Meinung bekundeten, den Befürwortern zuzurechnen. Nicht allein auf die Addition israelischer Befürworter der deutschen Vereinigung komme es an, sondern auf das Zusammenzählen der Ablehnenden, entgegnete Zimmermann und fügte das entscheidende Argument hinzu: Anders als Medien und Politiker behaupteten, reagiere die Mehrheit der Israelis weder automatisch noch energisch gegen die Wiedervereinigung. Wenn sie sich so verhielte, wie im allgemeinen unterstellt, hätte sie sich nachdrücklich und eindeutig gegen die Vereinigung ausgesprochen, ohne Wenn und Aber.[155] Mit anderen Worten: Der erwartete Reflex auf das Stichwort »Deutschland« blieb aus.

Deutschland und kein Ende; auch und natürlich nicht in Israel. Folglich vergab Zimmermann den Auftrag für eine zweite Meinungserhebung. »Muß Israel für oder gegen die Vereinigung Deutschlands sein?« wurde im Mai 1990 gefragt. Im März hatte er wissen wollen: »Sind Sie für oder gegen die Vereinigung der beiden deutschen Staaten?« Jetzt, im Mai, mußte sich der einzelne Befragte sozusagen als Vertreter seines Staates fühlen, sich demnach der allgemeinen Erwartungshaltung eher anpassen. Der Wiedervereinigung weniger wohlwollende Antworten hätte man vermuten müssen. Irrtum! Die Zahl der Vereinigungsgegner ging zurück, von 33 auf 21 Prozent.[156] 27 Prozent zählten zu den Befürwortern, und 41 hatten keine Meinung.

Weitere Fragen ließ der mit nüchternen Zahlen mutig die Mythen widerlegende Mosche Zimmermann seinen israelischen Landsleuten im Mai 1990 stellen: »Ist die Vereinigung Deutschlands Ihrer Meinung nach für die Juden gefährlich?« Nein, sagten 49 Prozent. Ja, meinten immerhin doch 34 Prozent, und 17 Prozent, »wußten nicht«. Wie das?

Nur 21 Prozent waren gegen die Wiedervereinigung, doch 34 Prozent glaubten, sie wäre für die Juden gefährlich. Ein Widerspruch? Nur bedingt. Auch hier ist Zimmermanns Erklärung beizupflichten: Die Israelis würden in bezug auf die Gefahr wohl zwischen Israel und der jüdischen Diaspora unterscheiden Als Israeli könne man aus der Sicht und Situation des eigenen Staates die Wiedervereinigung befürworten. Die in Gaststaaten lebenden Juden der Diaspora seien in den Augen der Israelis eher gefährdet.[157]

Zu welchen Schlußfolgerungen führen diese Daten? Man muß vermuten, daß die große Mehrheit der Israelis, ungefähr zwei Drittel, die Beziehungen zu Deutschland als ganz normal betrachtet, allen politischen Schallplatten zum Trotz. Die öffentliche Meinung Israels hat die eigentlich ihr zugedachte Berieselung über den Ewigen Deutschen Dämon in eine kalte Dusche für Ideologen, Politiker und Meinungsmacher verwandelt. »Ja, die Beziehungen zu Deutschland halte ich für normal«, sagten im Mai 1990 tatsächlich 63 Prozent der Israelis.[158]

Kein Wunder, daß im Mai 1990 nur 10 Prozent der Israelis sagten: »Alle heute lebenden Deutschen sind an der KATASTROPHE schuldig.«[159] Kein Wandel im Vergleich zu 1982. Damals hatten 9 Prozent diese Feststellung bejaht.

»Ja, es gibt ein anderes Deutschland« (als jenes alte, nationalsozialistische, das die KATASTROPHE verursachte), sagten 64 Prozent der jüdischen Israelis im Mai 1990.[160] Im Juni 1981, also kurz nach dem antideutschen, die Kollektivschuld einschlagenden Geschichtshammer Menachem Begins, glaubten nur 41 Prozent der Israelis an dieses »neue Deutschland«. Doch im März 1982 waren es genauso viele wie im Mai 1990, nämlich 64 Prozent.[161]

Unterscheidet sich das *Verhalten* der Israelis von ihren deutschlandpolitischen *Einstellungen*? Nein. Trotz ihrer schwachen (einige sagen: schwindsüchtigen) Währung »strömen israelische Touristen in die DDR«, berichtete die israelische Presse.[162]

Das reale Deutschland prägt immer mehr das Bild der Israelis von Deutschland. Ein Realbild ist entstanden. Beachtlich, doch selten beachtet. Die Israelis haben KEINE ANGST VOR DEUTSCHLAND. Es bedarf jedoch keiner politischen Prophetengabe, um vorherzusagen, daß nur ein kleines Häuflein dieses Ergebnis verbreiten wird, um den deutsch-israelischen Graben zu verengen. Don Quijote ähnelnd wird dieses Häuflein mit harten Daten den Kampf gegen die Windmühlen der weichen Meinungen führen – und verlieren. Die Müller und Betreiber der Windmühlen bleiben die Ideologen. Weil nicht sein kann, was nicht sein darf.

Es darf nicht sein. Im Februar 1990 erfuhren es die Leser der *Süddeutschen Zeitung* aus der Feder einer israelischen Historikerin: »Es hilft aber auch nicht, immer wieder an ein schuldloses ›neues Deutschland‹ zu erinnern ... Unter Israelis jedweder Couleur wurde der Anspruch der Bundesrepublik, das ›neue Deutschland‹ zu repräsentieren, immer mit einer Portion Skepsis bedacht. Trotz enger diplomatischer Beziehungen und zahlloser neuer Verbindungen steht das neue Deutschland immer noch auch für das ›alte Deutschland‹. Trotz der vielen Worte von Politikern hängen die jüdischen Reaktionen nicht mit aktuellen politischen Überlegungen zusammen, sondern sind eine Frage von Gefühlen, die sich auf vergangene Erfahrungen gründen.«[163]

Vielleicht wäre dieser Historikerin in bezug auf die Zuverlässigkeit ihrer Darstellung doch der eine oder andere Blick auf Umfragen hilfreicher gewesen als die Berufung auf Gefühle? Gefühle können angenehm oder unangenehm sein, sie sind nicht unbedingt Belege für wissenschaftliche Aussagen. Eigene Gefühle oder Beobachtungen entsprechen nämlich nur gelegentlich dem tatsächlichen Gesamtbild einer Gesellschaft. Aber welcher Ideologe läßt sich freiwillig sein Handwerkszeug nehmen? In bezug auf die jüdische Diaspora trifft die Schilderung der Historikerin eher zu als auf Israel.

Die jüdische Diaspora

Wirklich zwiespältig ist die Einstellung der jüdischen Diaspora Deutschland gegenüber. Anders als in Israel bekommen Juden außerhalb des Jüdischen Staates durch das neue, sich vereinigende Deutschland eher gemischte Gefühle. Zumindest die Mehrheit der amerikanischen Juden blickt bänglich auf ein wiedervereinigtes Deutschland. »Daß die beiden Deutschlands wieder eine Nation werden«, fanden im März 1990 42 Prozent der US-Juden »sehr besorgniserregend«, weitere 32 Prozent »besorgniserregend« und nur 24 Prozent »kaum besorgniserregend«.[164] Ganz andere, genau umgekehrte Mehrheitsverhältnisse als in Israel. Weshalb?

Eindeutige Antworten lassen sich kaum finden. Eine Vermutung drängt sich auf: Trotz aller Identitätsprobleme ist das israelisch-jüdische Wir-Gefühl gefestigter als das diasporajüdische. Wir haben über die Amputation der jüdischen Diaspora schon gesprochen. Sie hat die beiden Beine verloren, auf denen sie jahrhundertelang gestanden hat: das Bein der Religion und das der mehr als dreitausendjährigen jüdische Geschichte. Durch die Verweltlichung (»Säkularisierung«) verlor die Mehrheit der Juden das religiöse Bein. Das zweite Bein wurde erheblich gekürzt: auf die zwölf schrecklichsten Jahre der ohnehin schon an Schrecken reichen jüdischen Geschichte, auf die KATASTROPHE. Dieses Bein erhielt eine Prothese: Israel. Diese Prothese saß von Anfang an nicht fest, weil sich der jüdische Staat als Antithese zur Diaspora verstand. Er hoffte und forderte, daß sie durch Einwanderung nach Israel verschwand. Das geschah nicht, weil Diasporajuden lieber Geld nach Israel schicken, als selbst dorthin einzuwandern. Eine eigene Diasporatradition, die Wurzeln geschlagen hätte, wurde nicht entwickelt.

Seit rund einem Jahrzehnt ist nun auch die israelische Prothese der Diasporajuden wackeliger geworden. Der Grund: Die israelische Politik, vor allem die Palästinenserpolitik des jüdischen Staates, hat es der Diaspora immer schwerer gemacht, sich rückhaltlos mit ihr zu identifizieren, sich an Israel zu orientieren. Bleibt die KATASTROPHE, bleibt die Identitätsstiftung durch Deutschland. Nicht durch das reale, neue Deutschland, sondern durch das alte, mörderische.

Henryk Broder hat eine andere, höchst bedenkens- und bemerkenswerte Erklärung für die deutschlandkritische Haltung der amerikanischen Juden versucht: Die US-jüdische Deutschlandkritik übertünche das schlechte eigene Gewissen, die Selbstkritik. Selbstkritik wegen der unterlassenen Hilfe für die deutschen und europäischen Juden während der KATASTROPHE des Holocaust.[165] Aus einer defensiven Situation in die offensive Aktion. Oder: Angriff ist die beste Verteidigung. Diese historisch psychologischen Mechanismen sind einerseits überzeugend, andererseits ist die Mehrheit der heutigen US-Juden nach der KATASTROPHE geboren und deshalb nicht schuldig am Versagen ihrer Eltern und Großeltern, für die sie gewiß haften. Aber als Haftende können sie gelassener bleiben, als es die Schuldigen sein können. Trotzdem hat Broder recht: Mit schlechtem Gewissen kann man recht gut andere schlecht machen.

Wieder ein ganz anderes Bild entsteht, wenn man die Auswanderungsbewegung sowjetrussischer Juden betrachtet. Ihr Verhalten Deutschland gegenüber widerspricht den Einstellungen der US-Juden. Der Exodus der russischen Juden geht nämlich nicht an Deutschland vorbei, sondern (wo und sofern möglich) nach Deutschland hinein. Von den rund 6000 Mitgliedern der Jüdischen Gemeinde West-Berlins stammt ungefähr die Hälfte aus der Sowjetunion. In den siebziger Jahren tröpfelte, seit den achtziger Jahren floß die russisch-jüdische Einwanderung nach Deutschland, genauer: nach Berlin (West). Dort rang die Gemeindeführung der zögerlichen Stadtregierung Aufenthalts- und Arbeitsgenehmigungen ab. Wie? Sollte der Senat von Berlin (West) etwa antisemitisch sein, geworden sein? Mitnichten. Er wollte nur die ohnehin für Ausländer nicht spannungsfreie Situation in der Stadt nicht noch weiter verschärfen. Guter Wille war und ist vorhanden. Konnte man Juden gewähren, was Türken verwehrt wurde? Schwierige Fragen, die ein behutsames Vorgehen ratsam scheinen ließen. Ohne diese gut gemeinte, weitsichtige Vorsicht wäre die Zahl der jüdischen Einwanderer nach Deutschland erheblich größer.

Auch in die erneute Spät- beziehungsweise End-DDR kamen seit Mai 1990 Juden aus der Sowjetunion. Anfang Juni waren es 160, zu Beginn des nächsten Monats schon rund 500.[166] Sie kamen, weil sie antisemitischen Ausschreitungen in ihrer Heimat entkommen mußten, doch nicht nach Israel wollten, nach Deutschland. Deutschland, das ehemalige »Land der Mörder«, ist für sie Ziel und Ort der Rettung. Ironie der Geschichte? Warum Ironie? Nichts ist in der Geschichte so gewiß wie der Wandel; also auch in der deutschen Geschichte.

Die Angst der SED/PDS
oder
Terror den Israelis – Orden den Juden

Die Vereinigung der beiden deutschen Staaten »ist schlecht für die Welt, insbesondere aber für die Juden«, erklärte PDS-Chef Gregor Gysi dem eigens aus Jerusalem eingeflogenen orthodoxen Rabbiner Zwi Weinmann im März 1990.[167] Nein, ein liberalreligiös jüdischer Gesprächspartner hatte dem PDS-Chef nicht genügt. Es mußte ein orthodoxer Rabbi sein. Wenn schon, denn schon.*

Bei seiner Begegnung mit dem frommen Mann aus Jerusalem appellierte Gysi an die jüdische Gemeinschaft in aller Welt, die Unabhängigkeit der DDR durch finanzielle Hilfe zu gewährleisten. Dem sinkenden DDR-Schiff sollten die Juden den Rettungsanker zuwerfen, denn, so Gysi weiter, die »ganze Welt« beobachte die jüdische Reak-

* Im Archiv des Ministeriums für Auswärtige Angelegenheiten fand ich Protokolle von Gesprächen, die DDR-Spitzenpolitiker mit Edgar Bronfman und anderen Vertretern des Jüdischen Weltkongresses in den Jahren 1987 bis Ende 1989 führten. Sie bestätigen (leider) die schon hier beschriebene »Jewish Connection« der DDR. Der Leser erfährt hierüber einiges aus meinem Artikel »Aufs falsche Pferd gesetzt« (Frankfurter Allgemeine Zeitung, 21. 12. 1990). Er erfährt mehr aus meinem Buch Spanien, Deutschland und die »Jüdische Weltmacht« (München 1991) und noch mehr 1993 in meinem dann vorliegenden Buch Unschuldiges Deutschland? Die DDR, die Juden und Israel.

tion auf die Entwicklungen in Deutschland. »Wenn die Juden die Wiedervereinigung unterstützten, weshalb sollte sich ihr sonst irgend jemand widersetzen?« fragte der PDS-Chef. Die Juden der Welt sollten ausgerechnet den deutschen Staat retten, dessen Führung seit Jahrzehnten die Todfeinde des Jüdischen Staates aktiv unterstützt hatte.

Auch ohne genaue Einzelheiten zu erfahren, konnte sich die Öffentlichkeit schon seit Jahren ein ziemlich genaues Bild machen: Man wußte, daß die DDR (ebenso wie andere kommunistische Staaten) die PLO und die Arabische Welt nicht nur mit freundlichen Worten bedachte und Israel in der Fratze des Killerstaates darstellte. Wenn man Israel-Berichte des *Neuen Deutschland* las, fühlte man sich an das nationalsozialistische Hetzblatt *Der Stürmer* erinnert: geifernder Anti-Israelismus. Dem ideologischen Geifern entsprach das militärische Eifern:

Palästinensische und andere Terroristen wurden seit den späten sechziger Jahren in der DDR ausgebildet und von ihr mit Waffen ausgerüstet.

Seit dem 15. Juli 1990 scheint es nun auch ziemlich sicher zu sein, daß der Mann, der 1972 tief in das Massaker gegen die israelischen Olympiateilnehmer von München verstrickt war, in der SED-DDR Unterschlupf fand. Sein Name: Abu Daud. Heute kennen wir Namen und Details, doch schon lange ist das Tatsachengerüst bekannt.

In ihrem »antiimperialistischen Kampf« gegen Israel lieferte die DDR schon im Sechstagekrieg vom Juni 1967 Kampfflugzeuge, Panzer, Raketen und andere schwere Waffen an Ägypten und Syrien.[168] Neu in bezug auf die Waffenliste, altbekannt in bezug auf die Tatsache selbst.

Daß die Stasi die Polizei- und Spionagedienste der extrem antiisraelischen Volksrepublik Südjemen aufbaute und ausbildete, war seit Jahren ein offenes Geheimnis.

Am 5. April 1986 verübten Terroristen einen Anschlag auf die vornehmlich von US-Soldaten besuchte Diskothek »La Belle« in West-Berlin. Drei Menschen wurden dabei getötet, mehr als 200 verletzt. Im Juli 1990 berichtete die Presse aus Akten des früheren Ministeriums für Staatssicherheit (MfS). Das Fazit: »Honecker und Mielke deckten die Morde libyscher Agenten im Westen.«[169] Neue Enthüllungen? Ja, in bezug auf wichtige Einzelheiten wie die logistisch organisatorische Schlüsselfunktion der libyschen Botschaft (»Volksbüro«) in Ost-Berlin sowie die Namen der palästinensischen und libanesischen Terroristen, auf die Planung und Durchführung der Mordtat. Nein, in bezug auf die Tatsache selbst. Daß nämlich die Mordspur in das »Libysche Volksbüro« in Ost-Berlin führte, hatte US-Präsident Reagan bereits 1986 der Weltöffentlichkeit mitgeteilt, um den Vergeltungsschlag der US-Luftwaffe gegen Ziele in Libyen zu rechtfertigen. Im Juli 1986 wurde er durchgeführt. Herbe Kritik mußte Reagan einstecken, auch in West-Deutschland. »Reagan – Kindermörder« oder »USA – Kriegstreiber«, war auf Transparenten einer Protestdemonstration in West-Berlin zu lesen. Keine noch so heftige Kritik konnte jedoch die Libyen-DDR-Verbindung widerlegen. Kein Wunder, wie wir heute genau wissen, damals bei mehr Vertrauen hätten glauben können. Der Verdacht mußte bleiben, auch wenn die Beweise ausblieben. Fazit der DDR-Nahost- und damit auch Judenpolitik: Terror den Israelis.

Orden den Juden, den Diasporajuden. Das war die zweite Linie der DDR-Judenpolitik seit 1985/86. Durch Bitburg (1985) und den »Historikerstreit« (1986) war die Bundesrepublik Deutschland in eine geschichtspolitische Defensive geraten. In die Offensive ging die DDR. Sie präsentierte sich als das wirklich erneuerte Deutschland, das die Wurzeln des Faschismus mit dem Sozialismus ausgerissen hätte. Das wahre Ziel der DDR: zusätzliche internationale Anerkennung durch einen Honecker-Besuch in Washington und die Meistbegünstigungsklausel im Handel mit den USA. Handels-, Geschichts-, Deutschland- und Außenpolitik wurden von Honecker & Co. zu einem Paket geschnürt. Bevor es an das Weiße Haus und den Amerikanischen Kongreß geschickt wurde, wählte man geschickt einen geeigneten Postboten: US-Juden. Ihre geschichtspolitische Empfindlichkeit Deutschland gegenüber sollte für DDR-Zwecke instrumentalisiert werden. Die gesuchten US-Juden wurden zu Besuchen in die DDR eingeladen, die sich ihnen als »Land des Lächelns« präsentierte. Besonders hofiert wurde der Jüdische Weltkongreß.

Politiker und Öffentlichkeit innerhalb und außerhalb der DDR erlagen (und erliegen) dabei einem Irrtum: Sie glaubten, der Jüdische Weltkongreß wäre die Vertretung aller Juden der Welt. Eine Legende, an deren Entstehung die Amtsträger des Jüdischen Weltkongresses ebenso gerne wie eifrig mitgestrickt haben. In den USA gehören nur kleine jüdische Gruppen zum Jüdischen Weltkongreß, und der jüdische Staat, Israel, vertritt sich ohnehin selbst. Der Jüdische Weltkongreß ist also ein Papiertiger. An seine Kraft glaubt eine seltsame Koalition von Gut- und Böswilligen: Die Gutwilligen wissen nicht, daß er nicht repräsentativ ist. Die Böswilligen halten ihn für die Bestätigung der »Protokolle der Weisen von Zion«, die angeblich bewiesen hätten, daß und wie »die Juden die ganze Welt beherrschen«.

Der Höhepunkt der Anbiederung der alten DDR an Diasporajuden im allgemeinen und den Jüdischen Weltkongreß im besonderen wurde 1988 erreicht: Edgar Bronfman erhielt im Oktober aus der Hand Erich Honeckers den höchsten Orden der DDR, den »Stern der Völkerfreundschaft in Gold«. Bis dahin hatte sich die DDR beharrlich geweigert, über finanzielle Wiedergutmachung an die Juden auch nur ein Wort zu verlieren. Anders 1988. Nach seinem kurzen Gespräch mit Honecker nannte Bronfman sogar eine mögliche Summe: 100 Millionen US-Dollar. Auch mit einfachen Bürgern der DDR traf sich Bronfman. Drei Mitglieder der FDJ informierten ihn in fünf Minuten ebenso intensiv über die Vergangenheitsbewältigung der DDR wie Doktor Peter Kirchner, der Vorsitzende der Jüdischen Gemeinde Ost-Berlins. In deren Vorstandsbesprechungen, das beweisen die Protokolle, wurden die häufigen Schändungen jüdischer Friedhöfe, die es amtlich gar nicht gab, mit beschönigenden Worten umschrieben – weil es sie amtlich nicht gab. Nach seinen so intensiven Gesprächen zeigte sich Bronfman von diesem neuen Deutschland tief beeindruckt. Seine Empfehlung: Die USA sollten der DDR die Meistbegünstigungsklausel gewähren, Erich Honecker könne in Washington empfangen werden. Damit nicht genug: Als flankierende Maßnahme erhielt im November 1988 auch der höchste Repräsentant des westdeutschen Judentums, Heinz Galinski, gemeinsam mit anderen Persönlichkeiten des Jüdischen Weltkongresses, den Orden mit dem pikanten Namen »Stern der Völkerfreundschaft in Gold«. Die Spitzen der DDR-Juden, Siegmund Rotstein und Peter Kirchner, mußten sich mit dem »Vaterländischen Verdienstorden« in Gold und Silber begnügen.

Gewiß, 1988 wußte niemand so viel wie 1990 jeder. Zahlreiche westliche Politiker und Interessenvertreter trafen oder umarmten sich mit Honecker & Co. Aber spätestens seit 1986 war umrißhaft erkennbar, daß die Blutspur arabischer Terroristen in die DDR führte. Während SED-Chef Honecker Juden aus der Diaspora lächelnd Orden verlieh und ihnen die Hand freundschaftlich drückte, ließ er Israelis und deren Freunden, auch US-Bürgern, den Dolch in den Rücken stoßen.

Der an die Juden der Welt von PDS-Chef Gysi gerichtete Hilferuf zur Rettung der DDR-Staatlichkeit hätte schon im März 1990 eine klare und knappe Antwort von Bronfman und Galinski verdient. Ihr Text: das jiddische Wort »Chutzpe!« Empfehlenswert: eine Beigabe an die PDS als Nachfolgepartei der SED: den »Stern der Völkerfreundschaft in Gold«.

Im Mai 1990 hatten Bronfman und Galinski Gelegenheit, den Orden Gysi persönlich abzugeben: auf der Tagung des Jüdischen Weltkongresses in Berlin (West und Ost). Sie unterließen es. An mangelnder Einsatzbereitschaft für Israel fehlte es freilich nicht. In seiner Eröffnungsansprache ermahnte Bronfman am 6. Mai 1990 die anwesenden west- und ostdeutschen Politiker: »Sie dürfen niemals denen helfen, die Israel zerstören wollen.« Ausdrücklich erinnerte er in diesem Zusammenhang an die Beteiligung bundesdeutscher Firmen am Bau der libyschen Giftgasfabrik in Rabita. Kein Wort aber über die 1986 von Präsident Reagan aufgedeckte Verbindung zwischen der DDR und dem libyschen Terror gegen Israel und die USA. Vielleicht ließ er diese Verstrickung unerwähnt, weil sie im Mai 1990 noch nicht einwandfrei belegt war. Im Juli 1990 wurde sie zweifelsfrei dokumentiert. Warten wir ab, wieviel Zeit die Post für Sendungen von New York und Berlin nach Berlin benötigt.

Eine Skizze dieses Abschnittes habe ich am 21. Juli 1990 in der Tageszeitung *Die Welt* veröffentlicht. Eine Reaktion sollte erwähnt werden: »Als ›ungeheure Diffamierung‹ verurteilte Heinz Galinski öffentlich gegen ihn erhobene Vorwürfe des Münchener Professors Michael Wolffsohn, einen Honecker-Orden angenommen zu haben« (*Die Welt*, 16. 7. 1990). In meinem Artikel habe ich die Tatsache erwähnt: Am 8. November 1988 erhielt Galinski von Honecker den höchsten DDR-Orden. Er habe vor Honecker nie »einen Kotau« gemacht, sondern sei ihm »in aller Schärfe in der Sache gegenübergetreten«. Das habe ihm Minister Schäuble in einem Brief bestätigt, konterte Galinski.

Auch andere haben Honecker kritisiert – ohne Orden von ihm angeboten oder verliehen zu bekommen. Haben sie Minister in die Peinlichkeit gebracht, ihnen Führungszeugnisse auszustellen? Galinski hat enorme Verdienste. Souverän könnte er Fehler eingestehen. Kritik muß möglich sein, ist keine Majestätsbeleidigung. Ihre Majestät Königin Elizabeth II. von England hat Honecker ihren Orden zurückgeschickt.

Die Angst der Deutschen vor Deutschland

Als niemand mehr an sie glaubte, kam die Wiedervereinigung. Die Welt und die Westdeutschen hatten sich mit der *staatlichen* Teilung eigentlich abgefunden. Hatte sich auch in der westdeutschen Bevölkerung ein Teilstaatsbewußtsein herausgebildet? Hatte die Bundesrepublik Deutschland sich im Laufe der Jahre selbst anerkannt, also eine zweite Staatsgründung nachträglich und freiwillig vollzogen?

Elisabeth Noelle-Neumann bestreitet, daß sich hierzulande ein »Teilstaatsbewußtsein« entwickelt habe,[170] räumt jedoch ein, daß man diese Frage »nur indirekt angehen« könne. Das von ihr geleitete Institut für Demoskopie in Allensbach fragte die westdeutschen Bürger im März 1966, Mai 1980 und Januar 1982:

»Wenn sie von unserem Gebiet sprechen – wie nennen Sie das?« »Deutschland« nannten es 1966 nur 12 Prozent, doch 1980 und 1982 je 34 Prozent, also fast dreimal so viele.

Der Anteil derer, die »unser Gebiet« als »Bundesrepublik« bezeichneten, sank von 36 Prozent im Jahre 1966 auf 26 Prozent 1980 und 27 Prozent 1982.

»Westdeutschland« zogen als Etikette 1966 noch 29 Prozent vor, 1980 und 1982 waren es je 12 Prozent.[171]

Den zweiten deutschen Staat, von Allensbach als »anderen Teil Deutschlands« umschrieben, nannten 1966 nur 11 Prozent DDR (ohne Anführungszeichen), 1980 schon 37 Prozent und 1982 66 Prozent, also zwei Drittel aller Bundesbürger.

Die Zahl derjenigen, die von der »Ostzone« sprachen, sank in derselben Zeit von 48 Prozent auf 33 und schließlich 13 Prozent.

Von »Ostdeutschland« sprachen 1966 12 Prozent, 1980 13 und 1982 8 Prozent.[172]

Diese Ergebnisse legen den Schluß nahe, daß »Bundesrepublik Deutschland« immer mehr auch von den Bundesdeutschen selbst anerkannt wurde. Und Hand aufs Herz: Welcher Bundesbürger nannte die eigene Mannschaft nicht ganz einfach »Deutschland«, wenn die Bundesrepublik gegen die DDR kickte, rannte oder spielte?

Zwei Staaten – eine Nation?

Zwei Staaten, aber eine *Nation*? Galt diese Formel?[173] Als »Deutsche Nation« bezeichneten im November 1981, ein Jahr vor Ende der sozialliberalen Epoche, 43 Prozent der Bundesbürger die Bundesrepublik allein, 32 Prozent Bundesrepublik und DDR zusammen. 12 Prozent zählten zur »Deutschen Nation« Bundesrepublik plus DDR sowie die ehemaligen deutschen Ostgebiete. Für 7 Prozent gehörten »alle deutschsprachigen Gebiete« zur »Deutschen Nation«.

Auch die Deutsche Nation ließen die Bundesdeutschen offensichtlich immer mehr auf Westdeutschland zusammenschrumpfen.

Eine Kultur – Vier Staaten?

Die »Deutsche *Kultur*« wurde dagegen territorial und staatlich nicht ganz so stark verengt. Ebenfalls im November 1981 setzen 23 Prozent der Bundesbürger die »Deutsche Kultur« mit der Bundesrepublik gleich. Für 19 Prozent gehörten zur »Deutschen Kultur« Bundesrepublik plus DDR. Weitere 20 Prozent schlossen auch die Ostgebiete ein, und 29 Prozent zählten alle deutschsprachigen Gebiete zur »Deutschen Kultur«.[174]

Fazit: Die Zwei*staat*lichkeit war zunächst eine historisch erzwungene und dann freiwillig angenommene, zumindest verinnerlichte Erfahrung. Ob aus Angst oder Einsicht in die Notwendigkeit, die Westdeutschen hatten sich mit der Teilung des deutschen Staates abgefunden. Das Gefühl der Bi-*Nation*alität Deutschlands verstärkte sich bei den Bundesbürgern. Die Tendenz zur multistaatlichen deutschen *Kultur* war unbestreitbar. Daran dürfte sich nach der Vereinigung der beiden deutschen Staaten nichts ändern. Niemand wird ernsthaft bestreiten können oder wollen, daß Österreich und die Deutsch-Schweiz zur deutschen Kultur zählen.

Ein weißer Fleck auf der Landkarte: die DDR

So weit der Bereich der Meinungen. Und das *Wissen*? Was wußten die West-Deutschen von der DDR? Erstaunlich wenig. Für West-Deutsche war Ost-Deutschland ein weißer Fleck auf der Landkarte.

Einige abschreckende Beispiele mögen genügen: 1976 wußten nur 45 Prozent und 1981 nur 52 Prozent der Bundesbürger, daß am 13. August 1961 die Mauer in Berlin errichtet wurde.[175] Eine Umfrage bei Hamburger Schülern ergab 1979, daß 11 Prozent glaubten, Dresden liege in Polen.[176]

Die Meinungen über Deutschland waren bei den West-Deutschen ausgeprägter als ihr Wissen über das eigene Land. Nur gut, daß man immer noch selbstkritisch (oder eher unsicher) genug war, um nicht die Bundesrepublik mit ganz Deutschland gleichzusetzen. So viel Angst vor dem eigenen Mut hatte man noch.

Wiedervereinigung als unerfüllbarer Wunsch

Und trotzdem: Elisabeth Noelle-Neumann kann anhand der Umfragen zu Recht bilanzieren: »Das *Zusammengehörigkeitsgefühl* ist stark geblieben.«[177] Der »Empfindungsstrom« blieb von der Tagesaktualität unberührt.

Nicht nur das Allensbacher Institut, auch andere Meinungsforscher stellten immer wieder fest: Die Westdeutschen wollten die Wiedervereinigung. Der Wunsch schien jedoch unerfüllbar. Seit Mitte der sechziger Jahre wurden die Westdeutschen immer wieder gefragt, ob sie denn die Wiedervereinigung wünschten. »Ja«, sagte die überwältigende Mehrheit. Ihr Anteil blieb dabei erstaunlich konstant. Bis zum Herbst 1989 schwankten die Werte zwischen 70 und 80 Prozent.[178] Sogar im Glanzjahr der eindeutig am Status quo orientierten bundesdeutschen Ostpolitik, 1972, wünschten 78 Prozent der Bundesbürger eine Wiedervereinigung. Aber nur 13 Prozent glaubten, daß sie »in absehbarer Zeit kommen« werde. Bis zum Herbst 1987 blieb der Anteil der Wünschenden fast unverändert, die Zahl der Vereinigungsoptimisten sank jedoch auf lediglich 3 Prozent.[179]

Überraschend stark blieb also der Wunsch nach staatlicher Wiedervereinigung trotz der scheinbar endgültigen Teilung. Weniger überraschend freilich die Tatsache, daß in beiden deutschen Staaten der Anteil der Vereinigungsbefürworter seit dem Herbst 1989 stieg und im Frühsommer 1990 rund 80 Prozent betrug.[180]

Angst vor dem Preis der Wiedervereinigung?

Folgte dem Rausch der übliche Kater? War die Begeisterung vom November 1989 bis zum Frühsommer 1990 einer grundlegenden Skepsis gewichen? Hatten die Deutschen auf einmal Angst vor dem eigenen Mut? Hatten die Deutschen Angst vor der Wiedervereinigung? Hatten sie zumindest Angst vor dem Preis der Wiedervereinigung bekommen?

Die meisten der neudeutschen Ängste muß man nicht sonderlich ernst nehmen. Der Grund: Seit Jahren erlebt Westdeutschland eine Inflation der Ängste nach der anderen. Angstvoll, aber letztlich doch sehr genußvoll, überlebten die Westdeutschen ihre diversen Ängste. Die politische Rhetorik und Publizistik wechselte im Namen der Deutschen (doch ohne deren ausdrücklichen Auftrag, dabei aber häufig dick auftragend) die verschiedenen Ängste so schnell wie manch einer sein Hemd. Dabei hängte der eine oder andere dasselbe nach dem jeweiligen Wind.

Die unterschiedlichen Ängste der Deutschen sind schon oft persifliert worden. Viele haben oft über sie gelacht. Man sollte lieber fragen, weshalb die Deutschen so oft und so verschiedene Ängste haben? Drei Antworten drängen sich geradezu auf:

Eigentlich sind die Ostdeutschen optimistisch. Gewiß, steigende Mieten oder drohende Arbeitslosigkeit bereiten kurz- und mittelfristig Sorge. Langfristig ist man zuversichtlich. Dieses Meinungsbild zeichnen die Umfragen. Nur für die Bevorzugten des SED-Regimes kann alles schlechter werden. Ansonsten wird für alle alles besser. Trotzdem haben die Menschen in der ehemaligen DDR Angst vor dem Ungewissen. Das ist eine ganz menschliche Verhaltensweise.

Die Angst der Westdeutschen beweist, daß sie das Erworbene durchaus zu schätzen wissen. Sie haben Angst, es zu verlieren. Auch ganz normal.

Daß die Deutschen in Ost und West trotz ihrer Freude über die Wiedervereinigung heute Angst vor ihr und morgen sicherlich vor anderem haben werden, deutet auf einen fundamentalen historischen Wandel des politischen Klimas in Deutschland.

Das Alte Deutschland präsentierte sich kraftstrotzend, dreist, zupackend, hart: »Zäh wie Leder, hart wie Krupp-Stahl und flink wie ein Wiesel.« Im Neuen Deutschland sprechen die weichen Themen die Menschen an. Umgekehrt gilt: Im Neuen Deutschland sprechen auch die Menschen die weichen Themen an. Man spricht sich über sie aus, manchmal geradezu masochistisch, oft inbrünstig, für viele seltsam oder gar lächerlich. »Auferstanden aus Ruinen« ist der Deutsche Michel ein Softy geworden. Weshalb? Weil er erkannt hat, daß diese Ruinen selbstverschuldet waren. Diesen Fehler will er nicht wiederholen. Diese Erkenntnis spricht ebensowenig gegen den Deutschen Michel wie seine verständlichen, aber trotzdem etwas kleinkarierten Alltagssorgen, die er unzutreffend und überzogen als »Ängste« bezeichnet.

Mit einer »Beeinträchtigung des sozialen Klimas« rechneten im Mai 1990 zwei Drittel der Bürger Nordrhein-Westfalens und die Hälfte der Niedersachsen.[181] Um die Stabilität ihrer D-Mark, also ihres Wohlstands, sorgten sich die meisten Bundesbürger.[182] Nicht ihr Sein, sondern ihr Wohlsein schien gefährdet. Die Sorgen müßte man haben, wird sich manch einer außerhalb Deutschlands zu Recht denken.

Zwar gaben im Frühjahr 1990 rund zwei Drittel der Bundesbürger an, sie wären »persönlich bereit, für die Vereinigung Deutschlands finanzielle Opfer zu bringen«,[183] aber je konkreter diesbezügliche Fragen waren, desto unverbindlicher und zögerlicher die Antworten.[184] »Der wirtschaftliche Aufstieg in der DDR darf nicht auf Kosten der Arbeitnehmer in der Bundesrepublik Deutschland finanziert werden.« Das meinten 72 Prozent der Bundesbürger im Februar 1990. Fast ebenso viele waren jedoch davon überzeugt, daß sie zur Kasse gebeten würden.[185]

Am liebsten wäre es den Westdeutschen, wenn sich ihre Landsleute, wie einst der Baron Münchhausen, am eigenen Haarschopf aus dem Sumpf zögen: »Vereinigung ist eine nationale Aufgabe, da darf man jetzt nicht kleinkariert die Kosten aufrechnen.« Dem stimmten nur 21 Prozent der Bundesbürger zu. Daß man jetzt »vor allem an die Kosten denken« müsse, sagten jedoch 66 Prozent.[186]

Wahrlich, die (West-)Deutschen blicken (Gott sei Dank) nicht mehr auf territoriale Beutegüter jenseits ihrer eigenen Grenzen. Sie sehen lieber auf ihren Geldbeutel – oder schauen auf ihren Nabel und dessen unteres Umfeld. Denn: Zu den »heißen Themen« der Vereinigung gehörte die Auseinandersetzung um die Abtreibungsregelung, also um den Paragraphen 218. Man mag sich über diese Eingrenzungen des Blickfeldes ärgern, ängstigen muß man sich nicht. Diese neudeutsche Blickrichtung ist weniger gefährlich als die altdeutsche Zielrichtung. KEINE ANGST VOR diesem DEUTSCHLAND!

Wieder Wiedergutmachung?

Wieder Wiedergutmachung? Muß das vereinte Deutschland den Teil der Wiedergutmachung und Entschädigung an Israel und die Juden der Diaspora zahlen, den die SED/DDR sich seit 1951 zu leisten weigerte? Wer hätte wieviel zu bekommen? Zwischen *Wiedergutmachung* an den *Staat* Israel sowie die »Claims Conference« (eine Dachorganisation von 26 diasporajüdischen Organisationen) und *Entschädigung an Einzelpersonen* ist grundsätzlich zu unterscheiden. Ansprüche auf *Entschädigung* haben allein die individuellen Opfer, die einzelnen Menschen. Kein Bürger muß fürchten, daß hier neue Forderungen auf Deutschland zukommen, die nicht schon längst durch das Bundesentschädigungsgesetz oder Bundesrückerstattungsgesetz geregelt wären. Die Summe hängt von den jeweiligen individuellen Schäden ab. »Schäden«? Ein verharmlosendes Juristenwort.

Von wenigen Ausnahmen abgesehen, kann weder der Staat Israel noch die Dachorganistaion der »Claims Conference« Entschädigungsansprüche von Einzelpersonen anmelden. Die Zahl der möglichen jüdischen Antragsteller aus der ehemaligen DDR ist sehr gering. Einige hundert dürften es sein. Sie sind zudem so alt, daß sie gar nicht mehr lange in den Genuß des Geldes kommen könnten. Jegliche Aufregung wäre daher nicht nur unmoralisch, sondern auch fiskalisch unangebracht.

Aus der angeblich klappernden gesamtdeutschen Kasse würden »die Juden« 50 Milliarden Mark verlangen, plappern einige scheinbar Kundige. Sie irren. Sie legen nämlich die bisherige Summe bundesdeutscher Entschädigungszahlungen an Einzelopfer von rund 100 Milliarden DM zugrunde und erinnern sich an den staatlich israelischen Forderungsschlüssel aus dem Jahre 1951. Damals hatte Israel gefordert: West-Deutschland solle zwei Drittel, Ost-Deutschland ein Drittel der Wiedergutmachungssumme bezahlen. Entschädigung und Wiedergutmachung werden dabei also verwechselt.

Im Rahmen des Wiedergutmachungsabkommens hat die Bundesrepublik Deutschland dem Staat Israel 3 Milliarden DM, der »Claims Conference« 450 Millionen DM gezahlt. Bei einem Verhältnis von zwei Drittel West zu einem Drittel Ost entspräche dies einer Summe von 1,15 Milliarden DM. Wenn die damaligen politischen und finanziellen Voraussetzungen gelten sollen, wäre diese Summe noch zu begleichen. Das Wiedergutmachungsabkommen wurde aber 1952 geschlossen und 1953 ratifiziert. Deshalb müßten Zins und Zinseszins berücksichtigt werden, wenn man die mögliche Höchstsumme gegenwärtiger Wiedergutmachungsforderungen Israels und der »Claims Conference« berechnen will. Man käme auf eine Summe von rund 2 Milliarden DM.

Aber: Diese Berechnung berücksichtigt nicht die Tatsache, daß die Bundesrepublik Deutschland über die Summe der Wiedergutmachungszahlungen hinaus seit 1960 dem Staat Israel mindestens 3 weitere Milliarden DM direkt zur Verfügung gestellt hat. Indirekte Finanzhilfen sind in dieser Summe nicht enthalten. Rechtlich gezwungen war hierzu keine, moralisch verpflichtet fühlte sich jede Bundesregierung. Das war historisch angebracht, politisch weise und menschlich nobel. Die Zahl der ermordeten Menschen und das Ausmaß der erlittenen Schäden wurden eben nicht in D-Mark umgerechnet. Die Bundesrepublik Deutschland hat sie nicht nur als rechtlicher, sondern vor allem als moralischer Nachfolgestaat des Deutschen Reiches, also für alle Deutschen, geleistet. Sie tat es nicht zuletzt deshalb, weil die teildeutsche Wiedergutmachungsverweigerung der SED/DDR das gesamtdeutsche Nachkriegsbild schon immer verunstaltet hat.

Rein rechnerisch hätte Deutschland demnach ein Plus von einer Milliarde DM aufzuweisen. Wer aber meint, daß jetzt die Stunde der Buchhalter, Griffelspitzer oder deutsch-jüdischer Konfrontationen im Sinne von Tarifverhandlungen geschlagen hätte, verkennt den Charakter der Beziehungen zwischen Deutschland, Israel und der jüdischen Diaspora. Geschichtspolitische Souveränität ist gefragt, nicht finanzpolitische Kleinkariertheit oder tarifpolitische Verbissenheit.

Nach dem Happy-End
Die öffentliche Meinung des Auslands nach Wiedervereinigung und Golfkrieg

Bezogen auf Liebesfilme hatte Kurt Tucholsky recht: Nach dem Happy-End wird abgeblendet. Nach dem Tag der Deutschen Einheit gingen deutsche Geschichte und Weltgeschichte weiter. Wie weich die einst viel zu strammen Deutschen geworden waren, wurde aller Welt nur wenige Wochen später, im Golfkrieg, sichtbar.

Von den Höhen relativer Beliebtheit in alt-neue Untiefen stürzte Deutschland in *Israel* – aber nicht wegen der Wiedervereinigung, sondern wegen der vermeintlichen Wiederverwendung von Gas gegen Juden. »Wieder deutsches Giftgas«, hieß es immer wieder während des Golfkrieges. Bekanntlich hatten einige deutschen Firmen den Irak bei der Herstellung von Giftgas unterstützt. Daß sie dabei geltendes deutsches Recht verletzten, wurde in der nationalen und internationalen Diskussion eher beiläufig erwähnt. Die Nachlässigkeit und Fahrlässigkeit der deutschen Exekutive konnte man tatsächlich nicht rechtfertigen. Aber die Kontinuitätsthese über deutsches Giftgas war, kühl betrachtet, eine Ungeheuerlichkeit. Sie setzte die demokratische Bundesrepublik Deutschland mit dem Dritten Reich gleich, die planmäßige, millionenfache Judenvernichtung durch Hitler mit den Pannen der Regierung Kohl und letztlich Kohl mit Hitler gleich. Die Auschwitz-Keule wurde einmal mehr geschwungen; innerhalb Deutschlands, wie im Zusammenhang mit der Diskussion über die Wiedervereinigung, von Günter Grass.[187]

Die Kontinuitätsthese verfehlte ihre Wirkung in Israel nicht: Daß die bedrohten Israelis in der Stunde der Not und Bedrohung eher emotional als historisch-rational reagieren würden, konnte nicht überraschen. Anfang Februar 1991 behaupteten 49 Prozent der jüdischen Israelis, daß die Enthüllungen (seit 1984 war der Sachverhalt bekannt) über die deutsche Entwicklungshilfe bei der irakischen Giftgasproduktion ihre »negative Bewertung der Deutschen seit dem Zweiten Weltkrieg« bestätigt hätten. Immerhin hielten noch 32 Prozent die Deutschen »im großen und ganzen« für »ein gutes Volk«? So gut nun auch wieder nicht, denn bei der Plazierung der zehn beliebtesten Staaten landete Deutschland eindeutig auf dem letzten Platz; sogar noch deutlich hinter Polen, das für viele Israelis noch heute als Hort des Antisemitismus gilt. Und trotzdem: »Bessere Beziehungen zum vereinigten Deutschland« befürworteten 58 Prozent der Israelis. Kurz nach der Wiedervereinigung erhielt Deutschland in den USA auf dem »Beliebtheitsthermometer« 62 von 80 möglichen Graden. Das bedeutete Platz drei hinter Kanada (76 Grad) und Großbritannien (74 Grad). Der angebliche Liebling der Amerikaner, Israel, bekam (wie Brasilien) 54. Das war genau ein Grad mehr als für Saudi-Arabien. Brachte der Golfkrieg eine Wende? Ja – für Irak, Jordanien, die Palästinenser und auch Japan, doch weniger für Deutschland. »Als Ergebnis des Krieges« hatten unmittelbar nach Einstellung der Kampfhandlungen 74 Prozent der US-Bürger dem Irak gegenüber »Respekt verloren«, gegenüber Jordanien 55 Prozent, den Palästinensern und Japanern 30 Prozent, doch Deutschland gegenüber nur 22 Prozent. Unglaublich, aber wahr: 25 Prozent hatten Deutschland gegenüber sogar »Respekt gewonnen«, 51 Prozent ihre »Meinung nicht geändert«. Wenn nicht in den USA, so wollten zum Jahresbeginn 1991 19 Prozent der Amerikaner am liebsten in Großbritannien, je 14 Prozent aber in Deutschland oder den Niederlanden leben. Das bedeutete Rang zwei.

Unmittelbar vor der Wiedervereinigung wurden die Bürger der *gesamten Sowjetunion* erstmals zu diesem Thema befragt. Das günstige Deutschlandbild, das man aus Rußland und vor allem Moskau kannte, bestätigte sich landesweit: 57 Prozent hatten eine »positive Meinung« zur Vereinigung Deutschlands. Daß durch die Vereinigung »erneut die Gefahr eines Weltkrieges entstehen« könnte, glaubten nur 31 Prozent. Für einen »Schlußstrich« unter die Vergangenheit plädierten 54 Prozent.

Nach Wiedervereinigung und Golfkrieg sowie unmittelbar vor Abschaffung der Visapflicht für *Polen* sank sogar hier der Anteil derer, die in der Wiedervereinigung eine »Bedrohung« für ihren Staat sahen, um knapp die Hälfte.

Wie der liebe Gott leben auch die Franzosen am liebsten in *Frankreich*. Müßten sie fatalerweise jedoch in einem anderen Land leben, so wären sie – sogar Anfang 1991 – am liebsten nach Deutschland gezogen.

In der Europäischen Gemeinschaft (EG) führte auch der Vollzug der Deutschen Einheit zu keinem Liebesentzug. 78 Prozent der EG-Bürger befürworteten die Einheit – unwesentlich weniger als die Westdeutschen (85 Prozent), doch (kaum überraschend) nicht ganz so begeistert wie die Ostdeutschen (94 Prozent). Nach dem Golfkrieg, im März 1991, weckte bei 65 Prozent der EG-Bürger das »größere vereinigte Deutschland, was die weitere Entwicklung der EG angeht«, »viel Hoffnungen« oder »eher Hoffnungen« statt »Befürchtungen«. Trotz oder wegen der deutschen Haltung im Golfkrieg?

Einmal mehr und immer wieder: Das Deutschlandbild im Ausland ist wesentlich günstiger und stabiler als vor allem in Deutschland und von den Deutschen wahrgenommen. Inhalieren sollten sie diese Daten. Vielleicht werden sie eines Tages dann doch noch etwas gelassener?[188]

XIII. Das wiedervereinigte Deutschland im Jahre eins

Wiedervereinigt und doch zerrissen?

Wiedervereinigt und historisch doppelt zerrissen. Nicht nur doppelt zerrissen, sondern doppelt traumatisiert. Das ist Deutschland heute. In einer gemeinsamen Zukunft müssen die Deutschen zwei Vergangenheiten bewältigen: Das Dritte Reich mit der KATASTROPHE des Holocaust und die katastrophale deutschdemokratische Geschichte. Die schwierigere Aufgabe haben dabei die Ostdeutschen zu lösen. Sie sitzen auf dem Nagelbrett der SED-Stasi-Geschichte, die Westdeutschen auf ihrem Wohlstandspolster.

Bei der Bewältigung der sozialistischen DDR-Vergangenheit sitzen die Westdeutschen auf weichen Sesseln im warmen Wohnzimmer, schauen zu und geben meistens naseweise Kommentare. Daß sie weiße Westen hätten, kann man nicht behaupten, denn SED-rote Flecken hat fast jeder Wessi auf der Weste. Durch Kompromisse mit der scheinbaren Endgültigkeit der DDR-Staatlichkeit haben sie sich kompromittiert. Vergessen und verdrängt die unbewältigte Tatsache, daß in den 70er und 80er Jahren der SED-gesteuerte und finanzierte MSB-Spartakus die stärkste Studentengruppierung an Westdeutschlands Universitäten war. Ähnlich die Situation beim akademisch-akadämlichen Mittelbau. Auch viele Professoren zählten zu den Mitläufern, den »Systemüberwindern«, wie sie sich gerne nannten. Nein, nicht das System der DDR wollten sie überwinden, sondern den vermeintlichen Unrechtsstaat Bundesrepublik Deutschland. »Berufsverbot« und ähnliche Parolen klingen den Nicht-Vergeßlichen noch in den Ohren.

»Festgemauert in der Erden« stand die DDR-Form auf den Boden der deutschen Geschichte gebrannt. So sah es aus. Wer dies bestritt, hätte den politischen Boden unter den Füßen verloren, glaubte man; glaubte, ja hoffte nicht zuletzt die Mehrheit der Kulturschaffenden im deutschen Westen.

Stumm sind die zerrissenen, verwirrten und verwirrenden Deutschen freilich nicht. Im Gegenteil, sie reden viel, schwätzen oft und streiten heftig. Fingerspitzengefühl ist gefragt. Wer mit dem Holzhammer auf diese Finger klopft, verletzt nicht nur die Finger der Getroffenen und Betroffenen, er verletzt ihre Seele, erzeugt Bockigkeit, schafft Bewältigungsfrust statt Bewältigungslust. Besonders gewarnt sei vor dem Gebrauch der bei Ost- und Westdeutschen so beliebten, weil den Gegner K.O. schlagenden Stasi-Keule, NS-Keule oder gar Auschwitz-Keule. Schlagende Argumente liefern sie nämlich nicht. Sie machen zeitweise stumm, aber schlagen auf den Schlagenden zurück.

Bezogen auf die Bürger der ehemaligen DDR ist der automatische Gebrauch der Stasi-Keulen für Denker ebenfalls denkbar ungeeignet. Umgekehrt sollten einstige Mitläufer bei der Verbreitung von Widerstandsmythen zurückhaltender sein.

Unsere Kulturszene (zu der auch die Zunft der Historiker und Historisierenden zählt) präsentiert sich nie stumm, eher lautstark, moralisierend, karikaturhaft deutsch, selten angelsächsisch pragmatisch. Sie vollzieht einen romantischen Rückfall in die Welt des Märchens, wo gut und böse eindeutig unterscheidbar sind. Noch polemischer: Sie stellt sich auf die geistige Ebene von Krethi und Plethi, indem sie deren Rekordmentalität aus der Welt des Sports verinnerlicht: Damit die heute lebenden »guten Deutschen« Weltmeister im Gut-Sein werden, zeichnen sie die Deutschen der NS-Zeit und andersdenkenden Zeitgenossen als Weltmeister im Schlecht-Sein. Ich gebe nur das Stichwort »Historikerstreit«, an dem sich die kulturelle und politische Szene eifrig beteiligte.

Nachgeborene und Nicht-Dabeigewesene stilisieren sich besonders im Westen zu Widerstandskämpfern und Vorbildern der Vergangenheitsbewältigung. Daß nun gerade die Verdammung der Eltern und Großeltern sonderlich originell wäre, kann man wahrlich nicht behaupten. Ein bekannter deutscher Dichter, in Frankfurt am Main geboren, in Weimar tätig und berühmt geworden, schrieb hierüber bereits in *Dichtung und Wahrheit* (Siebzehntes Buch). »Es entsteht ein allgemeines Behagen, wenn man einer Nation ihre Geschichte auf geistreiche Weise wieder zur Erinnerung bringt; sie erfreut sich der Tugenden ihrer Vorfahren und belächelt die Mängel derselben, welche sie längst überwunden zu haben glaubt. Teilnahme und Beifall kann daher einer solchen Darstellung nicht fehlen . . .«

»O eitel Eitelkeiten«, spricht Kohelet (Prediger Salomonis, I/2) und fügt hinzu. »Nichts gibt's Neues unter Sonnen« (I/10). Auch die scheinbar freundlichere Form der Attacke, das Auslachen des andersdenkenden und anders handelnden Zeitgenossen ist keineswegs originell: Es ist so alt wie die literarische Gattung der Komödie, wo auch jeder glaubt, über den anderen zu lachen, nie über sich selbst.

Es wird so viel geredet, geschwätzt und gestritten, daß man sich an Patienten der Psychotherapie erinnert fühlt. Wie diese, versuchen viele Deutsche in Ost und West, sich frei zu reden. Auf Hochdeutsch: Psychotherapie durch Verbalisierung. Nein, Deutschland ist keine neurotische Nation, eher eine verwirrte Nation, zumindest eine verunsicherte Nation. Ein Wunder, wäre sie es nicht. Verborgen blieb diese Tatsache recht lange, auch durch Wirtschaftswunder, Fräuleinwunder, Vereinigungswunder.

Die doppelte Zerreißprobe der Deutschen ist vielleicht nicht einzigartig, aber das doppelte Trauma ist typisch deutsch, weil Ergebnis der deutschen Geschichte. Ansonsten ist Zerrissenheit das Erbe fast jeder Gesellschaft, fast jeder Nation: gesellschaftlich, politisch und ideologisch, wirtschaftlich, regional, kulturell und folkloristisch, hier und dort sogar sprachlich manchmal auch in bezug auf Religion und Volkstum. Mit Tucholsky: »Na und?«

Was bei uns der arme Osten, ist zum Beispiel in Italien der arme Süden. Unserem reichen Westen entspricht in Italien der reiche Norden. Hier wie dort sagen die Armen: »Wir wollen mehr«, antworten die Reichen: »Wir geben nichts.« Menschliches, allzu Menschliches, nichts typisch Deutsches; nicht selten sogar produktiv und schöpferisch.

Ost- und Westdeutsche leben in derselben realen Zeit und Außenwelt, aber aufgrund ihrer unterschiedlichen Geschichte in verschiedenen Innenwelten. Das ist die Ungleichzeitigkeit der Deutschen. Die Uhren in Ost- und Westdeutschland gehen heute noch anders. Das dürfte sich ändern. Bleiben werden die regionalen, quasi-landsmannschaftlichen Unterschiede der Bundesländer. Wer diese Vielfalt als Zerrissenheit mißversteht oder gar abschaffen will, beweist Einfalt. Die Einheit soll und darf nicht zum Einheitsbrei werden.

Die deutsche Einheit, das Ost-West-Gefälle, die deutsch-deutsche Zerrissenheit und Ungleichzeitigkeit, die Gefährdung Gorbatschows sowie die außen- und kulturpolitische Kontroverse um den Golfkrieg haben die satten, gelangweilten Westdeutschen, die noch 1988 um so bedeutsame Themen wie den Dienstleistungsabend und die Benzinsteuer für Privatflieger stritten, jäh aus ihrem Wolkenkuckucksheim aufgeschreckt. Im Herbst 1990 glaubte die verwirrte Nation noch an den unmittelbar bevorstehenden Weltfrieden, im Januar 1991 fürchtete sie einen Weltkrieg, und im August 1991 erlebte sie durch die Auflösung der Sowjetunion den Beginn einer völlig neuen Weltunordnung. Jedenfalls mußte sie erkennen, daß weder Deutschland noch gar die Welt ein Schlaraffenland ist. Das Schlaraffenland ist schön, aber langweilig, weil unproduktiv. Die deutsche Zerrissenheit ist es gewiß nicht.

Das Erbe der Zerrissenheit schafft durchaus auch Probleme, Zerreißproben, es muß aber die jeweilige Nation keineswegs zerreißen; es kann sie, hat sie sich bewährt, sogar stärken. Und trotzdem Lamento und Krämergeist in Deutschland, die Mentalität des Nulltarifs herrscht vor: maximaler Genuß bei minimalem Einsatz; weil alle meinen, Deutschland müsse eben doch Schlaraffenland sein. »Die Probleme wollten wir haben«, meinen sicherlich andere Nationen, wenn sie von unseren hören. Mit dieser Zerreißprobe aber muß Deutschland fertig werden. Andernfalls wird es an schwereren Bewährungsproben gewiß scheitern.

XIV. »Bundesrepublik Deutschland«
– Der richtige Staatsname? –

War es richtig, den vereinigten Staat so zu nennen wie die alte westdeutsche Republik? Immerhin, es gab ja auch Alternativen. Deutsche Bundesrepublik, Republik Deutschland oder Föderative Republik Deutschland? Lea Rosh schlug allen Ernstes »Deutsche Demokratische Republik« vor. Denn erst jetzt sei diese Republik demokratisch und gesamtdeutsch. Allen Ernstes? Wer wollte freiwillig den deutschdemokratischen Staatsnamen wählen? Meine Antwort: Die Entscheidung war richtig. »BUNDESREPUBLIK DEUTSCHLAND.« Natürlich! Warum?

Deutschland muß als Substantiv im Staatsnamen erscheinen. Wie jeder Mensch so hat auch jeder Staat einen Eigennamen. Dieser Eigenname sollte ein Namenswort, ein Hauptwort sein – also ein Substantiv. Ein Hauptwort nennt die Hauptsache. Die Hauptsache an diesem Staat ist das Deutsche, sind die Deutschen. Es ist kein beliebiges Stück Land, es ist der Deutschen Land, daher »Deutschland«, und zwar als Hauptwort. »Blut-und-Boden-Mentalität«? Mitnichten. Das Wort beschreibt allein die Wirklichkeit.

Weil das Deutsche an Deutschland keine beigefügte und nachgeordnete Eigenschaft, keine erklärende Nebensache ist, sollte es nicht adjektivisch (»deutsch«) verwendet werden.

Entschiede man sich trotzdem für das Deutsche in adjektivischer Form, bräuchte man ein passendes Substantiv. Jedes Adjektiv braucht ein Substantiv. Welches Substantiv sollte dann neben das Adjektiv »deutsch« gesetzt werden? Was wäre neben »deutsch« die Hauptsache, also das zu bestimmende Hauptwort? Der föderative Charakter des Staates, ist zu hören. Also: »Deutsche Bundesrepublik«.

Wer wollte die Vorteile des Föderalismus bestreiten? Die Westdeutschen haben in den vergangenen vierzig Jahren nicht zuletzt deshalb so gut gelebt, weil sie die Vorteile des Föderalismus erlebt haben.

Trotz all seiner unbestreitbaren Vorzüge ist der Förderalismus nicht das Hauptmerkmal des deutschen Staates. Er ist seine bewährte Organisationsform. Nicht mehr, aber auch nicht weniger. Hauptmerkmal am deutschen Staat ist das Deutsche. Wörter und Begriffe sollen und müssen die Wirklichkeit beschreiben und auch die Gewichtigkeit ausdrücken. Deshalb: Zurück zum Hauptwort. »Deutschland« soll es sein.

Was für ein Deutschland soll es sein? Eine Republik. Was denn sonst? Etwa »Kaiserreich« oder »Königreich«? Allein der Regenbogenpresse wäre damit gedient. Ansonsten haben Kaiser- oder Königreiche für die Deutschen ausgedient.

Eine »res publica« sollte es selbstverständlich sein; also wörtlich eine »öffentliche Angelegenheit«. Noch klarer: Eine Angelegenheit der Öffentlichkeit, für und durch die Öffentlichkeit, in und vor der Öffentlichkeit. Demokratie also. Kennzeichen der »Republik Deutschland« soll der Föderalismus sein. Er sichert Demokratie am wirksamsten. Die Gesamtheit der verschiedenen Bundesländer ergibt den deutschen Staat. Deswegen: Nicht nur »Republik Deutschland«, sondern eben »Bundesrepublik Deutschland«.

Manche wenden ein, daß bei diesem Staatsnamen die ehemalige DDR »zu kurz« käme, die Vereinigung begrifflich einem »Anschluß« entspräche.

Das Wort »Anschluß« weckt böse Erinnerungen: An das »Dritte Reich« und Hitler. Wer von »Anschluß« spricht, setzt unausgesprochen die alte Bundesrepublik Deutschland mit dem Dritten Reich und Helmut Kohl mit Adolf Hitler gleich. Das ist nicht nur falsch, es ist ungeheuerlich, aber kein ernsthaftes Argument.

Die alte Bundesrepublik Deutschland ist der Kontinuität würdig, die ehemalige DDR ist es nicht. Die Bürger der DDR haben dies selbst immer wieder zu verstehen gegeben: Knapp vier Milionen Flüchtlinge seit ihrer Gründung, der 17. Juni 1953, Übersiedler seit dem Sommer 1989, Umfragen und Wahlen seit der Sanften Deutschen Revolution.

Die DDR trat gemäß Artikel 23 des Grundgesetzes der »Bundesrepublik Deutschland« bei. Sie wollte Teil dieses Staates werden. Anders als der ehemalige ostdeutsche Teilstaat, DDR, war der westdeutsche lebens- und erhaltenswert. Weshalb sollte man diesen Staat nun umbenennen? Soll die lebenswerte und erhaltenswerte Bundesrepublik nur deshalb Episode gewesen sein, weil die DDR in jeder Hinsicht bankrott war?

Die »Bundesrepublik Deutschland« besteht aus der Gesamtheit ihrer Bundesländer. Der Beitritt zusätzlicher Länder war vom Grundgesetz vorgesehen. Das Saarland hatte ihn erstmals vollzogen – ohne daß der Name des westdeutschen Gemeinwesens geändert wurde. Im Jahre 1990 kamen die fünf Länder der ehemaligen DDR hinzu. Jetzt erst entspricht diese »Bundesrepublik« nicht mehr nur einem Teil, sondern der politisch territorialen Gesamtheit Deutschlands (nicht der historischen und kulturellen). Jetzt erst recht also: »Bundesrepublik Deutschland«.

Die neue, deutsche Wirklichkeit erfordere einen neuen Staatsnamen für das gesamtdeutsche Staatswesen, könnte man zu Bedenken geben. Die Bezeichnung »Bundesrepublik Deutschland« habe sich allein auf den westdeutschen Teilstaat bezogen. Richtig, aber erst jetzt ist, wie gesagt, ganz Deutschland föderativ. Einmal mehr und bekräftigend: »Bundesrepublik Deutschland«.

Kompromisse sind oft politisch notwendig, wenngleich in diesem Falle inhaltlich nicht unbedingt überzeugend. Welche Kompromisse böten sich an? »Föderative Republik Deutschland«. Weshalb aber das Fremdwort? Es schafft unnötige Distanz. Der deutsche Begriff »Bundesrepublik« ist bekannt und daher den Menschen nah. Wozu sie begrifflich und damit auch gefühlsmäßig von ihrem Staat entfernen und entfremden? Die Verwendung eines deutschen Wortes ist kein Teutonismus, und wer auf unnötige Fremdwörter verzichtet, betreibt keine Deutschtümelei. Bitte »Bundesrepublik«. Also: BUNDESREPUBLIK DEUTSCHLAND.

XV. »Einigkeit und Recht und Freiheit«

– Die richtige Nationalhymne? –

»EINIGKEIT UND RECHT UND FREIHEIT . . .« – Was denn sonst?

Manche haben eine Mixtur vorgeschlagen: Eine Portion der westdeutschen und eine Portion des nicht gesungenen Textes der ostdeutschen Hymne von Johannes R. Becher (»Auferstanden aus Ruinen . . . Deutschland, einig Vaterland«) solle die vereinigt neudeutsche Nationalhymne ergeben.

Aber gerade das vereinigte Deutschland ist nicht mehr aus den Ruinen des Krieges »auferstanden«, die Becher meinte. Die vielen kriegsbedingten Ruinen, die es noch heute auf dem Gebiet der ehemaligen DDR gibt, hätten ohne die Mißwirtschaft der SED längst beseitigt werden können. Neue sind durch diese Mißwirtschaft hinzugekommen. Der Volksmund in der alten DDR hat es auf die treffende Formel gebracht: »Ruinen schaffen ohne Waffen.«

Wollte sich einer vielleicht an das Wort »auferstanden« klammern? Dies wäre allein die Beschreibung des Geschehens, der Aktion. Anders als von und bei Becher wäre die Sanfte Revolution der DDR gemeint.

Was aber war das Ziel, waren die Ziele dieser Revolution? Eben Einigkeit und Recht und Freiheit. Diese Ziele der Revolution waren den Menschen in der DDR wichtig. Nur durch die Revolution waren sie erreichbar. Aber die Revolution war kein Selbstzweck. Nicht Revoluzzertum und Aktionismus wollten die DDR-Revolutionäre. An erster Stelle wollten sie Freiheit und Recht, auch das Recht auf ein gutes Leben im ideellen sowie im materiellen Sinne, und dann verlangten sie völlig unzweideutig die Einheit. In ihrem Wunsch nach »Einigkeit und Recht und Freiheit« wollten sich die Menschen der ehemaligen DDR unserer Wertegemeinschaft anschließen. Hier, und hier allein, ist der Begriff des Anschlusses gerechtfertigt. Der Anschluß der Ausgeschlossenen an national und universal gültige Werte: »Einigkeit und Recht und Freiheit«. Hierüber scheint Einigkeit auch im Sinne von »Konsens« zu bestehen: Man ist sich einig.

Gäbe es nicht schon den Text einer deutschen Hymne, die mit den Worten »Einigkeit und Recht und Freiheit« beginnt, man müßte ihn erfinden. »Blüh' im Glanze dieses Glückes . . .« Kann man einem Staat etwas Schöneres und zugleich Friedfertigeres wünschen? Anders als in vielen anderen Nationalhymnen kein strömendes Blut, keine Verherrlichung von Amtsträgern, kein Tschingdarassabum, sondern die Erinnerung an allgemeine Werte der Menschheit. Dazu noch schöne Musik.

XVI. Eine verwirrte Nation
oder
Deutschland und der Golfkrieg

Deutschland ist eine verwirrte Nation. Wie könnte es nach den zahlreichen epochalen Umwälzungen des zwanzigsten Jahrhunderts auch anders sein? Kaiserreich, Erster Weltkrieg, Weimarer Republik, das Scheitern der Demokratie und die Diktatur des »Dritten Reiches«, Zweiter Weltkrieg und die KATASTROPHE des Holocaust, verordneter Antisemitismus und dann Wiedergutmachung samt amtlich gefördertem Philosemitismus, Teilung und Wiedervereinigung. Wiedervereinigung im Eiltempo. Gottlob im Eiltempo. Nach dem 19. August 1991, dem Putschversuch gegen Gorbatschow, wissen wir, wie richtig und wichtig dieses Tempo war.

Auf die Generationen in Deutschland übertragen: Verunsichert wurden die Urgroßeltern, Großeltern, Eltern und Kinder. Immer wieder und immer noch suchen sie Halt und Orientierung. Die Außenwelt beugt sie kritisch und nicht ohne Mißtrauen – verständlicherweise. Das verunsichert die Deutschen zusätzlich, obwohl sie das Mißtrauen und die Dimension des Antigermanismus erheblich überschätzen. Seit rund vierzig Jahren hätten sich nämlich die (West-)Deutschen in der Gunst der meisten ausländischen Umfrageergebnisse sonnen können (vgl. Kapitel XII).

»Am deutschen Wesen soll die Welt genesen« hieß es früher und noch früher, zu Bismarcks Zeiten, fürchteten die Deutschen angeblich allein Gott, und sonst nichts und niemanden auf der Welt. Sie haben andere Völker das Fürchten gelehrt und dabei den Ersten Weltkrieg mitverschuldet, den Zweiten alleine verursacht. Aus dem superstrammen deutschen Michel ist nun, historisch verständlich und durchaus sympathisch, ein Softy geworden. Heute guckt er in den Spiegel oder liest den *Spiegel*, und dabei ruft er bang und bänglich: »Ich habe Angst!«

Seltsam, da während der Entwicklung zur deutschen Wiedervereinigung Teile der in- und ausländischen Politik und Publizistik »Angst vor Deutschland« hatten. Nach der Wiedervereinigung und während des Golfkrieges waren die Deutschen oft denselben ausländischen Politikern und Publizisten nun wieder nicht stramm genug. Was also gilt?

»Angst vor Deutschland«, die bis zum Herbst 1990 Konjunktur hatte oder »Keine Angst vor Deutschland!«, was bis zur Wiedervereinigung verdächtig schien?

Weltgenesungsmeister möchte der deutsche Michel freilich immer noch oder schon wieder sein. Diesmal als Lehrmeister in Frieden und Demokratie. Wann findet diese Nation endlich die Mitte und damit sich selbst?

Vor allem wollten die neuen Deutschen gute Deutsche werden, Weltmeister im Gut-Sein. Das haben wir besonders während des Golfkrieges gesehen. Die guten Deutschen, besonders die Friedensbewegung, meinten die »Lehren der Geschichte« besonders gut begriffen zu haben: »Nie wieder Täter!« riefen sie. Dabei bezogen sie sich auf die Jahre 1939 bis 1945, auf Weltkrieg und Holocaust. Die westliche Welt (besonders die Amerikaner, Engländer und Franzosen), auch die Juden, beziehen aber in diese Lektion auch die Vorgeschichte ein, die Jahre 1938/39: »Appeasement«, die Konferenzen von Evian und München, das »friedliche« Auslöschen der Tschechoslowakei. Der Diktator Hitler schluckte diesen Brocken, und sein Appetit nahm dabei zu.

»Nie wieder Täter!« sagen die einen, »Nie wieder Opfer!« die anderen – und beides ist verständlich. »Nie wieder Täter!« sagen Deutsche ebenso wie übrigens Japaner, die andere große Nation, die in diesem und dem vorigen Jahrhundert mehr als andere durch die Geschichte und sich selbst verwirrt wurde. »Nie wieder Opfer!« sagen Juden, Israelis und (bezogen auf die japanische Bombardierung von Pearl Harbour im Dezember 1941) die Amerikaner.

Alle beziehen sich auf die Geschichte, aus der sie gelernt haben, und alle denken dabei tatsächlich in moralischen sowie in realhistorischen Kategorien. Die Lehre? *Eine* Lehre aus der Geschichte gibt es nicht. Wenn man jedoch keinen Dialog der Taubstummen führen und einander verstehen will, muß man die Motive der *beiden* Seiten kennen und bedenken, die eigene Lehre gegebenenfalls überdenken und der veränderten Wirklichkeit anpassen.

Die Verstimmungen zwischen Deutschland, den Juden und Israel sowie zwischen Deutschland und den USA sind keineswegs neu. Die Deutschen haben nach der totalen und brutalen Gewaltanwendung den Gewaltverzicht verinnerlicht. Beigebracht wurde er dem deutschen Michel vor allem von Uncle Sam. Wer verstünde nicht, daß auch die Juden das neue Deutschland zum Gewaltverzicht erzogen wissen wollten. Heute genießen die deutschen Schüler die Früchte der

Umerziehung, und den einstigen Lehrern schmecken sie bitter. Unge-
zogen scheinen die Umerzogenen. Man muß trotzdem für sie um Verständnis werben, denn Wechselbäder sind selten bekömmlich.

Ein Rollenwechsel zwischen amerikanischen Lehrern und deutschen Schülern in bezug auf Freiheitskunde ist allerdings ebenfalls
unangebracht. Er wird in Deutschland nicht selten vollzogen und ist
ebenfalls ein Zeichen der Verwirrung. Zu viele Deutsche vergessen zu
schnell und zu gerne, daß sie sich nicht selbst von Hitler befreit haben.
Die Befreiung von Hitler haben die Welt und die Deutschen besonders den USA zu verdanken. Verhungert wären die Deutschen ohne
amerikanische CARE-Pakete, die menschliche und politische Größe
bewiesen: Lebenshilfe für das, wie es hieß, »Volk der Mörder«. Gäbe
es ohne die US-Luftbrücke während der Blockade noch ein freies Berlin und damit ein freies und seit 1990 wiedervereinigtes Deutschland?
Dankbarkeit ist kein politischer Faktor, doch Chuzpe eine schlechte
Grundlage für Politik.

»Niemand war dabei und keiner hat's gewußt«, sagen viele aus der
Generation der Urgroßeltern, Großeltern und Eltern, die zu Mitläufern wurden. Man kann darüber streiten, ob das Nicht-Wissen ein
Nicht-Wissen-Wollen war. Die Kinder und Enkel fragten einander angesichts des Golfkrieges: »Wenn Euch Eure Kinder fragen, was Ihr
getan habt, was wollt Ihr dann sagen?« Sie gingen auf Demonstrationen, protestierten gegen den Golfkrieg und hatten ein gutes Gewissen
als gute Deutsche. »Amis raus«, stand auf einigen Plakaten. Warum
immer Rausschmisse? Gestern »Juden raus!«, heute »Amis raus!«. Ist
das der Wortschatz der wirklich guten Deutschen, die als Zeichen der
Freundschaft mit Israel und den Juden stolz »PLO-Tücher« um ihren
Hals winden, kein Wort über den Schulterschluß Arafats mit Saddam
Hussein verloren und sich über US-Präsident Bush empörten?

Keineswegs alle, aber doch einige deutsche Firmen, nicht die deutsche Wirtschaft, nicht die deutsche Regierung oder gar die Deutschen
lieferten Saddam Hussein die tödlichen Waffen. Aber die Friedensbewegung lieferte die Moral, genauer: die Pseudo-Moral. Vom »Anschluß« haben unsere Moralisten wie Walter Jens und Günter Grass
in bezug auf die Wiedervereinigung gesprochen und dabei auch immer wieder an Auschwitz und die KATASTROPHE des Holocaust erinnert. Jens brachte Kanzler Kohl im Zusammenhang mit der Wiedervereinigung immer wieder mit dem »Anschluß« und Auschwitz in
Verbindung. Über Saddam Hussein und den wirklichen Anschluß
Kuwaits an den Irak schwieg Jens. Dieses Schweigen war moralisch

noch anfechtbarer, wenn man bedenkt, daß der große Judenfreund Walter Jens im Januar 1991 amerikanische Deserteure beherbergte, während zur gleichen Zeit die US-Luftwaffe irakische Raketenabschußrampen zerstörte, die den jüdischen Staat bedrohten. Günter Grass weinte laut bei fast jeder Gelegenheit über tote Juden in Auschwitz. Über die seit 1987 auch der Öffentlichkeit bekannten und von Deutschen ermöglichte irakische Giftgasbedrohung der in Israel lebenden Juden schwieg er, sah er hinweg. Angriff ist die beste Verteidigung. Deshalb attackierte Grass mehr als drei Wochen nach Beginn des Golfkrieges die Bundesregierung. Sie habe das alles jahrelang geduldet. Dadurch könne es geschehen, daß zum zweiten Mal in diesem Jahrhundert das Leben von Juden durch deutsches Gas bedroht werde. Wäre es nicht angebracht, daran zu erinnern, daß Hitler die Ermordung der Juden befahl, während Kohls Regierung von einigen unternehmerischen Verbrechern (aber nicht von *der* deutschen Wirtschaft) betrogen und in Schwierigkeiten gebracht wurde? Oder wollte Grass Kohl die gleichen judenmörderischen Absichten unterstellen wie sie Hitler hatte? Damit disqualifizierte er sich moralisch, politisch, intellektuell. Weniger Selbstgerechtigkeit, mehr Selbstkritik wäre angebracht.

Kaum besser als die Personen die Institutionen: Der Verband Deutscher Schriftsteller verfaßte während des Golfkrieges unverbindliche, wabbelige Appelle zur Waffenruhe im Golfkrieg. Derselbe Verband befürwortete im Herbst desselben Jahres die Teilnahme Irans an der Frankfurter Buchmesse – trotz des iranischen Todesurteiles gegen Salman Rushdie.

Erst wilhelminische Kraftmeierei, dann hitlerische Barbarei, anschließend die weiche Welle, nun soll es die hart-weiche sein. Verunsicherung und Verwirrung, innenpolitisch, außenpolitisch, geschichtspolitisch, kulturpolitisch, und die Kulturszene beteiligte sich an der Kakophonie.

Zum Erdbeben des Golfkrieges fiel schriftstellerischen Deutern meist nur Bedeutungsloses ein. Der deutschlandpolitisch so weise und sympathische Martin Walser verfiel törichtem Antiamerikanismus und sprach vom »entsetzlichen Rückfall in eine Weltpolizisten-Manier«. Christa Wolf, einstiger Literatur-Star der einstigen DDR, warf aus ihrem Glashaus Steine. Sie verkündete, daß »auf die Stimme der Völker . . . nicht gehört« wurde. Meinte sie Volkes Stimme aus dem Westjordanland, die vor Kriegsbeginn (wörtlich) eine Endlösung »für die Juden« verlangte und während des Krieges den Einschlag der irakischen Raketen auf Israels Volk bejubelte? Dachte sie an die grölenden Massen Bagdads, die kriegstrunken für Saddam Hussein demonstriert hatten?

Anders, klar, nicht verwirrt, aber plakativ und daher flach die von Sarah Kirsch und anderen bekundete »Verbundenheit mit Israel«. Schriftsteller als Marketingfachleute? Kultur, »das beste Persil, das es je gab«, parfümiert mit dem »Duft der großen weiten Welt«?

Huldigten all diese neuen und zugleich guten Deutschen einer selektiven Moral oder waren sie Analphabeten? Beispiele zum – eher psychopathologischen – Analphabetismus des neudeutschen Alltagslebens: Lasen diese guten Deutschen nicht ihre Zeitungen im Dezember 1987 oder im August 1988? Dort fand man nämlich Meldungen über die Beteiligung deutscher Firmen an der Giftgasproduktion des Irak. Grund genug, gegen diese Unternehmen und Saddam Hussein, der auch damals ein Todfeind Israels war, zu demonstrieren – wenn man lesen und verstehen konnte. Außer dem Grund bestand auch der Anlaß. Saddam Hussein vergaste im Sommer 1988 iranische Soldaten und kurdische Zivilisten im eigenen Land. Die politischen Parteien, nicht zuletzt die in der Opposition (SPD und Grüne), blieben besorgt, doch indifferent. Bestenfalls gab es Anfragen im Bundestag oder in dessen Ausschüssen, und die Bundesbürger genossen Jahresurlaub oder Traumreisen. In der touristischen Hochsaison des Sommers 1988 gab es keine Friedensdemonstration wie die vom 26. Januar 1991 in Bonn, in der winterlichen Zwischensaison. Statt dessen gedachte im November 1988 das aus der Sommerfrische zurückgekehrte Deutschland der »Reichskristallnacht« vom 9. November 1938. Über tote Juden wurden Krokodilstränen vergossen, die Bedrohung der in Israel lebenden Juden geflissentlich verniedlicht oder übersehen. Trotzdem wurden die Großeltern und Eltern von den selbstgerechten Enkeln und Kindern einmal mehr auf die historische Anklagebank gesetzt und gefragt: »Was habt Ihr gewußt oder getan?«

Verdächtig war schon 1988 dieser Widerstand der Nachgeborenen, die nichts gegen das irakisch-deutsche Giftgas unternahmen und die Tatenlosigkeit der Vorfahren verdammten. Bei und von der »Bewältigung der Vergangenheit« wurden die Kinder und Enkel überwältigt. Lieber gehen sie zu unverbindlichen Trauerkundgebungen wie im November 1988 oder zu Friedensdemonstrationen wie im Januar 1991. Diesmal waren die vermeintlich guten Deutschen die Mitläufer. Keine Angst vor Deutschland!

XVII. Die Politik als Opium für die Religion

Ein deutsch-jüdischer Seitenblick auf die Evangelische Kirche

Mein deutsch-jüdischer Seitenblick auf die Evangelische Kirche ist alles andere als repräsentativ für die deutschen Juden, schon gar nicht für die Repräsentanten des deutschen Judentums. Mein Seitenblick ist außerdem höchst subjektiv, unvollständig und eher impressionistisch als systematisch, und er hat weitgehend die Zeit nach 1945 im Blickfeld. Zudem ist er nicht unpolemisch. Es ist aber, oder soll es jedenfalls sein, eine Polemik unter Freunden; zugleich auch ein Beitrag zur politisch-theologischen Kultur der Ausgewogenheit, denn ansonsten kritisiere und attackiere ich eher »meine Leute«, also die Führung der deutsch-jüdischen Gemeinden, zu der ich ebenso auf Distanz gehe wie sie zu mir.

Daß es die DDR nicht mehr gibt, ist nicht zuletzt das Verdienst der DDR-Protestanten. Ihr Protest und ihre Opposition, ja (hier paßt das Wort endlich einmal) ihr Widerstand kann weder überschätzt noch genügend gepriesen werden. Und dennoch: Wer auch nur die Spitze des Akteneisberges des ehemaligen Amtes beziehungsweise Staatssekretariats für Kirchenfragen im Amt des Ministerpräsidenten der DDR kennt, weiß um die Gratwanderung der Gemeindeführer zwischen Mitläufertum und Billigung, Verstrickung und Korrumpierung, Opposition und Widerstand. Das eine Mal purzelten die Vertreter der Evangelischen Kirche, ebenso wie die Amtskatholiken und natürlich auch die Amtsjuden, von diesem gefährlichen Grat in den Abgrund der Verstrickung, das andere Mal landeten sie im Widerstand. Nicht selten vollbrachten dieselben Menschen diese politisch-theologische Artistik. Wer wollte sie nur verurteilen oder allein bejubeln? Auch als Jude halte ich mich gerne an die Mahnung Jesus: ». . . der werfe den ersten Stein.« Trotzdem und gerade weil die Nicht-nur-Widerständler der DDR-Kirche Großes leisteten und als Bilanz eben doch Widerstand vorweisen können, sage ich: »Bravo, danke, Hut ab!«

Dennoch melden sich Zweifel: War der Widerstand des DDR-Protestantismus (sofern es ihn gab) nicht zugleich Symptom für die Krise der Evangelischen Kirche überhaupt?

Ganz ketzerisch gefragt: War und ist die EKD nach 1945 nicht eine politische Partei geworden: christlich und demokratisch, christlich und sozialistisch, also die beste CDU/CSU/SPD? Sie gräbt sich auf diese Weise ihr eigenes Grab, weil sie sich weitgehend auf dem Feld der Politik zu profilieren versucht. Hier aber sind die Kirchenleute Amateure. Gegen Profis müssen sie verlieren. Sie haben schon verloren.

Beweis: Vor der Wende waren die Kirchen in der DDR voll, voller, am vollsten. Danach allenthalben Leere, weil sich die Menschen in Ostdeutschland nicht für die Lehre der Kirche, nicht für die Botschaft Jesus als Christus interessieren, noch weniger als es die Menschen im deutschen Westen tun. Umfragen haben diese Feststellung immer wieder bestätigt. Die DDR-Revolution hat ihre Revolutionäre auch hier gefressen.

Sind die Ostdeutschen tatsächlich so undankbar wie es scheint? Nein, sie sind so sogar konsequent und realistisch. Ich will es zu erklären versuchen: Wie alle Menschen dürften auch die vermeintlich heidnischen Ostdeutschen irgendwann und irgendwie Fragen nach dem Sinn des Lebens stellen, nicht nur nach Geschichte, sondern nach individuellen oder kollektiven Heilsgeschichten. Diese These ist um so wahrscheinlicher, als gerade das nichtsozialistische und antisozialistische, doch ausgeprägte Umweltbewußtsein der Ost- (und West-)Deutschen zwangsläufig auf Mensch und Natur blickt, also auf den Kosmos – mit und ohne Gott, das »höchste Wesen« oder das »Urprinzip«. Das nationale und internationale Umweltbewußtsein überschreitet auf diese Weise die Grenzen herkömmlicher Umweltpolitik, Umwelttechnologie und damit die Physik. Es verweist in den Bereich der Metaphysik. Hier aber hat der Protestantismus wenig zu bieten – weil er zur politischen Bewegung wurde. Die Leere der evangelischen Kirchen spiegelt deshalb die Krise der heutigen protestantischen Lehre wider. (Über die Krise des Judentums und des Katholizismus, die leeren katholischen Kirchen und Synagogen können und wollen wir hier und heute nicht sprechen.) Wie der westdeutsche, so hat auch der ostdeutsche Protestantismus sich zu intensiv um Politik und Geschichte, zu wenig um Heilsgeschichte, zu viel ums materiell-körperliche Heil der Menschen, zu wenig um ihr Seelenheil gekümmert. Jetzt präsentieren ihm die Menschen die Quittung.

Und doch: Strömten die Menschen, besonders junge, nicht unmittelbar vor und während des Golfkrieges wieder in die Kirchen? Gewiß. Aber sie gingen in die Kirche, weil sie meinten, die Politik hätte versagt. In der Kirche suchten sie die bessere Politik. Die Führung des deutschen Protestantismus sah es offenbar anders, fühlte sich bestätigt. Ihren Irrtum wird sie erkennen, wenn nach dem Golfkrieg die Kirchen wieder leer sind und gerade diejenigen, die jetzt in die Gotteshäuser strömen, ihre übliche, also agnostische, atheistische oder gar blasphemische Lebensweise fortsetzen.

Die protestantische Kirche als weltlich-moralische Anstalt? Als große Erweckerin, die aufrüttelt, mahnt und das kriegerische Gemetzel geißelt? Die dagegen protestiert, daß ein Mensch, ein »Ebenbild Gottes«, das andere tötet und dabei gegen das Gebot »Du sollst nicht töten« (auf Hebräisch: »Du sollst nicht morden!«) verstößt und sündigt? Warum nicht? Warum nicht gerade jetzt, 1991, in Zeiten des Krieges, des Golfkrieges? In einer ohnehin säkularisierten Welt erfüllte sie auf diese Weise wenigstens eine Brückenfunktion zwischen Geschichte und Heilsgeschichte, trüge sie zur Heilung des menschlichen Lebens bei.

Diese Heilung des menschlichen Lebens im Jahre 1991 erscheint aus meinem deutsch-jüdisch-israelischen Seitenblickwinkel nicht ganz unscheinheilig, obwohl, nein, gerade weil die evangelische (wie auch die katholische) Kirche dabei auf der Seite der vermeintlich guten Deutschen steht.

Schon 1988 war es merkwürdig und makaber: Lieber gedachte das »Gute Deutschland« allein der »Reichskristallnacht« von 1938. Die neudeutsche Verwicklung in die Vergasung der Kurden durch Saddam Hussein wurde geflissentlich übersehen, auch von der Evangelischen Kirche.

Der deutsche Protestantismus streute lieber und ausschließlich wegen der Versäumnisse von 1938 (und danach sowie davor) willig Asche auf sein schuldiges Haupt – und versagte 1988 erneut, ohne es bis 1991 zu erkennen.

Wo waren die Proteste der Kirche gegen die Massaker des Pol Pot in Kambodscha, gegen den iranisch-irakischen Krieg, den ebenfalls Saddam Hussein begonnen hatte? Was sagte die EKD zum Krieg in Afghanistan? Sie weinte – leise. Aber protestierte sie so heftig wie 1991? Organisierte sie damals den politischen Protest so energisch wie 1991?

Lieber widmet sie sich unverbindlich Trauerkundgebungen und Gottesdiensten wie im November 1988 oder Friedensdemonstrationen und Kirchenveranstaltungen wie im Januar 1991. Bischof Forck hielt am 26. Januar 1991 auf der Friedensdemonstration am Bonner Hofgarten die Hauptrede. Er prangerte den irakischen Diktator an.

Aber er behauptete, daß die USA und die Völkergemeinschaft der UNO »ein Unrecht mit einem noch größeren beantwortet« hätten: durch den Krieg. Woher die Selbstgewißheit des Bischofs? Wer – völlig zu Recht, ehrlich und ehrenwert, moralisch und höchst sympathisch – den Krieg anprangert und die ökologische Ölkatastrophe im Persischen Golf beklagt, darf nicht übersehen, daß die Welt in zwei oder drei Jahren vor einem ABC-Holocaust gestanden hätte. Dann nämlich hätte Saddam Hussein über atomares, biologisches und nukleares Potential verfügt.

Woher eigentlich die politische Selbstgewißheit der EKD, deren Präses noch unmittelbar vor der Wende in der DDR nachdrücklich und immer wieder forderte, die angeblich anachronistische Präambel des Grundgesetzes zu streichen, weil die Wiedervereinigung nie möglich sein würde. Daß die Abrüstung 1987 und in den folgenden Jahren vielleicht auch mit der Nachrüstung der Jahre 1983 und später zu tun haben könnte, müßte bei EKD-Führung ebenfalls Selbstzweifel auslösen, zumindest die Selbstgewißheit relativieren.

Unversehens sind wir auf dem Glatteis der Politik – weil die Evangelische Kirche eine politische Anstalt wurde, keine heilige, sondern hier und dort sogar eine scheinheilige.

In judaicis ist der deutsche Nachkriegsprotestantismus scheinbar auch eindeutig bei den guten Deutschen zu finden. Scheinbar, nicht anscheinend. Lang und steinig war nämlich der Weg vom »Stuttgarter Schuldbekenntnis« von 1945, wo kein Wort über die »Endlösung« verloren wurde, bis zur Entschließung der Evangelischen Kirche im Rheinland aus Anlaß der fünfzigsten Wiederkehr der »Reichskristallnacht« im Jahre 1988. Zu erwähnen wäre in diesem Zusammenhang die »Aktion Sühnezeichen«, die bislang die Gratwanderung zwischen Israel- und Friedensengagement eindrucksvoll meisterte. Zu erinnern wäre aber auch an die seltsam allgemeine und unverbindliche Reaktion der gesamtdeutschen EKD-Synode von 1961 auf die antisemitischen Schmierereien im Winter 1960/61. Von der eindeutigen Distanzierung, die Helmut Gollwitzer vorgeschlagen hatte, wollte die Synode nichts wissen. 1969 hatte Bischof Kurt Scharf trotz »Römer 11.2 Probleme mit Israels Rolle in der Heilsgeschichte«. Wie die Figur der Synagoge im Straßburger Münster sei in bezug auf Jesus Christus »Israels Blick . . . verhüllt«, vertraute Scharf ausgerechnet einem arabischen Christen an.[189]

Ihre amtsjüdischen Partner kann sich die EKD im christlich-jüdischen Dialog nicht selbst aussuchen, zumindest nicht nur allein aussuchen. Daß aber die höchsten geistlichen EKD-Würdenträger, wie ihre katholischen Kollegen, sich bei allen offiziellen und anderen Anlässen neben den höchsten jüdischen Bonzen setzen, Heinz Galinski oder seine Vorgänger, grenzt an Selbstaufgabe. Geistliche Würdenträger sind nun einmal keine Spitzenpolitiker. Oder zeigt sich hier einmal mehr die Politisierung der geistlichen Klasse, die eine politische Klasse wurde?

Geistige und geistliche Selbstsicherheit wäre durchaus angebracht. Ausgerechnet Konrad Adenauer hat sie praktiziert. Als einmal bei einem Festbankett Kardinal Frings neben Galinski gesetzt werden sollte, protestierte der Kanzler: Neben einen Bonzen könne man doch keinen Kardinal setzen, meinte der Alte. Daran sollten sich Bischof Kruse (und Kardinal Lehmann) einmal erinnern. Geistliche Selbstsicherheit kann es aber nicht geben, wenn die geistliche Klasse zur politischen wurde.

Auch in bezug auf das Problem der Einwanderung von sowjetrussischen Juden nach Deutschland stehen Bischof Forck und die EKD auf der Seite der »guten Deutschen«. »Haben wir nicht um unserer Vergangenheit willen die Pflicht, jüdische Menschen aus der Sowjetunion . . . bei uns aufzunehmen?« fragte Bischof Forck in der Weihnachtsausgabe der *Zeit* sogar auf Seite 1.[190] Manfred Stolpe fand es »bewegend«, zu sehen, welches Vertrauen die (jüdischen) Flüchtlinge trotz der deutschen Geschichte »zu uns haben.«[191] Herr Stolpe irrt. Sie haben dieses Vertrauen *wegen* der deutschen Geschichte, wegen der *west*deutschen Geschichte seit 1945. Sie haben keine Angst mehr vor Deutschland, wegen Deutschland.

Wer aber, wie Forck, Stolpe und die EKD die uneingeschränkte Einwanderung sowjetischer Juden nach Deutschland will, schadet – ohne zu wollen oder gar zu wissen – dem jüdischen Staat. Mit anderen Worten. Man handelt nach der Maxime: »Juden ja, Israel nein.« Hier sei allein die These aufgestellt. Belegt und erklärt habe ich sie an anderer Stelle, zum Beispiel im *Rheinischen Merkur* vom 14. Dezember 1990 und vom 18. Januar 1991.[192]

Mildernde Umstände darf man getrost gelten lassen, »denn sie wissen nicht was sie tun«. Aber wenigstens lesen und dann ihre Position korrigieren könnten sie. Gewiß, der jüdische Staat macht es einem oft schwer, mit ihm solidarisch zu sein, auch und gerade den guten Deutschen, die zu Recht auch das Leid der Palästinenser sehen und betonen, wie zum Beispiel die »Evangelische Mittelost-Kommission«. Im August 1985 bekannte sie sich sowohl zum Existenzrecht Israels als auch zum Selbstbestimmungsrecht der Palästinenser.[193]

Solidarität mit dem individuellen Juden, erst recht mit toten und daher nicht widersprechenden Juden, ist dagegen viel einfacher und unverbindlicher. Auch im jüdischen Bereich hat der politisierte Protestantismus noch viel zu tun. Ketzerisch formuliert: Die Evangelische Kirche muß höllisch aufpassen, daß sie dabei den Himmel im Auge behält. Das Problem kennt auch der Zentralrat der Juden in Deutschland. Auch für ihn gilt: Politik ist Opium für die Religion.

XVIII. »Gotteslästerung«?

Gotteslästerung? Die Thüringer Regierung wollte im Sommer 1991 einen Teil des bereits von der DDR genutzten Bergwerks Mittelbau-Dora an eine westdeutsche Firma verkaufen. Der Gips-Rohstoff Anhydrit sollte privatwirtschaftlich weiter abgebaut werden.

Das Problem? Mittelbau-Dora war ein Konzentrationslager, in dem 60 000 Menschen, besonders Juden, Sinti und Roma zu grausamster Zwangsarbeit verurteilt waren. Die SS hat 20 000 Häftlinge ermordet.

Nach Ravensbrück und Sachsenhausen ein neuer Gedenkstätten-Skandal in einem der neuen Bundesländer? Wieder Geld statt Erinnerung? Erst Stolpe (SPD), nun Duchac (CDU)? »Es kann nicht hingenommen werden, daß der neue Geist des kommerziellen Denkens buchstäblich auf Leichen der jüdischen NS-Opfer gebaut wird«, kritisierte Heinz Galinski vom Zentralrat der Juden in Deutschland. Auch der Verband der Sinti und Roma protestierte umgehend. Gab es vorher auch Proteste gegen den alten Geist des staatswirtschaftlich-kommerziellen Denkens der DDR im Zusammenhang mit der Nutzung des Bergwerkes? Zweierlei Maß?

Vom »neuen Geist des kommerziellen Denkens« kann weder bei Stolpe noch bei Duchac ernsthaft die Rede sein. Gewiß nicht vom Bedürfnis, diesen auf jüdischen oder nichtjüdischen Leichen aufzubauen. Nicht Ungeist, sondern Unsicherheit beweisen die ostdeutschen Politiker. Westler sollten ihnen helfen und sie nicht durch massive Vorwürfe zusätzlich verunsichern. Rührend, wie rührig diese Politiker sich darum bemühen, allen alles recht zu machen. Traurig-komisch, wie dabei fast alles falsch wird: Hier »Aufschwung Ost«, dort Erinnerung an Deutschlands einstige Untiefen. Alles auf engstem Raum. Denn, so die Erfurter Regierung: Mahnmal sollte der Teil des ehemaligen Bergwerkes werden, in dem die einstigen Häftlinge lebten, arbeiteten und starben. Der übrige, nicht als KZ benutzte Bereich, könne unbedenklich zu weiteren Abbauarbeiten verkauft werden.

Sogar als »Gotteslästerung« bezeichnete Galinski die Pläne der Thüringischen Regierung zur wirtschaftlichen Nutzung »von Teilen des ehemaligen KZ . . ., in dem er inhaftiert war.« So gab eine große deutsche Tageszeitung die Meldung der Nachrichtenagentur »Reuter« wieder. Wer würde das Schicksal Galinskis und seiner ehemaligen Leidensgefährten, vor allem die Toten, nicht beklagen? Aber »Gotteslästerung«? Von welchem Gott ist die Rede? Gott Galinski? Gott sei Dank ein Irrtum, trotz des irreführenden Textes. Der Redakteur jener Zeitung hat die Agenturmeldung offensichtlich in falsches Deutsch gepreßt und auf diese Weise den keineswegs unumstrittenen Menschen Galinski zum Gott aufsteigen lassen. Auf Nachfragen versichert »Reuter«: Das Wort »Gotteslästerung« habe sich eindeutig auf die Pläne der Regierung Duchac bezogen, nicht auf Galinski selbst.

Das Problem wird dadurch freilich nur entpersonalisiert, nicht gelöst. Kein Zweifel: Metaphysische Schockwellen soll und muß die Erinnerung an die Opfer der NS-Massenmörder auslösen. Dies schulden wir den Ermordeten, auch ohne schuldig zu sein. Sogar von einer gewissen Heiligkeit der Opfer ist zu sprechen. Aber auch diese durch ihr Martyrium heiligen Menschen waren weder Götter noch gar Gott. Ihnen Göttlichkeit zu unterstellen, wäre wirkliche Gotteslästerung. Wer unbedacht von »Gotteslästerung« spricht, kommt schnell in Teufels Küche. Einmal mehr: Die jeweiligen Interessenvertreter sind nicht immer die besten Vertreter der jeweiligen und durchaus berechtigten Interessen.

XIX. Die Pissoirs von Sanssouci
oder
Deutschland halb und halb

Schmierenkomödie in Potsdam: Die Pissoirs von Sanssouci, Fragen des Umweltschutzes und wieder einmal der Deutschen liebstes Kind, die D-Mark, waren offenbar die eigentlichen Probleme bei der Umbettung der beiden Preußenkönige. So jedenfalls sah es die Landesregierung von Brandenburg, deren Weitblick wir bereits im Zusammenhang mit dem Gedenken an die Konzentrationslager Ravensbrück und Sachsenhausen bewundern durften.

Der Sprecher der Weisen von Potsdam befürchtete »eine Kostenexplosion«, meldeten die Nachrichtenagenturen am 4. August. Schlimm: »Allein das Bestattungsunternehmen verlange 20 000 Mark.« Schlimmer: Durch die Schließung mehrerer Ausstellungsräume am Umbettungstag verlöre man »rund 10 000 Mark an Eintrittsgeldern«. Am schlimmsten: Die »unbekannten Größen«, wie zum Beispiel die Summen »für zahlreiche Toilettenhäuschen am Rande der öffentlichen Großveranstaltung«. Auch an den Preis der Sicherheitsmaßnahmen für Kanzler Kohl und die anderen Ehrengäste sei zu denken. Weil auf der Höhe des Zeitgeistes, sorgte sich die Potsdamer Führungsriege um den Umweltschutz von Sanssouci (auf Deutsch »sorgenfrei«): Bei der Zeremonie »abgeknickte Blätter, Grashalme und Blumen« würden den Schloßpark verschandeln.

Bei dieser Schmierenkomödie wollte man es freilich nicht belassen: Ministerpräsident Stolpe kündigte für den 17. August eine Gedenkstunde an. Hier werde eine »differenzierende Würdigung der beiden Könige« vorgenommen. Das war gut. Doch später Sinn läßt früheren Unsinn nicht vergessen. Er beweist Unsicherheit und Verwirrung in bezug auf deutsche Geschichte, Gefühle, Gebräuche und Symbole. Hierin ist Brandenburgs Landesregierung wahrlich nicht einzig, sondern eher typisch deutsch: Bedürfnisbefriedigung, Ökologie und Ökonomie. Das ist der Dreiklang deutscher Politik. Wie so oft, erkennt man das Typische am besten an der Karikatur – auch wenn der Karikaturist sich selbst unfreiwillig karikiert hat. Deutschlands geschichtspolitisches Schilda ist überall; nicht nur in Potsdam, und nicht nur bei der SPD und ihren Partnern.

Auch aus der CDU und CSU hörte man aufgeregte Stimmen: Was wohl werde »das Ausland« sagen? Deutschland präsentiere sich wieder als »Hort des Militarismus und Preußentums«. »Das Ausland« ist kein Mensch und kann daher nichts sagen. Auf die Menschen, also auf die Ausländer kommt es an. Und die kommen zu uns, scharenweise. Gerade aus den osteuropäischen Staaten, in denen Deutschland während des Zweiten Weltkrieges noch verbrecherischer als woanders wütete.

Die Bayernpartei (ja, es gibt sie noch) bezeichnete die Teilnahme der Bundeswehr als »Beleidigung des ganzen bayerischen Staatsvolkes«. Sie muß eben mit der CSU wetteifern, deren 1988 verstorbener Großer bereit war, aus den Bayern notfalls »die letzten Preußen« zu machen. (Wann, wie und wohin und mit wie viel Gezeter wird eigentlich dieser Große überführt?)

Sogar ein sonst so besonnener und verdienstvoller Mann wie Sebastian Haffner, dessen *Anmerkungen zu Hitler* man gar nicht oft genug lesen kann, und der ein großartiges Buch über Preußen verfaßte, fürchtete einen »neuen Tag von Potsdam«. (Zur Erinnerung: Am 21. März 1933 pilgerten Hitler und Hindenburg ans damalige Grab Friedrichs in Potsdam. Kohl als Hindenburg oder Hitler? Unsinn!) Und Haffner weiter: Selbst »im befreundeten Ausland erhält die Debatte über ein ›Viertes Reich‹ neue Nahrung.«

Das Ausland ist wichtig. Aber nur in uns und bei uns selbst können wir uns finden. Andernfalls blieben wir voraufklärerisch. Denn (das weiß jedes Schulkind) Aufklärung ist der »Ausgang des Menschen aus seiner selbstverschuldeten Unmündigkeit« (Kant).

Natürlich meldeten sich auch Historiker zu Wort. Sie wissen über Geschichte sicher mehr als der historisierende Jedermann. Doch urteilen sie deshalb auch sicherer? Zweifel sind erlaubt. Nicht zuletzt deshalb, weil so mancher Historiker, der das Wirken Friedrichs und seines Vaters interpretierte und sich als Instanz der Geschichte präsentierte, sich als Konjunkturritter oder Parteigänger demaskierte. Gestern ebenso wie heute. Nicht selten, um die eigene, väterliche oder nationale Vergangenheit krampfhaft zu bewältigen.

Das Hickhack um die Überführung der Särge der zweifellos bedeutenden Könige ist kein Indiz für alt-neudeutschen Militarismus, wiedererstarktes Preußentum oder die Sehnsucht nach großen Männern in Deutschland. Inhalt und Form des Preußenstreits sind kennzeichnend für die Verwirrung und Verunsicherung der Deutschen. Warum? Weil die Deutschen (im Osten noch mehr als im Westen) durch die epochalen Umwälzungen und Wechselbäder der deutschen Geschichte im zwanzigsten Jahrhundert verwirrt und verunsichert werden mußten – wenn sie überleben konnten. Bis 1989 schien sich die deutsche Gemütslage entwirrt zu haben. Irgendwie hatte man sich auf beiden Seiten mit der Geschichte und sich selbst arrangiert. Dann die Wiedervereinigung und die Notwendigkeit, wieder eine neue Rolle übernehmen zu müssen. Diese kam zu früh und war zu groß. Der Golfkrieg hat es bewiesen.

Die Rückkehr der toten Könige in ihre einstige Heimat sollte ein Stück Normalität ebenso symbolisieren wie das wieder ganze Deutschland. Doch »ganz« kann Deutschland nie mehr werden trotz der Wiedervereinigung; vielleicht sogar wegen ihr. Vieles bleibt kaputt: Weltbilder, Wertsysteme, Wirtschaftsordnungen. Verloren auch die historisch-territoriale Ganzheit, also die Ostgebiete.

Alles durch und wegen Hitler. Der ist des Pudels Kern. Über diesen Wüterich erregen sich eigentlich alle, die sich über den vermeintlich bösen Friederich und dessen soldatenköniglichen Vater erregen. Hitler hier, Hitler dort, Hitler überall. Hitler als politisches Argument und Instrument, manchmal grotesk: Als kürzlich die Evangelische Kirche von Berlin-Brandenburg eine Rechtfertigung für die Eheschließung von Homosexuellen suchte, kam sie auf die Schuld der Protestanten im Dritten Reich. Ob über Schwule, Lesben oder Friederich – alle Wege führen zum Millionenmörder Hitler. Auch das ist historisches Schmierentheater. Es ist typisch deutsch, weil Ergebnis der deutschen Geschichte.

Trotzdem und immer wieder. Die allgegenwärtige Frage lautet: Führte der deutsche Weg von Friedrich II. direkt zu Hitler? Ja, sagen viele; auch Historiker. Noch vor zehn Jahren versuchte man einmal mehr, uns hiervon auf der West-Berliner Preußenausstellung zu überzeugen. Raffiniert, hintersinnig, geradezu hinterlistig: Wer Friedrichs Büste betrachtete, blickte durchs Fenster auf die »Folterkammern der Gestapo«. (Oder war es das Reichsluftfahrtsministerium Görings? Einerlei!).

Gerhard von Glinski hat recht: »Es ist alles nichts Halbes und nichts Ganzes«.[194] Der Kanzler erschien als Privatperson, und die Bundeswehrsoldaten liefen (zumindest symbolisch) statt in Stiefeln, in Mokassins oder Filzpantoffeln – um so geräuschlos wie möglich zu bleiben. Das Grau der Uniform paßte bestens ins Bild.

Gewiß, »nichts Halbes und nichts Ganzes«. Sozusagen Deutschland halb und halb: geschichtspolitisch traumatisiert, innerlich gespalten oder gar zerrissen und nur (nur?) äußerlich vereinigt. Das ist Deutschland heute. Der Streit um Friedrich und seinen Vater hat diese Tatsache weder zum ersten noch zum letzten Mal gezeigt.

Auch der Abriß diverser Lenin-Denkmäler scheint vor allem ein finanzielles Problem. Für das arme Deutschland eher als für offenbar so wohlhabende Staaten wie Polen, Ungarn, die ČSFR oder Rußland. »Finanzieren« und »Diskutieren«, das ist der Deutschen Lust. Sonst gibt es Frust. »Diskutiert werden« muß erst einmal alles. Also bildet man Ausschüsse. Die 68er lassen grüßen. Natürlich gibt es bei uns auch noch die Denkmalschützer. Und das Lenindenkmal muß geschützt werden – versteht sich. Weshalb? Weil es »zu unserer Geschichte gehört«,‹ hört man. Auch Adolf Hitler gehört zu unserer Geschichte. Ein Denkmal für Adolf Hitler? Über rechte Schufte ist man sicher hier schnell einig. Gott sei Dank. Aber über linke? Damit man nicht als »Rechter« oder gar »Nazi« verschrien wird, ist man beim Denkmalssturz von Linken lieber vorsichtig. Wer weiß . . .? Man weiß, daß Schufte Schufte sind. Aber sagt man es auch? Handelt man danach? Verwirrung, Verwirrung, Verwirrung.

Wann findet sich diese Nation selbst? Wann endlich schafft sie historische Entkrampfung ohne Entsorgung? Das weiß niemand. Wie hilft man ihr? Schwer zu sagen. Aber gewiß nicht, indem man aus jedem anders Denkenden einen anderen Henkenden, einen »Nazi« macht. Wer den übergroßen Verbrecher Hitler zurecht auf die Anklagebank setzt, setze ihn nicht mit dem großen Friedrich, dem Soldatenkönig oder anderen gleich. Nicht einmal der Vergleich ist angebracht – es sei denn, man macht sich lächerlich. Noch lächerlicher derjenige, der geschichtspolitisch unbequeme Staatsaktionen in ein Problem von Pissoirs umwandelt und auf diese Weise den deutschen Michel in ein Männeken Piss verwandelt. Und wer nur auf die Mark schaut, schädigt nachhaltig das Mark der Nation.

XX. Es lebe der Nationalstaat!
Der Nationalstaat ist tot!
– Lebt er nicht doch? –

Es ist wieder geschafft und wiedergeschaffen: Die eine und unteilbare Deutsche Nation lebt wieder in einem einzigen deutschen Staat. Die Geschichte hat es gezeigt: Der Staat konnte geteilt werden, nicht die Nation. Eine deutsche Nation, ein deutscher Staat; die Deutsche Nation im deutschen Staat. Die Wiedervereinigung scheint eine Wiederherstellung des deutschen Nationalstaates zu sein. Grund zu Dankbarkeit und Freude. Es lebe der Nationalstaat! Es lebe der deutsche Nationalstaat.

Doch Vorsicht: Ist Deutschland wirklich noch ein Nationalstaat? Ist Deutschland nicht schon längst, wie fast jede westeuropäische Gesellschaft, in Wahrheit multinational und multikulturell?

Die Diskussion bei uns und anderen Westeuropäern kreist um die Frage, ob wir multinational und multikulturell werden wollen. Die Frage ist falsch gestellt. Wir sind nämlich schon multinational und multikulturell. Die einen begrüßen, die anderen bedauern, manche bekämpfen diese Tatsache und wollen das Rad der Geschichte zurückdrehen. Das ist ebenso unmöglich wie unmoralisch. Millionen von Menschen kann man nicht wie Güterwagen von einem Ort zum anderen verschieben. Wir müssen uns der Wirklichkeit stellen.

Nicht einmal die genauen Zahlen muß man kennen. Es genügt ein Stadtbummel oder die Fahrt in öffentlichen Verkehrsmitteln, um mit den eigenen Augen in Deutschland, Großbritannien, Frankreich, Belgien oder anderen westeuropäischen Staaten zu sehen, daß die multinationale und multikulturelle Gesellschaft längst Wirklichkeit geworden ist.

Natürlich: Deutschland ist und bleibt der Staat der Deutschen und wird in erster Linie deutsch bleiben. Auch Frankreich ist und bleibt der Staat der Franzosen und wird in erster Linie französisch bleiben. Gleiches gilt in bezug auf Belgien, Italien, die skandinavischen Staaten und so weiter und so weiter.

Aber in Deutschland leben – und bleiben – neben knapp 80 Millionen Deutschen rund 5 Millionen Nichtdeutsche. In Frankfurt am Main und Offenbach beträgt der Anteil der Ausländer an der Bevölkerung circa 20 Prozent. In der Schweiz sind 15 Prozent der Einwohner Ausländer. Außer den rund 55 Millionen Franzosen leben in Frankreich noch mindestens 4,5 Millionen Nichtfranzosen. Neben 57 Millionen Briten leben 2,6 Millionen Nichtbriten auf der Insel. Auch Italien zählt 57 Millionen Bürger. Wie viele Ausländer leben auf der Halbinsel? Zurückhaltende Schätzungen nennen eine Million. Mit den illegal im Lande lebenden Ausländern könnten es jedoch zwei Millionen sein. Belgien zählt rund zehn Millionen Belgier und etwa eine Million Ausländer.

Multinationale, multikulturelle und multikonfessionelle Gesellschaften zum Beispiel auch in Jugoslawien (»Jugoslawien«? Nicht eher Serbien, Slowenien, Kroatien und so weiter?), auch in der Sowjetunion, Bulgarien, Ungarn, Rumänien, der Volksrepublik China, Indien, Malaysia, Vietnam, Burma, Thailand oder im Iran. Der Inselstaat Sri Lanka ist es ebenso wie Zypern. In Israel leben neben den Juden die Palästinenser; ein Staat, doch zwei Völker. In den Staaten Afrikas leben mehrere Stämme in jeweils einem Staat.

Fast überall Konflikte oder Kriege, heiße oder kalte. Die Beispiele ließen sich innerhalb und außerhalb Europas mühelos fortsetzen. Weltweit also multinationale und multikulturelle Gesellschaften. Prägend und vorherrschend ist freilich fast überall eine Nation, Kultur, Religion, Region oder ein Stamm. Und genau diese Tatsache führt zu ständigen und steigenden Spannungen. Sie werden weiter zunehmen, weil weltweit eine gigantische Völkerwanderung stattfindet. Sie verändert global und national die bestehenden Staaten fundamental. Die Herausforderung ist deshalb sowohl national als auch kontinental und global. Funktionierende Modelle für ein friedliches Nebeneinander von mehreren Nationen und Kulturen auf einem Gebiet sind bislang nicht vorhanden. Ohne räumliche Trennung der Nationen und Kulturen kein Frieden. Das galt bisher, kann aber künftig, und vor allem langfristig nicht gelten. Es wäre der sichere Weg in Chaos und Konflikte.

Alle Völker, also auch die Deutschen, doch keineswegs nur die Deutschen, haben Schwierigkeiten, sich diesem historischen Wandel anzupassen: politisch, wirtschaftlich und geistig. Ratlos und sich aufbäumend versuchen sie das Alte zu bewahren, indem sie Schlagbäume und neue Mauern errichten. Das haben wir 1991 einmal mehr gesehen: Aus Italien wurden Tausende von Albanern grausam vertrieben, Spanien war alles andere als zimperlich beim Rausschmiß von illegalen Einwanderern aus Marokko. (Sie waren in ihrer Verzweiflung nach Spanien geschwommen.) Und natürlich: Hoyerswerda und andere Aktionen des ausländerfeindlichen Pöbels in Deutschland – Ost *und* West.

Überall, nicht nur in Deutschland also: Keine Mauern aus Beton, aber in den Köpfen. Und außerdem Einwanderungs- oder Aufenthaltsbeschränkungen. Keine Gesellschaft, kein Staat, kann sich dem weltweiten Wandel entziehen. Schon gar nicht durch Mauer und Stacheldraht. Das hat gerade die jüngste deutsche Geschichte gezeigt. Selbst die vergleichbar geschlossenste aller scheinbar geschlossenen Gesellschaften beginnt, sich zu öffnen: Nord-Korea. Die Öffnung des ge- und verschlossenen Albanien haben wir 1991 erlebt.

Daß gerade jetzt die Deutschen ihren wiedererstandenen Nationalstaat feiern und als Nationalstaat bewahren wollen, ist mehr als verständlich. Sie haben ihn lange entbehren müssen.

»Ausländer raus!« Das ist die Reaktion von Reaktionären oder Primitiven. Man hört sie leider nicht nur in Deutschland, aber eben auch in Deutschland – weil Multinationalität heute ein kontinentales und globales Problem ist, *das* Problem ist.

Hoyerswerda ist überall. Das ist gewiß nicht gut und schon gar nicht tröstlich. Aber es zeigt die internationale Dimension des Problems. Bitte kein Germanozentrismus – auch nicht in dieser Frage. Unsere Fremdenfeindlichkeit ist nicht »über alles in der Welt«, sondern Teil dieser Welt. Bedauerlicherweise.

Wer auf die tatsächliche oder vermeintliche Fremdenfeindlichkeit der Deutschen deutet, muß gleichzeitig die universalen Dimensionen dieses Phänomens erkennen. Die Einengung auf ein deutsch-nationales Problem wäre eine krasse Mißdeutung. Das entschuldigt nichts, aber erklärt manches. Wer in seiner Diagnose nicht die Internationalität dieser Krankheit erkennt, vermag keine erfolgreiche Therapie einzuleiten.

In Großbritannien meinten Anfang 1990 rund 86 Prozent, daß sich die »Beziehungen zwischen den Rassen« verschlechtert hätten.[195] Daß die Briten »ziemlich oder sehr rassistisch« seien, meinten im Juni 1991 79 Prozent der in Großbritannien lebenden Afrikaner und aus der Karibik Stammenden. Von den auf der Insel lebenden Asiaten behaupteten es 56 Prozent. Und 67 Prozent der weißen Briten stimmten dieser Einschätzung zu.[196] Die Schlachten auf Britanniens Straßen, die im heißen Sommer 1991 geschlagen wurden, waren nicht nur Kämpfe der Klassen, sondern auch der Rassen.

In Frankreich sagten 62 Prozent der Befragten im Oktober 1987, daß ihre Gesellschaft »rassistischer« geworden sei.[197] Der Golfkrieg hat neue terroristische Alpträume verursacht. Weshalb? Knapp ein Viertel der in Frankreich lebenden Araber sympathisierte, Umfragen im Januar 1991 zufolge, mit dem irakischen Diktator.[198] Im Juni 1991 gingen einige Nordafrikaner in Frankreich ihrerseits in die Offensive, demonstrierten für mehr Rechte und attackierten dabei Menschen und Sachen. Umgekehrt, und ebenfalls alarmierend und auch im Juni 1991, meinten 71 Prozent der Franzosen, es lebten »zu viele Araber« in ihrem Land.[199] Für eine sofortige Abschiebung illegaler Einwanderer sprachen sich im Juli 1991 zwei Drittel der Franzosen aus.[200] Im August 1991 waren es bereits 77 Prozent.[201] Mit den ausländerfeindlichen Parolen des rechtsnationalistischen Le Pen sympathisierte im Herbst 1991 ein Drittel aller Franzosen.[202] Ex-Präsident Giscard D'Estaing und andere eher zentristische Politiker versuchten im Herbst 1991, Le Pens Parolen rechts zu überholen.[203]

Daß die »Rechte von Einwanderern eingeschränkt« werden sollten, meinten innerhalb der EG Belgier (32 %) und Dänen (30 %) am häufigsten. Und wie viele Deutsche forderten es? 19 Prozent. Ost-West-Gefälle? Mitnichten! Im Westen waren es 19 Prozent, im Osten 20 Prozent im Herbst 1990. Alles niedrigere Werte als in Frankreich, den Niederlanden oder Großbritannien. Man verabschiede sich von nationalen Klischees; in bezug auf Toleranz *und* Intoleranz.[204]

Und Osteuropa? Dort schlagen nicht Rassen und Klassen, wohl aber die vielen Völker in den vielen Vielvölkerstaaten aufeinander ein: Rumänen drangsalieren oder lynchen Ungarn, ähnlich das Gegeneinander von Serben und Kroaten; sanfter und trotzdem höchst unerfreulich das Verhältnis zwischen Litauern, Polen und Russen, vielen russischen Christen und russischen Juden; Slowaken fühlen sich von Tschechen verfolgt und so weiter und so weiter.

In Deutschland geraten die Menschen über kein anderes Thema so oft in Streit wie über die Ausländerpolitik.[205] Jeder vierte DDR-Bürger war gegen Ausländer, stellte man bei der Lektüre einer Umfrage im März 1990 fest.[206] Eine Untersuchung des Europa-Parlamentes ergab im Frühsommer 1990, daß der Rassismus in Frankreich am weitesten verbreitet sei. Es folgten Großbritannien, Italien, Belgien und Westdeutschland.[207]

Umfragen in der Europäischen Gemeinschaft ergaben, daß die Ausländerfeindlichkeit besonders ausgeprägt ist in Belgien, (West-)Deutschland und Frankreich; im Norden eher als im Süden.[208] Die unverbindlichen Meinungen mögen im Süden Europas (wo viele in den Norden wollen) toleranter als im Zentrum oder Norden sein. Die tatsächlichen Handlungen sind keineswegs so menschenfreundlich. Erinnert sei daran, daß und wie Italien Tausende von albanischen Flüchtlingen im Sommer 1991 drangsaliert und dann abgeschoben hat. Wie Vieh hat man diese Menschen dort behandelt. In Spanien werden Marokkaner, die mit letzter Kraft schwimmend das Ufer erreichen, geschlagen, gedemütigt und zurückgeschickt. Menschlich? Und wie vertragen sich Griechen und Türken auf demselben Gebiet? Wer hierauf »Zypern« sagt, gibt die Antwort.

Menschen sind Menschen sind Menschen. Oft unmenschlich. Überall und immer. Nicht tröstlich, aber wichtig, wenn man die deutschen Probleme weltpolitisch einordnen und lösen möchte.

Dies die eher defensive Argumentation. Die offensive? Auch nach den vielen, viel zu vielen Hoyerswerdas strömten Ausländer scharenweise nach Deutschland. Im Oktober 1991 beantragten knapp 34 000 Menschen in Deutschland politisches Asyl. Sollten diese 34 000 Masochisten sein? Offenbar erwarten sie in Deutschland mehr Toleranz und Akzeptanz als woanders. Sie haben keine Angst vor Deutschland. Zumindest weniger Angst vor Deutschland und den Deutschen als vor anderen Staaten und deren Staatsbürgern.

Seltsamerweise rufen in Deutschland nun ausgerechnet und vor allem diejenigen nach dem Gewaltmonopol des Staates, also nach der Polizei, die sonst immer nur von »Bullen« sprachen. Daniel Cohn-Bendit gehört zu ihnen. Daß die vermeintlichen Bullen gegen Rechte vorgehen, soll recht sein, nicht aber die Abwehr gegen Extremisten von links. Politische Schizophrenie.

In den Staaten also, in denen die meisten Ausländer lebten, gab es die größten Probleme. Die Quantität bestimmte zugleich die Qualität des Problems. Die europäischen Gaststaaten (eigentlich inzwischen neue Heimatländer) werden darüber hinaus Nebenschauplätze von politischen, kulturellen und wirtschaftlichen Konflikten des Herkunftslandes oder der alten Heimatregion der Ausländer (die mehr und mehr zu Inländern werden). Der Vormarsch der islamischen Fundamentalisten in Algerien und Nordafrika radikalisiert die muslimisch-nordafrikanischen Ausländer in Frankreich. Die türkisch-kurdischen Spannungen schwappen auf Türken und Kurden in Deutschland über. Die iranisch-westlichen Spannungen treffen und betreffen Großbritannien, weil dort außer vielen muslimischen Neu-Engländern Salman Rushdie lebt, den der Imam Chomeini zu ermorden befahl, weil er angeblich religiöse Gefühle der Moslems verletzte. Verständnislos, ängstlich, verärgert und zunehmend aggressiv reagieren die Alt-Europäer, was wiederum die Neu-Europäer empört. Eine Spirale der Eskalation. In Gang gesetzt wird sie von Extremisten. Die wenigsten Ausländer sind Extremisten, doch die Extremisten des Auslands werden immer mehr Teil des jeweiligen europäischen Inlands – wegen der multinationalen Existenz ihrer Landsleute. Die nationalen Probleme eines Staates enden nicht mehr an dessen Grenzen, weil die Staatsbürger in verschiedenen Staaten leben.

Vielleicht sind die Vereinigten Staaten von Amerika (trotz ihrer ebenfalls offenkundigen internen Spannungen) das Modell für einen funktionierenden multinationalen, multikulturellen, multikonfessionellen und multirassischen Staat. Anders als die meisten Staaten der Welt, vor allem als die Staaten Westeuropas, anders also auch als Deutschland, waren die USA aber niemals ein Nationalstaat, nie der Staat einer einzigen Nation, Kultur oder Konfession. Gewiß, die Vereinigten Staaten von Amerika wurden im Laufe ihrer Geschichte immer bunter, multinationaler, multikultureller, multikonfessioneller und multirassischer. Ihnen blieb und bleibt jedoch der Verzicht auf den Nationalstaat erspart. In den USA hat keine Nation das gesamte Gebiet für sich selbst beansprucht, die Identität von Nation, Territorium und Staat (also den Nationalstaat) angestrebt. Dieser offenbar urmenschliche Drang nach »Territorialität« (Eibl-Eibesfeldt) wurde allein (allein?) in den USA überwunden. Für das Experiment, das Deutschland, Europa und die Welt gegenwärtig erleben, gibt es offenbar kein Modell. Oder doch?

Deutschland wird der Staat der Deutschen bleiben. Es wird aber auch die Heimat von zahlreichen Nichtdeutschen. Frankreich bleibt der Staat der Franzosen, aber auch die Heimat von vielen Nichtfranzosen. Alle herkömmlichen Nationalstaaten werden ihren Charakter verändern, ohne sich gänzlich aufzulösen.

Zur Auflösung besteht überhaupt keine Veranlassung. Sie wäre ein großer Verlust, der Verlust großer Kulturen. Der traditionelle Nationalstaat ist tot. Entstehen werden wahrscheinlich Staaten, die vornehmlich von einer Nation bestimmt bleiben und andere Nationen und Kulturen in ihrem Anderssein akzeptieren und integrieren. Autonomie ist das Zauberwort, kulturelle Autonomie. Das bedeutet: Jede Gruppe kann ihr kulturelles Innenleben eigenständig regulieren, ohne die Regeln und Gesetze des Staates zu verletzen.

Europa sieht sich einer sowohl alten als auch neuen Herausforderung gegenüber, denn keine der europäischen Nationalkulturen hat nur eine einzige nationale Wurzel. Noch weniger als andere europäische Nationen und Kulturen war die deutsche jemals rein deutsch. Stets wurde sie durch Fremdes erweitert und bereichert. Wie jede Kultur ist auch die deutsche Ergebnis von Jahrhunderten, manchmal Jahrtausenden. Politische Veränderungen prägen oder verändern die Kulturen nur allmählich. Die verschiedenen Kulturen sind die unterschiedlichen Ergebnisse von Experimenten, die Menschengruppen durchgeführt haben, um möglichst gut leben und überleben zu können. Im Bild gesprochen: Kultur ähnelt einem Gebirge. Es besteht aus ganz unterschiedlichen Teilen, die trotzdem eine Einheit bilden. Hier werden durch Erosion Teile abgetragen, dort kommt eine neue Bewachsung hinzu. Es bleibt jedoch das gleiche Gebirge. So gesehen, gehören zur Kultur sowohl Kontinuität als auch Wandel. Im Zeitalter der Massenkommunikation und -migration (= Wanderung) wird der Wandel dramatisch beschleunigt. In einer derartigen Periode befinden wir uns derzeit. Ohne Wandel kein Überleben, doch ohne Kontinuität das Chaos.

Sicher ist: Gesucht wird ein Modell, das die Vielfalt sichert, ohne die Eintracht zu gefährden. Wer aber Vielfalt nicht will, beweist Einfalt.

Was tun? Deutschland ist der Deutschen Land. Wir sagten es. Frankreich ist das Land der Franzosen, England ist zuerst und vor allem englisch. So soll es auch bleiben. So muß es bleiben. Sonst wären alle Fremde im eigenen Land. Entscheidend: das Einhalten der Spielregeln. Wenn fanatische Moslems in England meinen, Rushdie auf Befehl des Iran ermorden zu müssen, dann haben sie in einer demokratischen Gesellschaft nichts zu suchen. Innerhalb der Spielregeln gibt es zwei Möglichkeiten: Assimilation, also Anpassung, oder interne Autonomie, also weitgehend selbständige Regelung der nichtdeutschen, nichtfranzösischen Kultur, Folklore, Schulprobleme und so weiter. Verordnete Vermischung muß scheitern. Praktizierte Toleranz ist moralisch selbstverständlich und funktional notwendig. Funktional notwendig, weil unsere Wirtschaft und Gesellschaft ohne die Ausländer nicht mehr funktionierte. Eben deswegen wurde am 30. Oktober 1961 das erste deutsch-türkische Abkommen über die Anwerbung von Arbeitnehmern geschlossen.

»Nur die dümmsten Kälber wählen ihre Metzger selber.« Solche dummen Kälber sind diejenigen, die »Ausländer raus« rufen. Wie »deutsch« sind eigentlich diese dummen Kälber, die das Ansehen unseres Landes gefährden? Gehört dieser aggressive Pöbel wirklich zum

»Volk der Dichter und Denker«? Gewiß, nicht jeder kann oder muß mit Goethe oder Schiller unterm Arm herumlaufen. Aber sollen Herumsaufen und darauffolgende dumpfe Gewalt neues Deutschtum sein? Ein Deutschtum derer, die nicht einmal die deutsche Sprache einwandfrei beherrschen. Es ist das Pseudo-Deutschtum einer verwirrten Minderheit. Aber daß es eine Minderheit ist, muß gesagt werden. Daß es eine Minderheit bleibt, ist unsere Aufgabe – moralisch, politisch, auch und sogar wirtschaftlich und funktional.

Umstritten ist nicht, ob Deutschland und Europa multikulturell oder multinational werden. Sie sind es. Wie schön gestalten Deutsche und Europäer ihre neue Welt, damit sie nicht wie die alptraumhafte »Schöne Neue Welt« des großen Schriftsteller Huxley wird? Das ist *die* Aufgabe künftiger Politik, in Deutschland *und* Europa. Dagegen ist der deutsche Ost-West-Gegensatz eine Lappalie.

Angst vor Deutschland? Warum heute vor Deutschland mehr als vor anderen Staaten? Wie schon vor der Wiedervereinigung stehe ich zu dem Titel meines Buches »Keine Angst vor Deutschland!« – Mit Ausrufungszeichen.

Anmerkungen

1 Michael Wolffsohn: Ewige Schuld? 40 Jahre deutsch-jüdisch-israelische Beziehungen, München, Zürich 1988, 3. Aufl. Januar 1989
2 Alain Finkielkraut: Der Eingebildete Jude, Frankfurt am Main 1984, S. 32
3 In der Zeitschrift *Semit*, Nr. 3/1990, S. 10
4 Elisabeth Noelle-Neumann / Renate Köcher: Die verletzte Nation, Stuttgart 1987
5 *Nationalzeitung*, 25. Februar 1983
6 EMNID: Aktueller Politischer Dienst, November 1989, S. 75
7 Allensbach-Umfrage, in: *Die Zeit*, 9. 3. 1990
8 Umfragen der Forschungsgruppe Wahlen (Mannheim), in: *Süddeutsche Zeitung*, 19. 3. 1990 und 24. 4. 1990. Die Daten für März 1990: Wiedervereinigung 37 Prozent, Umweltschutz 24 Prozent. Im April 1990: Wiedervereinigung 44 Prozent und Umweltschutz 31 Prozent.
9 Vgl. Hans-Joachim Veen von der Konrad-Adenauer-Stiftung: Die schwankenden Westdeutschen. Ein vorläufiges Meinungsbild zur Einigung, in: *Die politische Meinung*, Nr. 250, Mai/Juni 1990, S. 16 ff. Bei »geschlossener Listenvorgabe« (= formulierte Antworten, aus denen der Befragte auswählen kann. Dabei sind mehrere Antworten möglich.) Bei »offenen Antworten« (die der Befragte selbst nennt), ist die Wiedervereinigung deutlicher an der Spitze.
10 Eurobarometer: Public Opinion in the European Community, Nr. 32, Dezember 1989, Band II: Appendix: The Trend Variables, S. 44. Die gesamteuropäischen Vergleichsdaten wurden ebenfalls dieser Veröffentlichung entnommen.
11 Eurobarometer: Public Opinion in the European Community, Nr. 32, Band I: Report, S. 31 ff.
12 Allensbacher Berichte 7/1990, S. 3
13 Ebenfalls Allensbacher Berichte 7/1990, S. 3
14 Zeev Barth, *Allgemeine Jüdische Wochenzeitung*, 22. 3. 1990, S. 12
15 Ausführlich dazu: Ewige Schuld? (3. Auflage 1989), Kapitel III.
16 Die Funktion des Holocaust als Stifter jüdischer Identität habe ich in *Ewige Schuld?* ausführlich beschrieben. Hier können wir deshalb auf eine ausführlichere Darstellung verzichten.
17 Richard Chaim Schneider, in: *Die Zeit*, 29. 12. 1989, S. 49
18 *Die Welt*, 26. 2. 1990
19 *Die Welt*, 23. 3. 1990
20 Zitiert von Jürgen Wahl, in: *Rheinischer Merkur*, 1. 7. 1990, S. 2
21 Titel der deutschen Ausgabe: Ermordung der Menschheit. Der Genozid im Gedächtnis der Völker, München 1990
22 Noelle-Neumann / Köcher: Die verletzte Nation, S. 19. Die fünf Staaten: Niederlande 54 %, Italien 64 %, Frankreich 65 %, Belgien 70 % und Luxemburg 81 %.
23 Mit 79 % »Sehr-Stolzen«. Der Anteil in (West-)Deutschland betrug 21 % (Noelle-Neumann/Köcher: Die verletzte Nation, S. 50).
24 Elisabeth Noelle-Neumann, in: *Frankfurter Allgemeine Zeitung*, 19. 6. 1990, S. 14
25 Wolfgang G. Gibowski / Holli A. Semetko: Öffentliche Meinung in den USA und in der Bundesrepublik Deutschland, Forschungsinstitut der Friedrich-Naumann-Stiftung, Königswinter Mai 1990, S. 14. Die Umfragen wurden in Deutschland von der

»Forschungsgruppe Wahlen« in Mannheim und vom »Institute for Social Research«
der University of Michigan, Ann Arbor, durchgeführt.
26 Zitiert von Fritz Wirth, in: *Die Welt*, 23. 3. 1990
27 Index of International Public Opinion, 1984/84, S. 726
28 So Mathias Schreiber, in: *Frankfurter Allgemeine Zeitung*, 19. 5. 1990
29 INFAS-Umfragen, in: »Deutschland-Politogramm«, 5/1990. Das USAMA-Institut
   ermittelte im April 1990 in der DDR eine Zustimmung von 90 Prozent (*Der Spiegel*,
   17/1990)
30 *Frankfurter Allgemeine Zeitung*, »Bilder und Zeiten«, 16. 6. 1990
31 Frank Schirrmacher, in: *Frankfurter Allgemeine Zeitung*, 18. Juni 1990
32 Für Belege vgl. Michael Wolffsohn. Von der verordneten zur freiwilligen Vergangenheitsbewältigung? Eine Skizze der bundesdeutschen Entwicklung 1955–1965. (Zugleich eine Dokumentation Böhm-Schäffer-Kontroverse sowie der Sitzung des Bundeskabinetts vom 4. und 5. März 1965), in: German Studies Review, Vol. XII, Heft 1,
   1989, S. 111–137
33 Zitiert von J. Sz., in: *Allgemeine Jüdische Wochenzeitung*, 12. 7. 1990. Auch der israelische »Haaretz« berichtete hierüber.
34 Allensbacher Berichte, 23/1985, S. 7
35 Die Zitate aus der Kabinettssitzung vom 4. und 5. März 1965 sind alle dem Tagebuch
   von Verteidigungsminister a. D. Kai-Uwe von Hassel entnommen. Ihm sei an dieser
   Stelle dafür gedankt, daß er mir Einblick in die Unterlagen gewährte. Sie befinden
   sich im Archiv der Konrad-Adenauer-Stiftung (St. Augustin bei Bonn).
36 Die Schlüsseldokumente hierzu findet man im Nachlaß Böhm (Archiv der Konrad-
   Adenauer-Stiftung).
37 Albrecht Götz: Bilanz der Verfolgung von NS-Straftaten, Köln: Bundesanzeiger
   1986, S. 36.
38 EMNID: Das Deutschlandbild aus der Sicht der Bevölkerung in acht ausgewählten
   Ländern, Bielefeld, Dezember 1977, S. 48
39 Jan Hoedeman, in: *Elsevier*, 7. 4. 1990, S. 37
40 Noelle-Neumann / Köcher: Die verletzte Nation, S. 61
41 Gallup International, Sommer 1989, unveröffentlichtes Manuskript, S. 15. Norman
   Webb von Gallup International sei für die Daten ausdrücklich gedankt.
42 Gallup International, a.a.O., S. 11. In dieser Umfrage Angaben zu insgesamt 32 Staaten oder staatsähnlichen Gemeinschaften.
43 Gallup International, a.a.O.
44 Eurobarometer: Public Opinion in the European Community, Nr. 32, Dezember
   1989, Band I: Report, S. A 40. Auch in bezug auf Einsparungen im Verteidigungshaushalt sprachen sich zum Beispiel im Januar 1987 deutlich mehr Bundesdeutsche
   (57 Prozent) und Italiener (62 Prozent) aus als Franzosen (35 Prozent) und Briten (27
   Prozent). Diese Daten findet man im »Index of International Public Opinion
   1986/87«, Westport, Connecticut: Greenwood Press 1988, S. 610
45 Wolfgang G. Gibowski / Holli A. Semetko: Öffentliche Meinung, S. 14. Vgl. v. a. den
   höchst aufschlußreichen Beitrag von Wolfgang Bergsdorf: Kontinuität im Wandel.
   Die deutsch-amerikanischen Beziehungen im Spiegel der Demoskopie, in: Festschrift
   für Hans-Adolf Jacobsen, hg. v. Karl Dietrich Bracher, Hans-Peter Schwarz und
   Manfred Funke, Düsseldorf. Vgl. auch Kurt Stapf / Wolfgang Stroebe / Klaus Jonas:
   Amerikaner über Deutschland und die Deutschen, Opladen 1986
46 Gibowski / Semetko, Öffentliche Meinung, S. 14
47 Index of International Public Opinion 1987/88, Westport, Conn. 1989, S. 593 f.
48 Noelle-Neumann / Köcher: Die verletzte Nation, Seite 69

49 Allensbacher Berichte 6/1990, S. 2

50 Allensbacher Berichte 9/1990, S. 3

51 Allensbacher Berichte 9/1990

52 Index of International Public Opinion 1984/85, S. 726

53 Allensbacher Berichte 6/1990, S. 3

54 Noelle-Neumann / Köcher, Die verletzte Nation, S. 321. Die Werte für Europa stammen aus folgenden Staaten, in denen 1981/82 die Internationale Wertestudie erhoben wurde: BR Deutschland, Schweden, Dänemark, Großbritannien, Irland (Nord und Republik), Niederlande, Belgien, Frankreich, Spanien, Italien.

55 Noelle-Neumann / Köcher, Die verwirrte Nation, S. 328

56 Institut für Demoskopie Allensbach: Das Deutschlandbild im Ausland. Ergebnis einer internationalen Umfrage in acht Ländern, Allensbach November 1989, S. 20. Die Umfragen wurden im September und Oktober 1989 durchgeführt.

57 Allensbach: Das Deutschlandbild im Ausland, S. 12

58 Allensbach: Das Deutschlandbild im Ausland, S. 12. Daß das Fernsehen das wichtigste Medium ist, wurde dabei auch festgestellt (S. 13)

59 In den USA glaubten an die Prägung des Deutschlandbildes durch den Holocaust 41 Prozent. 39 Prozent glaubten nicht daran. In Italien 43 Prozent ja, 41 Prozent nein (Allensbach: Das Deutschlandbild im Ausland, S. 12).

60 EMNID: Das Deutschlandbild aus der Sicht der Bevölkerung in acht ausgewählten Ländern, Bielefeld, Dezember 1977, S. 47

61 Norman Webb, der Generalsekretär von Gallup International in London, hat mir freundlicherweise diese Daten zur Verfügung gestellt. Die Umfrage wurde durchgeführt in: Großbritannien, Frankreich, Dänemark, Belgien, Griechenland, Niederlande, Kanada, USA, Australien, Indien, Hongkong, Neuseeland, Südafrika, UdSSR, Österreich, BR Deutschland, Finnland, Italien, Japan, Ungarn, Schweiz, Luxemburg, Türkei, Korea, Philippinen, Argentinien, Brasilien, Chile, Kolumbien, Costa Rica, Mexiko und Israel. Teilweise abgedruckt wurde die Befragung in der Monatszeitschrift *World Opinion Update*, September 1989, S. 98 ff.

62 Italien und Kanada 11 und Griechenland 6 Prozent in einem Krieg gegen den Warschauer Pakt, in: Index of International Public Opinion 1987/88, S. 216

63 Noch im Oktober 1987 hielten 22 Prozent der Bürger des Großraumes Moskau West-Deutschland für einen »erklärten Feind der Sowjetunion«. 52 Prozent sagten dies in bezug auf die USA, in: Index of International Public Opinion 1987/88, S. 216

64 Alles unveröffentlichte PORI-Umfragen.

65 Interessierte finden Angaben in M. Wolffsohn: Ewige Schuld?, und M. Wolffsohn: Deutsch-israelische Beziehungen. Umfragen und Interpretationen 1952–1986, München: Landeszentrale für politische Bildungsarbeit 1986.

66 Institut für Demoskopie: Das Deutschlandbild im Ausland, Allensbach, 10. 9. 1989, S. 3

67 G. H. Gallup: The Gallup Poll. Public Opinion 1935–1971, Band I, 1935–1948, New York o. J. (1976), S. 29

68 Gallup: Public Opinion, Band I, S. 509

69 Gallup, Band I, S. 625

70 Für Belege und Daten vgl. Michael Wolffsohn: Das Wiedergutmachungsabkommen mit Israel: Eine Untersuchung bundesdeutscher und ausländischer Umfragen, in: Westdeutschland 1945–1955, hg. v. Ludolf Herbst, München: Schriftenreihe des Instituts für Zeitgeschichte, 1986, S. 214 ff.

71 Gallup, Band I, S. 482

72 Gallup, Public Opinion, Band II, S. 1131

73 G. H. Gallup: The Gallup International Public Opinion Polls, Great Britain 1937–1975, New York 1976, Band I, S. 229, 235, 243, 299, 317, 325, 342

74 Gallup, Great Britain, Band I, S. 318

75 G. H. Gallup: The Gallup International Public Opinion Polls, France 1939, 1944–1967, New York 1976, Band I, S. 2

76 Gallup International Public Opinion Polls, France 1939, 1944–1975, Band I, New York 1976, S. 141

77 Gallup, France, Band I, S. 161 f.

78 Gallup, France, Band I, S. 144

79 Gallup, France, Band I, S. 188

80 Umfrage Research Service, in: Allensbacher Jahrbuch 1978–1983, S. 583, und Allensbach: Das Deutschlandbild im Ausland, 1989, Tabelle A 1.

81 Institut für Demoskopie Allensbach: Das Deutschlandbild im Ausland, 10. 11. 1989, Tabelle A 1 im Anhang.

82 Index of International Public Opinion, 1987/88, S. 564 f. und Index of International Public Opinion 1986/87, S. 637 f.

83 Hart / Teeter-Umfrage für NBC und Wall Street Journal, in: *Wall Street Journal*, 16. 3. 1990

84 Umfrage verschiedener Institute in der BR Deutschland, USA, Großbritannien, Frankreich, Italien, Japan, in: Index of International Public Opinion, Bd. IV, S. 614

85 SOFRES-Umfrage, zitiert in: Figaro-Magazin, 12. 11. 1988

86 In: *World Opinion Update*, Heft 7, 1983, S. 134

87 *World Opinion Update*, Heft 3, 1983, S. 134

88 SOFRES- und INFAS-Institute, in: Figaro-Magazin, 12. 11. 1988

89 Gallup-Umfragen, in: *Word Opinion Update*, Juni 1984, S. 89

90 Gallup-Institut, in: *Word Opinion Update*, Juni 1984, S. 89

91 Unveröffentliche Gallup-Umfrage, dem Autor dankenswerterweise vom Institut zur Verfügung gestellt.

92 Gallup-Institut, in: *World Opinion Update*, Juni 1984, S. 89. Für 1986 wieder aus der unveröffentlichten Gallup-Umfrage zitiert.

93 Umfrage PA, in: Index to International Public Opinion, Bd. II, S. 123

94 Ebd.

95 Umfrage Louis Harris, März 1982, in: Index to International Public Opinion, Bd. IV, S. 217

96 Nederlandse Stichting voor Statistek, Januar 1983, in: *World Opinion Update*, Heft 7, 1983, S. 68. Antipathien: Schweiz, Schweden, Österreich, Belgien je 1 %, Frankreich 2 %, Westdeutschland und Großbritannien je 4 %. Die USA und die VR China kamen mit 15 % ins Mittelfeld der Antipathie (ebd.).

97 LAG-Umfrage, in: Index of International Public Opinion 1987/88, S. 198

98 Jan Hoedeman, in: *Elesevier*, 7. 4. 1990, S. 36 ff.

99 Vgl. Ernst Levy, in: *Frankfurter Allgemeine Zeitung*, 8. 5. 1990. Auch Henk Raijer, in: *Tageszeitung* (taz), 9. 5. 1990. Vgl. zur Kollaboration während der deutschen Besatzung Dick de Milldt: Kollaboration und Deportation in Holland. Über das Verhalten der nicht-jüdischen Bevölkerung bei der Judenverfolgung in den Niederlanden, in: Niemand war dabei, und keines hat's gewußt. Die deutsche Öffentlichkeit und die Judenverfolgung 1933–1945, hg. v. Jörg Wollenberg, München, Zürich 1989, S. 224–233

100 Swiss Institute of Public Opinion, in: *World Opinion Update*, Januar 1990, S. 4

101 Indian Institute of Public Opinion, in: *World Opinion Update*, 1978, S. 106

102 Indian Institute of Public Opinion, in: International Index of Public Opinion 1986/87, S. 241, und Index of International Public Opinion 1987/88, S. 214

103 Vgl. Harris-Institut (Frankreich), in: *World Opinion Update*, 1980, S. 21

104 Umfrage YS, in: Index to International Public Opinion, Bd. III, S. 216

105 Umfrage des Chinese Institute of Public Opinion, Januar 1983, in: *World Opinion Update*, Heft 7, 1983, S. 23

106 Institut für Demoskopie: Das Deutschlandbild im Ausland, S. 3 ff.

107 *Die Zeit*, 27. 4. 1990

108 A. M. Rosenthal: The German Question Remains Open, in: *New York Times*, 26. 4. 1990

109 Interview mit Professor Mosche Zimmermann, in: *Haaretz-Magazin*, 1. 9. 1989

110 Rudolf Augstein / Günter Grass: Deutschland, einig Vaterland? Ein Streitgespräch, Göttingen 2. Auflage März 1990, S. 54

111 Günter Grass: Schreiben nach Auschwitz. Die Frankfurter Poetik-Vorlesung, in: *Die Zeit*, 23. 2. 1990, S. 19

112 Walter Jens: Plädoyer gegen die Preisgabe der DDR-Kultur, in: *Süddeutsche Zeitung*, 16. 6. 1990

113 Andreas Hillgruber: Die gescheiterte Großmacht. Eine Skizze des Deutschen Reiches 1871–1945, Düsseldorf 4. Auflage 1984, S. 106 f.

114 Hillgruber, a.a.O., S. 107

115 1918/19 ließ sich diese Ordnung wegen des »Faktors Sowjetrußland« (noch) nicht herstellen (vgl. Hillgruber, a.a.O., S. 60).

116 Zur Beschreibung der frühneuzeitlichen Ordnung sowie das Zitat in: Hillgruber, a.a.O., S. 9

117 Zitiert in: Ernst Nolte: Deutschland und der Kalte Krieg, München, Zürich 1974, S. 688, Anm. 29. Nolte selbst zitiert hier aus dem Interview Gordon A. Craigs mit Willy Brandt, 13. 8. 1964, aus: The John Foster Dulles Oral History Project. Zu Dulles' Position in bezug auf ein sowjetisiertes oder neutralisiertes Deutschland: Nolte, a.a.O., S. 295, wobei Nolte zitiert aus: Louis L. Gerson: John Foster Dulles, New York 1967, S. 308

118 Henry A. Kissinger: Memoiren 1968–1973, München 1979, S. 441, vgl. auch S. 442, 566

119 Gallup France, Band I, S. 454. 1955 aber waren nur 31 Prozent ausdrücklich für die Teilung (a.a.O., S. 185).

120 Umfrage Louis Harris France für *L'Express*, 17.–23. 3. 1979

121 IFOP für Allensbach im Auftrag der Illustrierten *Stern*, in: *Stern*, 26. 4. 1984, S. 72

122 Louis Harris in USA und Research Servies in Großbritannien für die Illustrierte *Stern*, in: *Stern*, 26. 4. 1984, S. 72

123 EMNID: Das Deutschlandbild aus der Sicht der Bevölkerung in 8 ausgewählten Ländern, Bielefeld, Oktober 1977, S. 45

124 Jahrbuch der öffentlichen Meinung 1968–1973, hrsg. von Elisabeth Noelle und Erich Peter Neumann, Allensbach und Bonn 1974, S. 507

125 Jahrbuch der Öffentlichen Meinung, 1968–1973, S. 507

126 Wolfgang Bergsdorf: Wer will die Deutsche Einheit? Wie sich die Meinungen im In- und Ausland entwickelten, in: *Die politische Meinung*, Nr. 248, Januar/Februar 1990, S. 18

127 Institut für Demoskopie Allensbach: Das Deutschlandbild im Ausland, November 1989, S. 29

128 Allensbach: Das Deutschlandbild im Ausland, S. 31

129 Eurobarometer, Nr. 32, Dezember 1989, Band I: Report, S. 33

130 Daten des Eurobarometer, in: *Frankfurter Allgemeine Zeitung*, 1. 6. 1990. Das Gallup-Institut ermittelte im Januar 1990 in Dänemark weit ungünstigere Werte für

Deutschland: Nur 26 Prozent befürworteten die Wiedervereinigung, 56 Prozent lehnten sie ab (Niels Norlund, in: Berlingske Tidende Magazin, 1. 2. 1990).

131 New York Times / CBS-Umfrage, in: *New York Times*, 1. 12. 1989

132 George Skelt, in: *Los Angeles Times*, 26. 1. 1990 und *The Economist* (London), 27. 1. 1990, S. 29

133 *Los Angeles Times* und *Economist*, a.a.O. Gefragt wurde zum Beispiel nach einer möglichen »deutschen Vorherrschaft in Europa« oder auch einer »zu starken« deutschen Wirtschaft.

134 Gibowski / Semetko, Öffentliche Meinung, S. 1 und 6

135 *Frankfurter Allgemeine Zeitung*, 17. 4. 1990

136 Umfrage CSA-Institut Eric Du Pin, für die Tageszeitung *Libération* (Paris), 19. 2. 1990

137 CSA-Institut für *Libération*, 19. 2. 1990

138 MORI-Umfrage für *Los Angeles Times*, 26. 1. 1990 und *The Econimist*, 27. 1. 1990

139 OBOP, Bericht Nr. 10/552, März 1990. Text und Übersetzung verdanke ich Herrn Silberberg von der bundesdeutschen Botschaft in Warschau.

140 dpa-Meldung in: *Süddeutsche Zeitung*, 25. 6. 1990

141 Elijahu Salpeter, in: *Haaretz*, 3. 7. 1990

142 Umfrage Ipsos-Institut für *Les Echos* (Paris), Francoise Crouigneau, in: *Les Echos*, 2. 5. 1990

143 Interview mit Elie Wiesel, in: *Der Spiegel*, Nr. 1/1990, S. 105

144 Joaw Karni, in: *Haaretz*, 11. 5. 1990

145 Mosche Zimmermann: Auch wir haben geschwiegen, in: *Haaretz*, 8. 1. 1990

146 Jehuda Lahav, in: *Haaretz*, 12. 6. 1990

147 A. Rabinovich, in: *Jerusalem Post*, 30. 6. 1990

148 Michael Wolffsohn: Der armenische Holocaust: politisch verharmlost, in: *Frankfurter Allgemeine Zeitung*, 28. 10. 1989

149 Vgl. Michael Wolffsohn: Die Reaktionen Israels und der diasporajüdischen Welt auf den 9. November 1989, in: G. Trautmann (Hg.): Die häßlichen Deutschen?, Darmstadt 1990

150 Interview mit André Glucksmann, in: *Passages* (Paris), Nr. 23, Dezember 1989, S. 21 und 22

151 (Bernd) Co(nrad), *Die Welt*, 14. 3. 1990. Und dpa-Bericht über dieses Treffen, in: *Süddeutsche Zeitung*, 14. 3. 1990

152 *Deutschland-Berichte*, März 1990, S. 8 f.

153 Bericht A. Eldar, in: *Haaretz*, 5. 4. 1990

154 PORI-Umfrage, März 1990, im Auftrag von Mosche Zimmermann, in: *Haaretz*, 26. 3. und 19. 4. 1990

155 Vgl. die Kontroverse in der israelischen Tageszeitung *Haaretz*, 19. 4. 1990

156 PORI-Umfrage, Mai 1990, im Auftrag von Mosche Zimmermann. Die Daten wurden mir freundlicherweise von ihm zur Verfügung gestellt.

157 Zimmermanns Interpretation in: *Haaretz*, 25. 5. 1990

158 Vgl. die PORI-Umfrage im Auftrag von Mosche Zimmermann, 15. 5. 1990

159 PORI-Umfrage, 15. 5. 1990

160 PORI-Umfrage, 15. 5. 1990

161 Alles Umfragen des PORI-Instituts. Ausführlich hierzu Michael Wolffsohn: Deutsch-Israelische Beziehungen. Umfragen und Interpretationen. Umfragen 1952–1983, München: Bayerische Landeszentrale für politische Bildungsarbeit 1986.

162 Vgl. Zohar Blumenkranz, in: *Haaretz*, 9. 7. 1990

163 Shulamit Volkov, Leiterin des Instituts für Deutsche Geschichte an der Universität Tel Aviv, in: *Süddeutsche Zeitung*, 8. 2. 1990

164 Hart-Teeter-Umfrage für *Wall Street Journal* und NBC-Nachrichten, in: *The Wall Street Journal*, 16. 3. 1990

165 Im *Presseclub* der ARD (Erstes Deutsches Fernsehen), 13. 5. 1990

166 Vgl. *Haaretz*, 23. 5. 1990. Stimme Israels, Anita Kugler, in: *Tageszeitung* (taz), 6. 6. 1990. Irene Runge, in: *Sonntag* (Berlin, Ost), Nr. 24/1990. *Berliner Morgenpost*, 10. 6. 1990. Daniel Dagan, in: *Haaretz*, 13. 7. 1990

167 Zeev Barth, in: *Allgemeine Jüdische Wochenzeitung*, 22. 3: 1990

168 dpa-Meldung, in: *Süddeutsche Zeitung*, 7. 7. 1990. Die Waffen wurden über Jugoslawien geschickt. Vgl. auch *Haaretz*, 8. 7. 1990

169 *Die Welt*, 12. 7. 1990, S. 1., vgl. *Der Spiegel*, 16. 7. 1990. Spiegel-TV, 15. 7. 1990

170 Allensbacher Jahrbuch, 1978–1983, S. 179 ff., bes. S. 203 f.

171 ebd., S. 211

172 ebd.

173 ebd., S. 197

174 ebd.

175 ebd., S. 214

176 Umfrage »Infratest«, zitiert von (Kurt) Reu(mann) in: *Frankfurter Allgemeine Zeitung*, 9. 4. 1984

177 Elisabeth Noelle-Neumann, in: *Frankfurter Allgemeine Zeitung*, 23. 10. 1989

178 Vgl. Wolfgang Bergsdorf, in: *Rheinischer Merkur*, 27. 10. 1989. Vgl. auch EMNID: Aktueller Politischer Dienst, November 1989, S. 63 ff. INFRATEST-Umfragen 1972, 1984, 1987, in: *Die Welt*, 30. 10. 1987

179 INFRATEST, in: *die Welt*, 30. 10. 1987. Vgl. auch EMNID: Aktueller Politischer Dienst, November 1989, S. 79. Kein Wunder also, daß die überwiegende Mehrheit auch darauf bestand, die Aufforderung zur Wiedervereinigung solle im Grundgesetz bleiben (vgl. Allensbacher Berichte, Nr. 18/1985)

180 Umfrage Forschungsgruppe Wahlen, in: *Süddeutsche Zeitung*, 18. 6. 1990. Im Februar 1990 ermittelte Allensbach 69 Prozent dafür und 11 Prozent dagegen (in: *Die Zeit*, 9. 3. 1990). INFRATEST (Informationen 6/1990) ermittelte sogar 90 Prozent.

181 INFAS-Umfrage, in: *Süddeutsche Zeitung*, 15. 5. 1990

182 Vgl. USUMA-Umfrage, in: *Der Spiegel*, 14/1990. Allensbach-Umfrage, in: *Die Zeit*, 9. 3. 1990

183 USUMA-Umfrage, in: *Der Spiegel*, 14/1990

184 Vgl. Allensbach-Umfrage vom Februar 1990, in: *Die Zeit*, 9. 3. 1990. Vgl. auch INFAS-Umfrage für den *Brennpunkt* der ARD vom 3. 1. 1990, wo sich 55 Prozent gegen und nur 45 Prozent für eigene Opfer aussprachen.

185 EMNID-Umfrage, in: *Der Spiegel*, 9/1990

186 Allensbach-Umfrage, in: *Die Zeit*, 9. 3. 1990

187 Vgl. Interview mit Günter Grass, Die Tageszeitung (taz), 16. 2. 1991. Zu Grass und der »Auschwitz-Keule« im Zusammenhang mit der Wiedervereinigung vgl. Michael Wolffsohn, Keine Angst vor Deutschland, Erlangen usw.: Straube Verlag, dritte Auflage 1991, S. 181 ff.

188 Die statistischen Ergebnisse basieren auf folgenden Untersuchungen:
Umfrage des Dahaf-Institutes, Tel Aviv, 7.–10. Februar 1991
Umfrage des Chicago Council on Foreign Relations, American Public Opinion and U.S. Foreign Police 1991, Chicago 1991, 23. 10.–15. 11. 1990
Umfrage Washington Post/ABC News, 1.–4. 3. 1991, veröffentlicht in: Washington Post v. 10. 3. 1991
Umfrage Gallup-Harris, zitiert in: Le Monde, 9. 3. 1991
VCIOM (Moskau) und SINUS (München): Deutschland, die Deutschen, die deut-

sche Vereinigung und die deutsch-sowjetischen Beziehungen im Urteil der Sowjetbürger, Repräsentativbefragung im Auftrag des Bundespresseamtes Bonn im September und Oktober 1990.
OBOP-Umfrage, zitiert in: Die Welt v. 2. 4. 1991
Sonderbericht Eurobarometer Nr. 34, Umfragen 13.–31. 10. 1990

189 Vgl. Michael Wolffsohn. Ewige Schuld? 40 Jahre deutsch-jüdisch-israelische Beziehungen, München-Zürich: Serie Piper 1988, S. 133 f. Dokumente aus dem Archiv der
EKD
190 *Die Zeit*, 21. 12. 1990, S. 1. Zur EKD vgl. Ws (= Winters), in: *Frankfurter Allgemeine Zeitung*, 29. 12. 1990
191 *Süddeutsche Zeitung*, 22. 12. 1990
192 M. Wolffsohn, *Rheinischer Merkur*, 14. 12. 1990 (Gastkommentar), 18. 1. 1991, S. 27
193 Vgl. M. Wolffsohn. Ewige Schuld, S. 136
194 *Rheinischer Merkur*, 9. 8. 1991
195 Gallup-Umfrage, zitiert aus: *Newsweek*, 5. 2. 1990
196 *Haaretz*, 8. 7. 1991
197 IPSOS-Umfrage, in: Index of International Public Opinion, 1987/88, S. 303
198 Umfrage des IFOP-Instituts
199 *Le Monde*, 23. 6. 1991
200 Haim Handwerker, in: *Haaretz*, 11. 7. 1991
201 Umfrage SOFRES für *Le Figaro Magazine* 21. 9. 1991, S. 50
202 RTL/Le Monde-Umfrage, zitiert bei Haim Handwerker, *Haaretz*, 25. 10. 1991
203 Vgl. sein Interview in: *Le Figaro Magazine*, 21. 9. 1991, S. 48 ff.
204 Eurobarometer, Nr. 34, Dezember 1990, Tabelle 81, S. A 59
205 Allensbacher Berichte 9/1989, S. 4
206 Zentralinstitut für Jugendforschung der DDR, zitiert aus *Süddeutsche Zeitung*, 4. 4.
1990
207 *Süddeutsche Zeitung*, 30. 6. 1990.
208 Vgl. Eurobarometer der Kommission der Europäischen Gemeinschaften, November
1989, Sonderausgabe: Rassismus und Ausländerfeindlichkeit. Vgl. auch Eurobarometer, Nr. 30, Dezember 1988

Der Artikel von Elie Wiesel *Vergeßt Ihr die Vergangenheit?* wurde
abgedruckt in: *Die Zeit*, Nr. 51, 15. Dezember 1989, KG Zeitverlag
Gerd Bucerius GmbH & Co.

Der Leserbrief von Elian Rabin *Zum Konflikt um das Auschwitz-
Kloster* stammt aus: *Aufbau*, New York, 1. September 1989, Division
of New World Club, Inc.

Personenregister

235

Heimo Schwilk

Was man uns verschwieg

Der Golfkrieg in der Zensur

Ullstein Buch 34800

Wie nie zuvor präsentierte sich der Golfkrieg als mediale Dauerberieselung, als ein Gemisch aus Massenvernichtung, Welterrettungspathos, Religionskrieg und High-Tech-Kitzel. Doch noch nie waren die Zensur so total, die Bilder so wenig authentisch gewesen.

Schwilk, einer der wenigen deutschen Journalisten, die in Riad und Dhahran zugelassen waren, deckt die Hintergründe und die Mechanismen dieser gewaltigen Medienmanipulation auf und erzählt in spannender Weise, wie er sie selbst erfahren hat. Schwilk analysiert die politische und militärische Notwendigkeit der Zensur und berichtet, wie er sie durch einen riskanten Trip an die Front auszuhebeln versuchte.

Ullstein Sachbuch

Martin Sixsmith

Der Untergang
der Sowjetmacht

Welche Zukunft hat
Rußland?

Ullstein Buch 34928

Die Reformbewegungen in der Sowjetunion steuerten geradewegs auf die Demokratie zu. Doch dann rollten am 19. August Panzer in Moskau ein. Eine Gruppe von Kommunisten der alten Garde unternahm eine letzte Anstrengung, das kommunistische Herrschaftssystem wiederaufleben zu lassen. Diese spannungsgeladenen Tage wurden zum historischen Wendepunkt. Der Autor, Moskau-Korrespondent der BBC, berichtet, was er als Augenzeuge auf den Straßen Moskaus und den Barrikaden erlebt hat, und analysiert die Vorgeschichte und die Konsequenzen des Putschversuchs, der die Welt veränderte.

Ullstein Sachbuch